KB261707

성장률 속에 감춰진
한국사회의 진실

성장률 속에 감춰진 한국사회의 진실
— 진보의 시선으로 바라본 2010년 한국사회

지은이 l 새로운사회를여는연구원
펴낸이 l 김성실
편집기획 l 박남주 · 이효진
마케팅 l 이준경 · 김남숙 · 이유진
편집디자인 l 하람 커뮤니케이션(02-322-5405)
제작 l 미르인쇄
펴낸곳 l 시대의창
출판등록 l 제10-1756호(1999. 5. 11)

초판 1쇄 인쇄 l 2010년 1월 20일
초판 1쇄 발행 l 2010년 1월 25일

주소 l 121-816 서울시 마포구 동교동 113-81 (4층)
전화 l 편집부 (02) 335-6125, 영업부 (02) 335-6121
팩스 l (02) 325-5607
블로그 l sidaebooks.net
이메일 l sidaebooks@daum.net

ISBN 978-89-5940-173-4 (03300)
책값은 뒤표지에 있습니다

ⓒ 새로운사회를여는연구원, 2010, Printed in Korea.

• 잘못된 책은 바꾸어 드립니다.

2010

성장률 속에 감춰진 한국사회의 진실

새로운사회를여는연구원 지음

시대의창

시장을 해석하는 전망,
시장을 개혁하는 전망

100년 만에 한 번 올까 말까한 세계 경제의 대침체를 딛고 회복기에 접어들었다는 부푼 기대 속에 2010년을 맞고 있다. 그런 탓인지 2010년 이후 세계와 한국 사회의 미래를 진단하고 전망하는 보고서들은 대체로 낙관적 전망들로 채워져 있다. 경제성장률만 해도 4~5.5퍼센트를 내다보고 있으며 수출도 두 자리 수의 성장을 전망하고 있고 설비투자와 민간소비도 회복될 것이라는 예측이 주를 이룬다. 2010년 G20 정상회의의 한국 개최까지 예정돼있으니 일부에서는 '선진국 진입 원년'이라는 성급한 주장까지 나오고 있는 실정이다.

우리 연구원은 2010년 한국 사회에 이미 넘쳐나는 낙관적 전망에 편승할 생각도 없지만 반대로 무턱대고 비관적 전망을 내놓을 생각도 없다. 오직 실체적 근거에 기초해서 어떤 사안들이 우리 사회에 중요한 영향을 줄 것인가를 짚어보고자 할 뿐이다.

시장이 전혀 합리적으로 움직이지 않고 있는 상황에서 시장 동향에 대한 갖가지 분석에 기초한 전망은 그것이 낙관적이든 비관적이든 모두 시장의 합리성에 대한 믿음에 기초하고 있다는 점에서 전제부터가 틀렸다.

2010년은 시장에 대한 신뢰를 바탕으로 한 다양한 예측과 전망을 할 때가 아니라 오히려 시장 자체를 의심하면서 시장의 구조 개혁을 전망해야 할 시점이다. 이 책의 가장 큰 차별성은 단순히 금융시장이나 글로벌 무역시장을 해석하는 데 그친 다른 연구소들의 전망과 달리 비합리적으로 작동하고 있는 시장의 문제점을 짚고 그 개혁 방향을 모색하고 있다는 점이다.

이 책은 크게 세 부분으로 구성되어 있다. 우선 우리 사회 변화의 근간이자 가장 커다란 격변의 소용돌이 안에 있는 경제에 대한 진단과 개혁 방향을 1부에 담고 있다. 다음으로 다른 전망 보고서들과 달리 2010년 가계경제가 특별히 중요하다는 인식 아래 국민의 생활과 직접적으로 연관된 가계경제를 2부에서 독립적으로 다루었다. 마지막으로 3부에서는 경제 이외에 정치와 사회 그리고 한국 상황에서 절대 빼 놓을 수 없는 남북관계에 이르기까지 우리 사회의 주요 과제들을 짚어보고 있다.

이 책에 실린 글들은 우리 연구원이 2010년 1월에 작성한 〈2010 전망〉 기획 보고서들을 수정·보완한 것들이다. 우리 연구원은 2008년부터 3년째 진보적 시각의 한해 전망을 계속해오고 있다. 각각이 독립적인 글인 탓에 강조점에서 차이가 날 수 있지만 출판을 고려하여 최대한 공통된 맥락을 유지할 수 있도록 다듬고 보완했다. 이 책을 관통하는 공통 문제의식이 있다면 그것은 '발상의 전환', '패러다임의 이동'이라고 하겠다. 그 점을 감안하여 이 책을 읽는다면 조금 더 도움이 될 것이다.

우리 연구원은 2010년을 맞이해서 신년 전망 보고서를 시작으로 더 시의적절한 글, 더 대안이 뚜렷한 보고서로 우리 사회의 평범한 생활인들과 호흡하고 만날 것을 약속드린다.

끝으로 촉박한 일정에도 출간을 서둘러 독자와의 만남을 가능하게 해준 도서출판 〈시대의창〉에 깊은 감사를 전한다.

김병권 새로운사회를여는연구원 부원장

목 차

서론

변화의 길목에 선 한국 경제와 한국 사회

김병권_새사연 부원장

세계가 변하고 있다. 21세기를 여는 진정한 변화의 조짐이 10년이 늦은 2010년에 비로소 시작되고 있는 것이다. 세계를 뒤흔든 러시아 혁명으로부터 20세기의 변화가 시작되었다면 21세기를 향한 변화의 신호탄은 세계를 대혼란에 빠뜨린 글로벌 금융 위기였다.

| 돌이킬 수 없는 변화는 시작되었다 |

마치 자유낙하라도 할 것처럼 보였던 세계 경제가 각국 정부의 적극적인 위기 탈출 전략에 힘입어 2009년 2분기를 변곡점으로 회복 국면에 접어든 데 이어 2010년부터는 완만하나마 회복세를 이어가고 있는 마당에 '대변동'을 전망하는 것은 어쩌면 시대착오적 발상일지 모른다. 2010년을 맞은 오늘, 대다수 언론매체와 주류 학계에서는 더 이상 대변동을 고려하지 않고 있다. 오히려 예상을 뛰어넘어 빠르게 위기를 수습한 것에 고무된 채 2008~2009년 세계 경제를 공황 상태로까지 몰아넣었던 대혼란의 기억을 서서히 지워가고 있다. 위기 이전의 성장 메커니즘이 재작동하리라는 기대도 엿보인다.

위기의 주범으로 지목되었던 금융회사들은 다시금 수익률 경쟁에 뛰어들고 있고 자산시장은 또 다른 거품을 향해 질주하고 있다. 글로벌 자본 이동도 다시금 활기를 띠고 있다. 동시에 지난 30여 년 간 세계 경제를 지배해왔던 신자유주의 이데올로기와 패러다임도 극적인 부활을 예고하고 있다. 반면 투기적 금융시장과 시장 만능주의에 대한 비판의 목소리들은 어느새 힘을 잃어가고 있다.

그러나 기억해야 할 것이 있다. 2차 세계대전 이후 최고의 황금기를 구가하던 자본주의가 1970년대 스태그플레이션이라는 심각한 경기 침체의 터널을 거친 뒤에는 결코 이전 상태로 돌아가지 못했다. 1980년대의 시작과 함께 비로소 긴 터널에서 빠져나온 자본주의 경제는 어느새 전후 황금기의 자본주의가 아닌 신자유주의라는 새로운 유형의 자본주의로 탈바꿈해 있었다. 한국의 역사적 경험도 다르지 않다. 1980년대 후반기 이후 성장세를 이어가던 한국경제는 1997년에 한국전쟁 이후 최대의 국난이라던 외환위기를 맞아 좌초했다.

2000년대에 접어들면서 국제통화기금 IMF의 빚을 다 갚자 외환위기를 졸업했다고 선언했지만 경제 구조는 결코 외환위기 이전으로 돌아가지 못했다. 물론 위기에서 살아남은 소수 대기업들은 높은 실적을 올리면서 글로벌 기업으로 성장했고 수출은 3000억 달러를 넘어 4000억 달러마저 돌파했다. 덕분에 고작 수십억 달러밖에 남지 않았던 외환보유고는 2007년 말 기준 2600억 달러까지 급상승했다. 300선으로 추락했던 주가는 1000포인트를 넘어 2000포인트까지 치솟고 역사상 처음으로 시가총액 1000조 원을 돌파하기도 했다.

그러나 외환위기 이전과 확연히 다르게 엄습하기 시작한 고용 불안은 800만 비정규직을 구조화시키며 사회 양극화라는 심각한 사회적 문제를 점점 더 심화시켜왔다. 자본시장의 해외 의존도는 갈수록 높아져 외국 자본의 유출입에 의해 한국 금융시장이 뿌리부터 흔들릴 수 있는 구조가 만들어졌다. 외환위기 이전과는 전혀 다른 경제 시스템으로 탈바꿈한 것이다.

2008년 이후 전 세계를 동시에 휩쓴 경제 위기 역시 단순한 자본주의의 경기순환이 아니었다. 경기 침체기를 지나 다시 회복과 성장 국면으로 부드럽게 나아가길 기대하기 어렵다는 말이다. 실물경제와 괴리된 금융적 축적 구조로 발전해 왔던 신자유주의 경제 시스템이 수십 년간 거품을 키워오다 결국 폭발한 것이 이번 경제 위기이기 때문이다. 세계 경제사에 지울 수 없는 상처를 남긴 이번 위기는 앞으로 인류에게 전혀 다른 경제 환경을 가져다줄 것이다.

| 지금은 새로운 구조변동의 시기 |

경기가 회복 조짐을 보이는 것과 상관없이 경제 위기가 각인해놓은 새로운 변화의 조짐은 이미 그 모습을 드러내기 시작했다. 글로벌 금융 위기는 세계 경제 지형을 예상보다 빠르게 변화시키고 있다. 세계 경제를 주도해왔던 미국과 유럽의 경제력이 약화되고 신흥 BRICs 국가들, 특히 중국을 축으로 하는 아시아 경제권이 팽창하고 있다. 지금도 전 세계 GDP의 25퍼센트를 생산하는 아시아 경제가 향후 10년 안에 실질 총생산을 기준으로 북미와 유럽을 추월할 것이라는 전망이 나오고 있다. 이를 반영해 G7은 퇴조하고 G20이 세계 경제의 주요 조정자로 부상하고 있다. 2차 세계대전 이후 미국 중심의 세계 경제를 뒷받침해온 달러의 패권도 공공연하게 도전을 받고 있다.

동시에 글로벌 업계의 세력 판도도 변하고 있다. 온갖 첨단 기법과 압도적 자본력으로 세계 금융시장을 지배해온 월가의 기세가 꺾이고 있는가 하면, 지난 수십 년 동안 세계 자동차시장을 장악해온 미국 자동차산업의 지위도 회복되기 힘든 타격을 받았다. 미국은 이제 더 이상 세계 최대의 자동차 소비시장이 아니다. 반면 세계의 공장인 중국의 지위는 점점 높아져 세계 소비시장의 지위마저 넘보고 있다. 이는 단순히 세계 경제 지도가 바뀌는 수준을 넘어선다. 지난 반세기 동안 세계 경제를 유지해온 질서와 구조 자체가 흔들리고 있는 것이다.

한국 경제는 어떤가. 상품시장과 자본시장을 결정적으로 해외에 의존하고 있는 한국 경제는 어떤 다른 나라들보다 세계 경제의 지각 변동에 큰 영향을 받을 수밖에 없는 구조다. 정부의 공격적인 개입 덕에 OECD 최고의 회복 속도를 보여주고는 있지만, 실상 안을 들여다보면 내수는 더 취약해지고 수출의존도는 더 커지고 있는 실정이다. 자본시장의 해외의존도 역시 더욱 증폭되었다. 소수의 대기업들은 글로벌 판매시장을 개척하는 데서 한발 더 나아가 글로벌 생산기지를 향해 질주하면서 국민경제로부터 점점 더 멀어져가고 있다. 삼성전자가 매출 100조 원, 수익 10조 원을 달성하고 국민경제의 외형적 성장지표도 빠르게 올라가고 있지만 '지표경기와 체감경기'의 격차는 점점 더 벌어지고 있는 현실이 이를 보여준다.

더욱 중요한 것은 아직 위기가 끝나지 않았다는 사실이다. 세계 경제와 한국 경제는 '작은 정부 큰 시장'이라는 신자유주의의 오랜 신념을 무너뜨리면서까지 각국 정부가 위기 탈출에 나선 결과 간신히 회복 국면으로 돌아서긴 했지만 국가에 의한 '위기 관리'의 그늘에서는 아직 벗어나지 못했다. 신자유주의가 숭배해온 '시장'이 여전히 정상적으로 작동하고 있지 않기 때문이다.

어쩌면 위기 이전의 시장 구조가 재작동하는 일은 영원히 다시 볼 수 없을지 모른다. 더구나 현재 각국 정부가 주도하는 위기 관리 체제도 언제까지고 지속될 수는 없다. 사실 지금의 위기 관리 체제는 금융 위기 국면에서 금융회사와 사기업들이 초래한 부실을 정부와 가계로 떠

넘긴 것에 다름 아니다. 따라서 현 상태가 지속된다는 것은 정부의 재
정 위험과 가계의 부실 위험이 계속 쌓여간다는 것을 의미한다. 정부가
지금의 위험 상태에서 빠져나오자니 어렵게 가라앉힌 금융 위기가 재
발할 것 같고 현 관리 체제를 그대로 유지하자니 또 다른 부실 위험이
커지는 딜레마, '출구전략 딜레마'에 걸려 있는 것이다.

| 변화의 키워드는 다시 시민에게 돌아왔다 |

결국 앞으로 세계 경제가 어떤 방향으로 움직이든 금융 위기 이전과
는 다른 세계가 우리 앞에 펼쳐질 것이다. 이는 신자유주의의 운명과는
관계 없는 진실이다. 설사 신자유주의 체제가 향후에도 얼마간 지속된
다 해도 예전과 같은 모습일 수는 없다는 뜻이다. 또한 신자유주의가
전성기를 구가하면서 창조해낸 숱한 '글로벌 스탠더드'들, 예컨대 수익
성 위주의 경영 방식이나 자산시장 위주의 성장 방식, 노동 유연화 모
델, 공적 사회서비스의 시장화 모델 그리고 개방화와 자유화 모델 등등
은 더 이상 '스탠더드'로 남을 수 없을 것이다.

신자유주의가 창조한 모델을 대체할 유력한 대안 모델이 부상하고
있지는 못한 것 또한 엄연한 현실이다. 그래서 아직도 위기 이후의 새
로운 표준new normal에 대한 논의가 분분하다. '저성장, 저소비, 고실
업, 고규제'가 새로운 표준이 될 것이라는 비관적 전망이 들리기도 하
지만, 앞으로 인류의 미래와 삶을 결정할 새로운 스탠더드는 신자유주
의 아래 막강한 지위를 누려온 기득권 세력과 대다수 국민들 사이의 힘
의 관계에 따라 결정될 것이다.

확실한 것이 하나 있다. 과거 30년 동안 '변화'라는 키워드를 선점해
온 것은 늘 신자유주의 이데올로그들과 글로벌 기업들이었다. 그들은

1980년대 이전까지의 경제 패러다임을 무너뜨리기 위해 '변화'와 '혁신'의 깃발을 들었고, 그 앞에서 공공성과 사회복지의 영역은 빠르게 잠식돼왔다. 그러나 앞으로 그들은 자신들이 창조한 패러다임을 고수하기 위해 스스로 변화와 혁신을 거부하는 상황을 연출하게 될 것이다. 이제 변화와 혁신은 대안 세력의 의제가 될 것이다. 변화와 혁신의 목소리는 신자유주의자들이 아니라 다수의 시민들에게서 터져나올 것이다.

| 우리는 어떤 변화를 향해 가고 있는가 |

다시 한국 사회로 시야를 돌려보자. 사실상 불가역적인 것으로 굳어진 세계 경제 지형의 변화는 필연적으로 돌이킬 수 없는 한국 경제의 지형 변화를 초래할 것이다. 이러한 지형 변화는 정치적 변화를 낳을 것이고 한국을 둘러싼 국제관계의 변화를 일으킬 동인이 될 것이다. 당연히 이 모든 결과는 우리 국민의 삶을 변화시킬 것이다. 한국 사회가 향후 10년 간 어떤 모습과 운명을 맞이하게 될지는 아마도 2010년을 지나면서 서서히 그 윤곽이 드러날 것으로 보인다.

2010년 한국 사회의 주요 키워드는 무엇일까. 분야를 나눠 꼽아보자면 경제적 측면에서는 '불확실성', 정치에서는 '반환점', 사회적 측면에서는 '격차의 확대', 그리고 남북관계에서는 '전환' 등을 꼽을 수 있다. 어떤 측면에서든 '안정된 미래'를 낙관하기는 어렵다는 것을 짐작할 수 있다.

한국 경제가 2009년 하반기 이후 빠른 회복세를 보이고 있는 것은 사실이지만, 누구도 그것이 2010년 이후에도 안정적으로 이어질 것이라 확신하지 못한다. 오히려 경제 위기 과정에서 높아진 수출의존도나 자본시장의 대외의존도로 인해 경제의 불확실성은 더욱 커졌다. 동시에 이미 뚜렷한 징후를 보이는 '고용 없는 회복' 국면이 구조화될 조짐을 보이면서 소득기반과 소비기반에 대한 확실성이 크게 줄어들고 있는 실정이다. 국가 재정의 안정성도 이미 크게 훼손됐고 부채로 인한 가계경제의 불안정성도 높아졌다. 2010년에도 한국 경제가 환율, 유가, 글로벌 자본 이동과 같은 변수들에 따라 큰 폭의 변동을 겪을 수밖에 없다는 사실을 떠올리면 불확실성은 2009년에 비해 결코 줄어들지 않았다. 불확실성으로 가득한 경제를 예측과 통제가 가능한 것으로 변화시켜내야 하는 어려운 과제가 우리 앞에 놓여 있다.

한국 정치는 외견상 구태의연한 정치 구도를 벗어나기가 쉽지 않을 것으로 보인다. 2010년 6월 지방선거가 예정돼 있기는 하지만 여당이 막강한 권력을 장악하고 있는 현 구도가 크게 흔들리지 않을 가능성이 크기 때문이다. 설사 야당인 민주당이 약진한다 해도 내적 취약성으로 인해 정치 지형이 바뀔 가능성은 크지 않다. 진보정당들과 시민사회단체들이 '진보대연합'이라는 명분으로 힘을 규합할 움직임을 보이고 있으나 역량의 절대 열세를 뛰어넘기는 쉽지 않아 보인다.

그러나 집권의 반환점을 돌게 되는 이명박정부의 위기 관리 체제가 집권 후반기 경제 여건의 변화 속에서 어떤 선택을 하는가에 따라 상황은 바뀔 수 있다. 더욱이 지방선거를 앞두고도 아직 관심 대상에서 배제되어 있는, 그러나 언제나 한국 정치 지형을 변화시키는 데 결정적 변수였던 국민의 행보도 미지수로 남아 있다. 2008년 촛불항쟁이 그랬던 것처럼 대의정치의 틀 안에서 변화가 만들어지지 않는다면 국민들은 직접 민주주의의 장을 창출하며 정치 구조를 뒤바꿀 직접 행동에 다시금 나설 수 있다. 그런 점에서 한국 정치의 근본 변화 역시 국민의 몫으로 남아 있다.

경제 위기 이후 무엇보다 큰 구조 변동이 예상되는 사회 각 분야의 최대 화두는 '격차 확대'다. 이미 지난 10여 년 동안 '사회 양극화'는 한국 사회의 가장 큰 문제로 자리 잡았으며, 국민의 소득 감소와 고용 없는 성장 그리고 실물과 분리된 자산시장의 과열 등으로 그 격차가 점점 빠르게 늘면서 구조화되고 있다. 이 와중에도 격차를 줄여줄 사회 안전망은 제자리를 맴돌고 있으며, 늘어만 가는 교육비는 양극화의 대물림을 낳고 있다. 이러한 사회적 격차가 더 이상 감당할 수 없는 지경에 이르게 되면 우리 국민들은 더 이상 침묵하고 있을 수 없을 것이다.

인공위성 재발사와 2차 핵 실험으로 최악의 상황으로 치닫던 남북관계를 비롯한 한반도를 둘러싼 국제 정세는 2009년 8월 빌 클린턴 전 미국 대통령의 방북을 시작으로 2009년 말 보즈워스 특별대표의 방북을 거쳐 완만하지만 국면의 대전환을 예고하고 있다. 한반도를 둘러싼 역학 구도의 근본적 변화도 조심스럽게 예견되는 상황이다. 지금까지의 경험에 비추어보면 그 어떤 사안보다 돌발 변수가 많아 예기치 않은 상황들이 자주 연출되긴 했으나, 지금의 상황은 적어도 큰 틀에서 과거와 다른 '전환'의 국면에 진입한 것으로 보인다. 그런 점에서 한반도를 둘러싼 역학 구도의 근본 변화를 어떻게든 우리 민족에게 유리한 방향으로 이끌어가는 것 또한 국민의 몫이다.

이처럼 2010년을 시작하는 한국 사회는 경제와 정치, 사회와 한반도 지형의 복잡한 변화가 예상되는 새로운 국면의 시작점에 서 있다. 문자 그대로 한국 사회의 '구조 변동기'에 들어선 것이다.

격변의 시기일수록 개별 사건들의 밑바닥에 흐르는 구조 변화의 실체가 무엇이며 어디로 향하고 있는지를 판단하는 것이 중요하다. 그 어느 때보다도 과거의 틀에 얽매이지 않는 발상의 전환이 필요한 것이다.

다시 말해 지금이야말로 패러다임의 전환을 말해야 할 가장 적절한 시점이다. 특히 지난 30여 년 동안 신자유주의가 강요해왔던 상식과 표준에 대한 근본적 성찰이 필요한 시점이라 하겠다. 경제와 정치는 물론이고 교육과 보건, 국제 질서에 이르기까지 신자유주의가 구조화한 인식 틀과 패러다임을 벗어나서 새로운 변화의 틀을 모색해야 한다.

발상의 전환을 위한 중심에는 언제나 평범한 다수 국민의 삶이 놓여 있어야 한다. 지금 시작되고 있는 변화는 단지 사회 구조의 틀뿐만 아니라 우리 삶의 변화를 동반하고 있기 때문이다. 특히 국내총생산과 같은 지표경기가 뚜렷한 회복세를 보이고 있는데도 국민의 소득과 같은 체감경기가 전혀 개선되지 못하는 상황에서 '국민의 삶'을 중심으로 변화의 방향을 모색해야 할 필요성은 더욱 커지고 있다.

세계는, 우리는 과연 어떤 변화를 향해 가고 있는 것일까. 그것은 변화의 핵심을 읽고 미래를 앞서 준비하는 국민의 손에 달려 있다.

1부

전환기의 세계경제와
한국경제

글로벌 경제위기 이후의 글로벌 경제

유연성에서 안정성으로 경제 패러다임 전환

박형준_새사연 연구원

1. 2007년 초 미국의 서브프라임 모기지 시장 붕괴로 시작된 극도의 금융패닉 사태는 유연성을 최선의 가치로 생각하는 신자유주의 세계 경제 패러다임의 근본적 수정을 요구하고 있다.

2. 경제 전문가들은 이번 위기가 생각했던 것만큼 심각하지 않다고 보는 것 같다. 하지만 금융부분에서 시작된 위기는 실물경제로 확산되었고 실물분야의 침체는 향후 몇 년간 더 지속될 것이라는 공감대가 지배적이다.

3. 유연성에서 안정성으로의 패러다임 전환이 필요하다. 새로운 패러다임을 금융시스템에 국한하지 않고 고용문제를 비롯한 사회 전 분야로 확산시키는 것이 일국적 차원과 세계적 차원에서 경제 주체들의 주요한 과제가 될 것이다.

1 예년보다 길었던 2009년

월러스타인의 세계체제론을 한층 더 세련되게 발전시키면서 세계적인 명성을 쌓았던 지오바니 아리기Giovanni Arrighi의 책 〈장기 20세기 The Long Twentieth Century〉를 흉내 내 2009년을 간단히 정리하는 첫 절을 시작해볼까 한다. 경제적인 의미에서 2008년은 9월 14일 리먼 브라더스가 파산 신청을 하면서 끝났다. 그 이후 세계 경제 체제는 아주 새로운 국면으로 접어들었다. 이에 따라 각국은 국제적 공조를 펼치면서 비상 경영 체제에 돌입했고, 그 이전과는 아주 상이한 경제 정책이 펼쳐졌다. 2009년의 경제는 2008년 9월에 시작된 금융·재정 정책의 연장 선상에서 그 기본 성격이 결정되었다. 이런 의미에서 2009년은 예년보다 길었다.

2007년 초 미국의 서브프라임 모기지 시장에서 문제가 불거지면서 시작된 이번 위기는 지난해 리먼 브라더스의 파산 신청과 AIG의 구제금융을 계기로 극도의 금융패닉 사태로 번졌다. 당시 경제계의 분위기는 묵시록에 가까웠다. 20세기 초에 자본주의 경제 체제가 자동적으로 붕괴하고 말 것이라 예언하던 진부한 좌파의 이야기가 아니다. 신자유주의 세계 경제를 이끌었다고 해도 과언이 아닐 전 FRB의장 그린스펀이 이번 위기를 세기에 한 번 있을까 말까 한 1930년대 대공황에 버금가는 상황이라고 정의 내릴 정도였다.

현재는 이번 위기에 대한 진단이 많이 바뀌었다. 최근 경제 전문가들 사이에 형성되어 있는 공감대를 거칠게 표현하자면 "우리가 지나치게

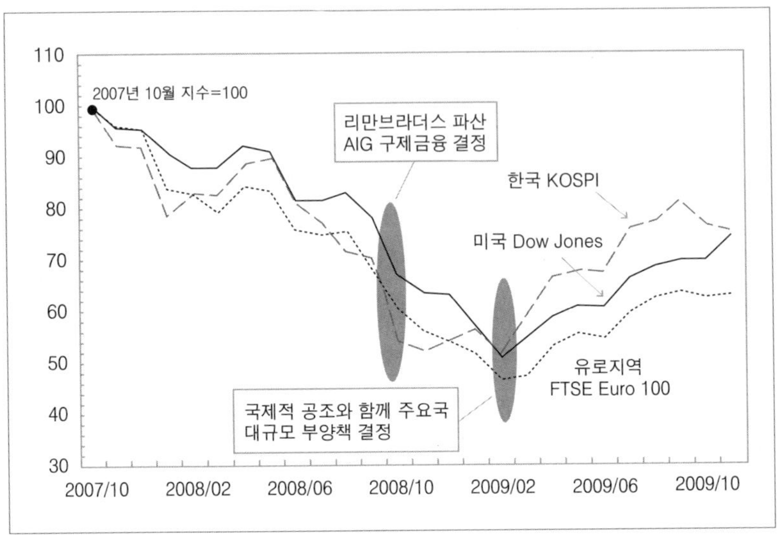

쫄았다", 다시 말해 겁먹었던 것만큼 사태가 심각하게 진행되진 않았다는 것이다. 지옥에 갔다가 돌아온 것 같은 심리적 상태의 변화는 주가지수의 급속한 변동에서 단적으로 잘 드러난다. 〈그림 1〉은 미국의 다우존스 산업지수, 유로지역의 FTSE Euro100, 한국의 코스피지수를 나타낸 것이다. 그림에 포함시키진 않았지만 중국 등 다른 나라도 마찬가지 흐름을 보인다.

2007년에 전 세계 주식시장은 역사적으로 최고 주가지수를 기록하였지만, 미국에서 서브프라임 모기지 부실 문제가 대두되자 서서히 하락하기 시작했다. 2008년 가을 리먼 브라더스가 파산을 선언하고 AIG가 사실상 파산에 이르러 미국 정부가 구제금융을 결정하자, 전 세계 금융시장은 패닉에 빠졌고 주가는 곤두박질쳤다. 미국과 EU 국가들이 금융시장을 진정시키기 위해 1조 달러 이상의 구제금융을 실시한다고 발표했지만 패닉이 확산되는 것을 막을 수는 없었다. 위기는 이후에도 계속 심화되어 세계에서 열 손가락 안에 들던 은행들 대부분이 사실상 '국유화' 되었다.

그러다가 2009년 2월 세계 주요국들이 엄청난 규모의 경기 부양책을 실시해 위기에 빠진 자본을 구제해주겠다는 약속을 하고 난 뒤 상황은 급변했다. 금융시장의 안정성을 표현하는 VIX지수나 TED스프레드, 국가CDS 프리미엄 등이 급속도로 안정을 찾았다. 이는 곧 주식시장에도 반영되었고, 주가는 급등했다. 2009년 말 현재 전 세계 대부분의 주가지수는 2008년 9월 리먼 브라더스의 파산 이전 수준을 회복하였다.

실물경제의 흐름도 비슷한 패턴을 보인다. 〈그림 2〉는 한국, 미국, 유로지역의 전분기 대비 GDP성장률을 나타낸 것이다. 미국은 금융패닉이 심화된 2008년 4분기에 마이너스 5.4퍼센트로 성장률이 급락했고, 이어서 2009년 1분기에는 6.4퍼센트의 추가 하락을 기록했다. 1분기에 바닥을 친 뒤 2분기부터는 플러스 성장으로 돌아섰고 3분기에는 2.2퍼센트의 성장률을 기록했다. 한국의 경우는 미국보다 회복세가 더 뚜렷했다. 2008년 4분기에 마이너스 5.1퍼센트의 성장률을 기록한 이후 2009년 초 플러스로 돌아섰고, 3분기에는 3.3퍼센트의 성장률을 기록했다. 유로지역은 성장률 진폭이 미국과 한국에 비해 작지만 흐름 자체는 다를 바가 없었다.

세계은행, IMF, OECD 등의 국제금융기구를 비롯해서 각국의 정부기관과 민간 경제연구소들은 한결같이 2010년의 경기 전망을 밝게 보고 있다. 지역별로 차이는 있지만 2009년에 GDP성장률이 마이너스를 보인 나라도 최소한 2008년 말 수준을 회복할 것으로 보고 있다. 성장

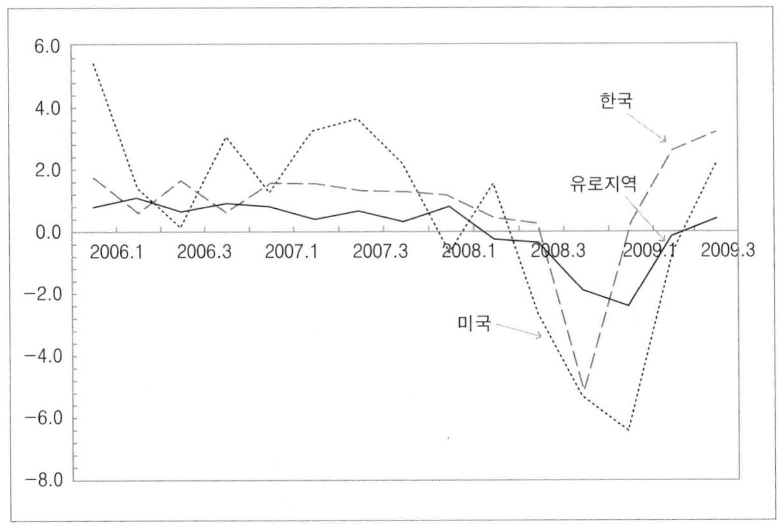

〈그림 2〉 GDP성장률 변화

(전분기 대비, 단위: 퍼센트)

* 출처: 한국은행 통계시스템

률에 관해서는 장밋빛 전망을 쏟아내고 있지만, 내용을 가만히 살펴보면 앞으로의 경제 상황을 무작정 낙관하는 분위기도 아니다. 위기에서 완전히 벗어났다고 확신하기보다는 실업 문제와 소비 침체가 쉽사리 해결되지 않을 것이고, 이로 인해 실물분야의 침체가 앞으로도 몇 년은 더 지속될 것이라는 공감대 역시 지배적이다.

2

지속되고 있는 문제들

현재의 경제 체제는 일국적 차원에서나 세계적 차원에서 여전히 해소되지 않은 구조적 불안정성을 안고 있다. 첫째, 글로벌한 차원에서 이번 위기의 배경이 되었던 금융경제와 실물경제의 지역적 쏠림 현상이 해소되려면 상당한 시간이 필요하다. 신자유주의적 자본주의 체제가 형성되고 팽창되는 과정에서 미국과 서유럽은 금융 중심의 축적 체제를 구축한 반면, 중국을 위시로 BRICs 국가들과 함께 한국 등 기존의 신흥국들은 엄청난 속도로 수출주도형 산업 발전을 통한 자본 축적 체제를 확립하였다. 서구 선진국 경제의 2차 산업이 다 망해 모두가 중국에서 생산된 제품을 쓰고 있는 것처럼 이야기하는 것은 지나친 과장이지만, 글로벌 경제가 공간적으로 이원화된 특색을 보이게 된 것은 사실이며 이로 인해 불안정한 구조적 불균형 상태가 발생했다는 주장에는 별 이견이 없어 보인다.

뒤에서 더 자세히 이야기하겠지만, 이러한 이원적 글로벌 경제체제는 필연적으로 자본의 세계적 환류를 가속화시켰고, 결국 이로 인해 미국의 부동산 시장에서 신자유주의적 축적 체제 자체를 붕괴시킬 수 있을 만큼 강한 파열이 발생한 것이다. 〈그림 3〉은 앞에서 말한 세계경제의 지역적 쏠림현상과 자본의 환류가 미국의 국제수지에 어떻게 표출되어 나타났는가를 보여주고 있다. 산업과 금융의 이원화는 한편으로 중국, 일본을 위시한 동아시아 국가들, 독일 등 몇몇 유럽 국가들에 대한 미국의 상품수지 적자를 엄청난 규모로 증폭시켰다. 다른 한편으로 해외로 유출된 달러는 다시 금융·자산시장의 거품을 키우면서 미국으로 다시 흡수되었다. 이 양방향 순환흐름의 규모가 점점 커지면서 결국 감당할 수 없는 수준에 이르러 이번 위기가 발생한 것이다.

한동안 위기가 심화되면서 투자가 크게 위축되고, 투자금의 회수가 급속도로 이루어지는 등 금융시장의 패닉이 지금까지 지나치게 자유화되었던 초국적 자본의 환류 문제를 '자연스럽게' 해결해버리는 모습을 잠깐 보이기도 했다. 그렇지만 미국의 초저금리를 이용한 달러 캐리 트레이드가 2009년 2분기부터 활성화되면서 기존의 문제를 다시 심화시켰다. 달러 캐리 트레이드의 청산 문제는 미 달러 가치의 추세적 하락 문제와 함께 2010년의 중요한 변수로 작용할 것이다. 급속한 달러 캐리 트레이드의 환금이 이루어질 경우 자산 가치의 회복이 상대적으로 많

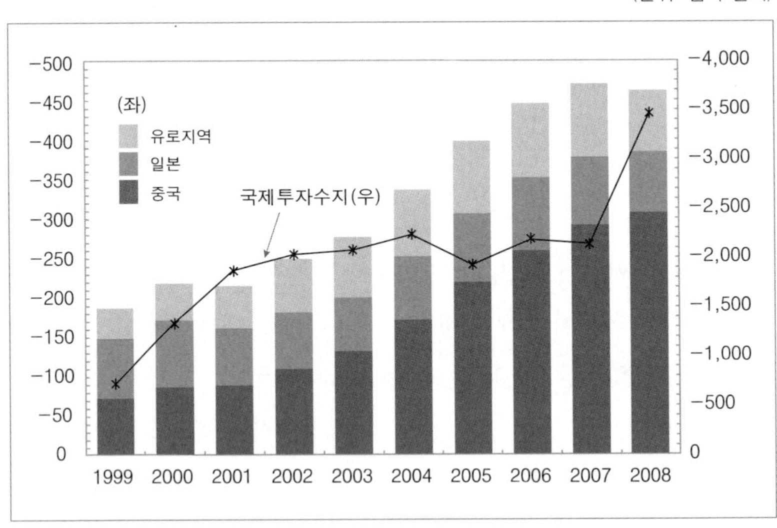

〈그림 3〉 미국의 상품무역수지와 국제투자수지

(단위: 십억 달러)

* 출처: 미국 상무부(Bureau of Economic Analysis)

이 이루어진 신흥시장에서 문제가 터질 가능성이 크다. 한국 경제도 그
영향권 중심에 있을 것이다.

　일국적 차원에서도 여러 가지 심각한 문제가 해소되지 않은 채 남아
있다. 무엇보다도 고용 문제는 매우 심각하다. 미국과 EU 국가들 대부
분은 실업률이 10퍼센트 근처에서 내려올 기미를 보이지 않고 있다.
OECD 평균을 보아도 거의 9퍼센트 수준으로 고공행진을 계속하고 있
다. 위기로 인해 실업은 늘고 임금은 동결되거나 삭감되었다. 더구나
위기가 터지기 전에 축적된 주택 모기지 부채와 신용카드 부채를 아직
해결하지 못해 개인파산자 수가 계속 증가하고 있는 추세다(〈그림 4〉).
소득이 늘어야 부채 문제를 해결할 수 있는데, 고용 사정이 악화되고
있어 악순환의 고리가 쉽게 끊어지지 않을 것으로 보인다. 이러한 문제

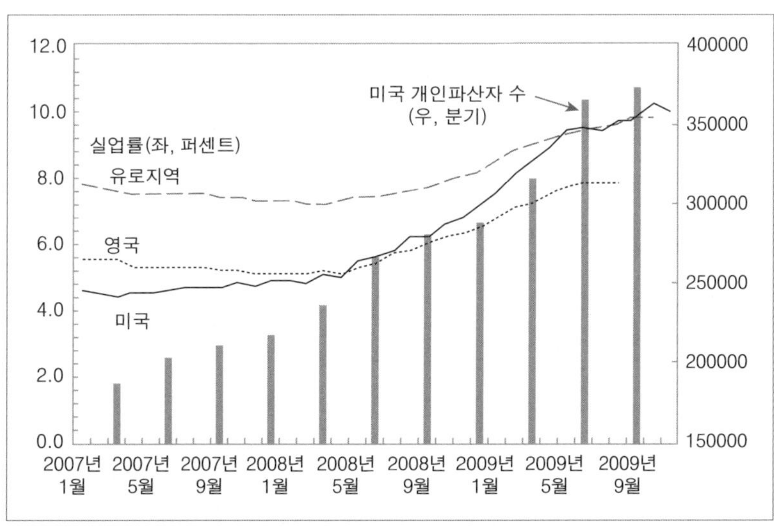

〈그림 4〉 주요 지역 실업률 변화와 미국의 개인파산자 수

* 출처: OECD, American Bankruptcy Institute

와 더불어 많은 자영업인들이 경영 위기에 직면해 속속 문을 닫고 있는 상황 역시 심각하다. 2009년에 지표상으로 경제가 많이 회복되었다는 발표가 줄을 잇고 있지만 사람들이 실감하지 못하는 이유가 여기에 있다.

미국식 표현을 빌려 이러한 상황을 정의하자면, 위기가 해소되거나 경기가 회복된 것이 아니라 위기의 중심이 월가Wall Street에서 메인가Main Street로 이동하였다고 할 수 있다. 잘 알려져 있듯이 월가는 세계적 금융의 중심가로서 글로벌 경제를 지배하고 있는 거대한 자본을 상징한다. 반면 메인가는 중소기업이나 자영업자들을 상징한다. 위기 관리 체제는 '부채의 사회화, 이윤의 사유화'라는 자본주의적 본질을 일면 더 노골화시켰다. 국가적 지원은 주로 거대 은행 등 대기업 위주로 펼쳐지면서 위기의 주범들은 엄청난 혜택을 입은 반면, 중소기업이나 자영업인 그리고 개인들은 위기로 인해 가산금리가 높아지면서 더 많

〈표 1〉 주요국 재정적자 및 정부부채 규모

(GDP대비, 단위: 퍼센트)

	분류	2008	2009(예상)	2010(예상)
미국	재정적자	6.1	13.5	9.7
	정부부채	70.5	88	99.8
일본	재정적자	5.6	10.3	10.3
	정부부채	196.3	217.4	226.2
독일	재정적자	0.1	4.6	5.4
	정부부채	67.2	79.8	86.8
영국	재정적자	5.4	11.6	13.3
	정부부채	51.9	68.6	82.2
중국	재정적자	0.3	4.3	4.3
	정부부채	17.7	20.9	23.4

* 출처: IMF

은 비용을 치러야만 했다. 돈이 국가와 지배적 자본 사이에서만 돌면서 금융·자산시장의 가치를 어느 정도 회복시켰지만 대다수 국민들에게는 신용의 기준이 강화되면서 혜택은커녕 이전 수준의 서비스도 받지 못하게 되었다. 고용문제와 가계신용 문제 역시 2010년 경제의 향방에 중요한 변수로 작동할 것이다.

재정 문제도 그 심각성이 다른 문제들에 비해 뒤지지 않는다. 1930년대 대공황만큼 금융패닉이 심각했지만 위기가 그때와는 다르게 진행되고 있는 것은 대공황 이후 제도적으로 확립돼온 국가의 경제 관리 체계와 각국 정부의 엄청난 재정 지출 덕택이다. 여러 형태의 구제금융과 경기 부양책을 통해 경기 침체가 더 심각해지는 것을 막긴 했지만, 밀턴 프리드먼의 말대로 "(자본주의) 세상에 공짜 점심은 없다". 세금 징수를 통한 정부의 수입이 줄어들 수밖에 없는 상황에서 엄청난 재원을 쏟아부었기 때문에 정부의 부채가 감당하기 힘들 정도로 늘어난 것이다.

재정 문제는 두바이나 아이슬란드, 그리스 수준의 국가들에 국한된 문제가 아니다. 미국은 2009년 GDP 대비 14퍼센트 정도의 재정적자를 기록할 것으로 예상되며, 누적 정부부채는 GDP와 같은 수준으로 올라갈 것으로 전망된다. 이는 14조 달러라는 천문학적 수치다. 일본은 1990년대 장기 침체로 이미 정부부채가 심각한 수준이었는데, 이번 위기로 GDP의 200퍼센트를 훨씬 뛰어넘는 수준으로 올라가버렸다. 2010년에는 세계 주요 국가들 거의 대부분이 재정 문제로 곤란을 겪을 것으로 예상된다. 영국의 경우 이미 부채 문제로 국가 신용등급이 한 단계 내려갔다. 미국도 상황의 심각성은 그에 버금가지만 기축통화 국가라는 이점이 있기 때문에 신용등급이 강등되진 않았다.

국가부채의 증가 자체도 문제지만 더 큰 문제는 재정 지출을 마냥 늘릴 수도 없는 상황에서 민간부문의 실물경제 쪽에서 투자가 늘어날 기미가 별로 보이지 않는 데 있다. 삼성경제연구소가 발간한 〈2009년 한국경제의 회고〉란 제목의 보고서에 따르면, 2009년의 실질경제성장률은 0.2퍼센트로 예측되는데, 재정 지출 효과를 제외하면 −1.3퍼센트에 그쳤을 거라고 한다. 계산의 정확성 문제를 제쳐놓으면, 그만큼 많은 정부의 재정 지출이 있었던 반면 민간부문의 투자는 위축되었음을 확인할 수 있다. 다른 나라의 상황도 별반 다르지 않다. 가계의 실업과 소득 감소로 인한 소비지출 감소와 함께 민간부문의 투자 위축이나 정체가 한동안 지속될 것으로 보이며, 한국에서뿐만 아니라 세계적 차원에서 경제가 '정상화'되는 데는 상당한 시간이 걸릴 것이다.

3

전망한다는 것의 의미

연말이 되면 정부 산하의 경제연구기관과 민간 경제연구소들은 이 듬해 경제 전망 보고서를 발표한다. 경제 전망 보고서는 소비, 투자, 경상수지, 물가, 고용 등에 대한 추세 분석과 전망으로 구성되어 있고, 이들을 종합해 익년의 경제를 전망하고 성장률을 예측하곤 한다. 발표할 때는 TV 뉴스를 비롯해 거의 모든 언론매체에 대대적으로 '홍보'되지만, 그 예측에 관한 신빙성은 거의 점검되질 않는다. 몇몇 비판적 언론매체가 가끔 다루긴 하지만 GDP에 관한 여러 형태의 이야기가 마치 자연과학적 진실처럼 다루어지는 현실을 바꾸기에는 역부족이다.

〈표 2〉는 한국개발연구원KDI과 삼성경제연구소SERI가 지난 9년 동안 발표한 경제성장률 예측치와 실제 경제성장률을 비교한 것이다. 두 연구기관 사이에도 차이가 있긴 하지만 정확도를 논하기에는 오차가 너무 심하게 날 때가 많았다. 특히 2002년과 2008년의 경우에는 전망의 의미가 전혀 없었다. 2002년에는 KDI의 경우 3퍼센트, 삼성경제연구소는 4퍼센트나 차이가 났다. 2008년에도 거의 비슷한 수준의 차이를 보였다. 삼성경제연구소는 2008년 10월에 발표한 2009년 경제전망에서는 성장률을 3.6퍼센트로 예측했다가 미국 발 금융 위기가 심화되자 2009년 2월 마이너스 2.4퍼센트로 수정치를 발표했다. 자체 성장률 예측치의 변화가 무려 6퍼센트에 이른 것이다. 올해 경제성장률이 0.2퍼센트 정도일 것이라는 잠정적인 예측치가 나오고 있는 것과 비교해보면, 최초 발표한 예측이나 수정치 모두 2.5퍼센트 정도의 차이를 보인다. 이 정도로

〈표 2〉 지난 10년 간 성장률 예측치와 오차

(단위: 퍼센트, 오차는 절대값)

년도	실질 경제성장률	KDI 예측치	KDI 예측 오차	SERI 예측치	SERI 예측 오차
2001	3.1	5	1.9	5.7	2.6
2002	7	4	3	3	4
2003	3.1	5	1.9	5(% 대)	1.9(이상)
2004	4.7	5	0.3	4(% 대)	0.7(이하)
2005	4.2	4	0.2	3.7	0.5
2006	5.2	5	0.2	4.8	0.4
2007	5.1	4.4	0.7	4.3	0.8
2008	2.2	5	2.8	5	2.8
2009	0.2(예상)	0.7	0.5	3.6(−2.4)	3.4(2.6)

* 출처: 한국은행 연차보고서 각 연도, 한국개발연구원 경제전망 각 연도, 삼성경제연구소 경제전망 각 연도
* 삼성경제연구소 2009년 성장률 예측치의 경우 ( )안은 2009년 2월에 발표한 수정치

신뢰성이 낮은 경제 전망에 정부가 정책 수립과 집행 과정에서 크게 의존하고 있다는 것은 심각한 문제다.

그런데 왜 별 의미도 없는 성장률 예측을 그렇게 강조하고 있는 것일까? 현 이명박 대통령이 747이라는 거짓 공약을 바탕으로 당선된 것이 그 이유를 설명해준다. 개도국에서 GDP 성장은 지배계급의 권력을 정당화시켜주는 가장 강력한 무기 중 하나다. 박정희에 관한 신화도 이에 기반을 두고 있다는 사실에서 알 수 있듯이 높은 성장률은 지배체제의 안정을 의미한다. OECD에 가입한 지 15년이 지났지만, 아직도 '선성장 후분배' 정책 기조를 유지하고 있는 한국의 지배층에게 성장률은 여전히 매우 중요한 의미를 가진다.

직접적인 정치·이데올로기적 의미를 배제해도 GDP에 관한 지표들

은 많은 개념적 문제를 가지고 있다. GDP를 생산의 측면에서 보자면 단지 최종 생산물의 시장가격을 총합한 것에 불과하다. 여기에는 사회 성원 사이의 분배 문제가 전혀 포함되어 있지 않으며, 사회적 가치도 거의 고려되지 않는다. 우리나라의 1인당 GDP를 2만 달러라고 가정하면 현재 4인 가족의 평균소득은 8000만 원 가까이 돼야 한다. 그러나 현실의 평균소득은 그 절반도 안 된다. 길이 많이 막혀 차가 정체된 상태에서 태워 없애는 기름 값도 GDP에 포함된다. 반면 산업생산으로 인한 환경 파괴의 가치는 GDP에 전혀 반영되지 않는다. 지구의 허파라는 아마존의 산림이 불타 없어지고 공장이 들어서면 GDP는 크게 증가한다.

이러한 문제점들이 최근 프랑스를 비롯한 몇몇 국가에서 받아들여지면서 GDP를 대체할 경제지표 개발이 시도되고 있긴 하다. 프랑스 정부는 스티글리츠와 센 등 주류 경제학 내의 일부 비판적 경제학자들에게 위탁해 '경제 성과와 사회 진보 측정을 위한 위원회'를 구성하고 분배 문제와 환경 문제 등 삶의 질을 반영하는 경제지표를 만들려 하고 있다.

지금 우리에게 필요한 전망과 예측은 기존에 확립되어 있는 개념 틀 안에서 매해 연말에 성장률 예측치를 제시하는 것이 아니다. 실질적으로 사회 성원들의 삶이 개선될 수 있는 경제 개념을 확립해내고, 그에 알맞게 삶의 질이 얼마나 향상될 수 있는지 전망할 수 있는 지표를 만들어 그 결과를 평가하는 것이 필요하다. 이러한 노력은 2010년에 더욱 절실하다.

4

경제 패러다임의 전환기

아리기의 〈장기 20세기〉를 흉내 내면서 이 글을 시작한 것은 단지 멋을 부리기 위함은 아니었다. 이 책에 펼쳐진 그의 주장이 현재 진행되고 있는 위기의 본성을 그 어떤 이론보다 잘 설명해주고 있다고 생각하기 때문이었다. 1994년에 출판된 이 책에서 아리기는 신자유주의 시대가 미국 헤게모니 하에서 펼쳐진 하나의 세계적 자본주의 축적 체제의 마지막 국면을 의미하며, 미국 패권의 쇠퇴와 헤게모니 이동으로 이어질 것이라고 말했다.

그는 13세기까지 거슬러 올라가 자본주의의 생성과 발전을 역사적으로 고찰한 뒤 다음의 결론에 도달한다.

"(금융자본주의는) 자본주의의 특정한 단계가 아니며, 최고의 단계나 최근의 형태는 더더욱 아니다. 금융자본주의는 중세와 근세로 거슬러 올라가는 자본주의 맹아 단계부터 반복되어 나타난 현상으로서 금융자본의 급격한 팽창은 세계적 차원에서 하나의 축적 체제가 다른 축적 체제로 전환할 시기가 고조되었음을 알려준다."(위의 책 영문판: ix-x)

아리기에 따르면 19세기 말부터 20세기 초 대공황 직전까지 펼쳐졌던 금융자본의 시대는 영국의 패권이 저물어간 시기인 동시에 미국이 신흥 헤게모니 국가로 부상하기 시작한 때이다. 그 후 과도기를 거쳐 미국은 산업과 무역을 주도하며 자본주의의 황금기라고 불리는 전후 호황시대를 열었다. 하지만 1970년대 들어 미국은 이전처럼 실물경제에 기반을 둔 축적 체제를 계속 팽창시킬 수 없었다. 16~7세기의 제노

바, 17~8세기의 네덜란드, 18~9세기의 영국 등 과거에 자본주의 세계 체제의 패권국들이 겪었던 것처럼 실물과 금융의 이원화가 이루어지면서 실물부문의 중심이 다른 지역으로 이동하고 금융의 비대화가 이루어지기 시작한다.

금융부문의 팽창은 어떤 면에서는 헤게모니 국가의 힘이 강해지는 것처럼 보이게 만들지만 실물-상업(무역)-금융-군사의 순서로 이루어지는 패권 이동의 한 국면이라고 아리기는 주장한다. 현재 G2로 부각되며 날로 강대해지고 있는 중국이 어쩌면 아리기의 역사적 분석을 뒷받침해주는 새로운 증거가 될 수 있을 것이다. 그리고 이번 미국 발 세계 경제 위기가 미국 패권의 급격한 쇠퇴를 알리는 신호일 수도 있다.

팍스 아메리카를 대체할 새로운 패권 형태가 어떤 것일지는 아직 미지수다. 역사가 일정한 패턴을 반복만 하는 것도 아니다. 지금까지와는 달리 다수의 국가들이 헤게모니를 공동으로 구성하거나 초국적 헤게모니가 구성될 수도 있다. 2009년 위기 관리 체제로서 출발한 G20이 평상적인 기구로 정착하면서 로마제국에서 원로원Senate이 담당했던 것과 비슷한 권력기구 역할을 할 가능성이 커 보인다. 2010년 6월 캐나다, 11월 한국에서 개최될 예정인 G20정상회의의 내용에 따라 향후 세계 정치·경제의 헤게모니가 어떻게 형성될지 윤곽을 드러낼 것이다.

우리가 경험하고 있는 현재 상황의 본질적 성격이 어떤 것인지는 많은 시간이 흐른 다음에야 확인되겠지만, 확실한 것은 우리가 겪고 있는 정치·경제적 위기가 금융패닉이 안정되었다고 해서 이전의 상태로 쉽게 회복될 수 있는 성격이 아니라는 사실이다. 지금은 한 세기 이상 생성-발전-쇠퇴의 경로를 밟은 하나의 자본주의 세계 체제가 다른 형태로 전환하는 과도기를 통과하고 있고, 이 시기는 꽤나 길게 지속되면서 큰 변동성을 보일 가능성이 크다. 그런 점에서 적어도 당분간은 1년 단위의 성장률 계산이 큰 의미를 가지지 못할 것이다.

아리기가 오래 전에 예견한 세계 자본주의 체제의 변화는 단지 미국의 패권이 약해지기를 바라는 좌파 학자의 근거 없는 희망은 아니다. 전 세계에서 가장 권위 있는 주류 경제지인 영국의 파이낸셜타임즈의 대표적 칼럼니스트이며 편집자이기도 한 마틴 울프Martin Wolf는 최근에 쓴 〈New Dynamics〉란 제목의 칼럼에서 이번 위기가 현재의 금융 자본주의의 몇 가지 중요 특성을 영구적으로 바꾸어놓을 것이라고 전망하면서 신자유주의 패러다임의 변화가 불가피하다고 주장했다.

마틴 울프의 의견을 간단히 요약해보면 이렇다. 첫째, 미국을 위시한 서구 금융 모델의 패권이 더 이상 지속될 수 없다. 둘째, 금융 규제의 강화는 불가피하다. 여러 규제 장치들이 개혁될 것이고, 금융기관에 대한 감독과 감시가 강화될 것이다. 셋째, 금융의 세계화가 당연하게 여겨지던 시대도 끝나게 될 것이다. 넷째, 글로벌 스탠더드가 경쟁적 규제 완화에서 규제의 세계화로 대체될 것이다. 다섯째, 자율적 조정 시장의 원칙이 더 이상 막무가내로 관철될 수 없게 될 것이다. 여섯째, 패권적 금융 모델이 무너졌기 때문에 다양한 금융 모델이 부각될 것이다. 이러한 변화 속에서 경제의 중심지가 중국을 위시한 신흥국 쪽으로 이동하게 될 것이다.

IMF 총재 스트로스 칸도 YTN과 가진 2010년 전망에 관한 단독 인터뷰에서 위와 같은 방향으로 국제 금융 질서가 변화할 수밖에 없다는 것을 확인해주었다(2010. 1. 1). 경제 패러다임의 변화 여부는 더 이상 논란의 대상이 아니다. 문제는 그 변화가 구체적으로 어떤 내용을 가질 것이며, 누구에 의해 주도될 것인가이다.

5

유연성에서 안정성으로

신자유주의의 중심 화두는 유연성이었다. 지배적 자본이 이윤을 확대하기 위해서 이윤에 영향을 미치는 모든 사회적 요소들을 유연하게 만들어버렸다. 이를 위해 국가적 장벽을 허물었고, 공공소유로 남아 있던 중요한 사회적 자산을 사유화했으며, 사회안전망을 해체하려고 시도했다. 이와 더불어 인간을 생산의 투입요소로 간주하는 경제학 이론을 현실화했다. 다시 말해 노동을 자본이 필요할 때 즉각 투입하고 필요 없으면 바로 버릴 수 있는 상태로 유지하는 것이다. 그로 인해 대다수의 서민들은 안정적으로 삶을 계획하는 것이 불가능해졌다. 비정규직이 양산되었고, 실질임금은 정체되었다. 고용의 안정성이 파괴됨과 동시에 사회안전망이 약화되면서 삶은 이전보다 불안정해졌다.

선진국의 민중은 기존의 사회안전망이 공격받긴 했지만 완전히 와해된 것은 아니었기에 신흥국이나 가난한 나라의 민중보다는 상대적으로 나은 삶의 환경을 유지할 수 있었다. 우리나라와 같은 신흥국들은 미쳐 사회안전망이 확립되기도 전에 신자유주의적 정치·경제 질서의 도입을 맞았고, 민중의 삶은 극도로 불안정해졌다. 개발독재의 시대에서 아주 잠깐 동안 노동 조건의 개선 시기를 거치고 바로 신자유주의적 개혁을 겪었다. 그리고 신자유주의 체제가 완성되기 전에 신자유주의의 붕괴를 경험하게 된 것이다.

더 이상 신자유주의 패러다임이 지속될 수는 없다. 민중의 저항에 의해 이런 결말에 도달한 것이 아니어서 아쉽지만 미국 발 세계 경제 위기로 그 패러다임을 주도했던 자들 스스로가 한계에 도달했다는 것을 인정할 수밖에 없는 상황에 몰린 것이다. 신자유주의의 기본 원칙인 유연성은 소수 대자본의 입장에서는 더할 나위 없이 좋았지만 지구 전체를 구조적인 불안정에 빠트렸다. 여러 불안정 요소들이 있지만 그 중 신자유주의 주창자들이 가장 핵심적인 것으로 생각했던 소위 '혁신적 금융기법'에 기반을 둔 금융 시스템이 붕괴하고 말았기 때문에 더 이상 이전의 체제를 지속할 수 없게 된 것이다.

이제 새로운 경제 화두는 안정성이다. 새로운 세계 체제를 논의할 주요 장이 될 G20의 중심 의제도 체제의 안정성이다. 그렇지만 G20이 안정성이란 화두를 신자유주의에서 집중 추구한 노동의 유연성 문제나 공기업의 민영화 문제에까지 적용할 것이라고 생각하진 않는다. 그들이 신자유주의 체제의 문제점으로 인정하는 것은 금융 체제의 불안정성이고, 현재 추구되고 있는 안정성은 이 분야에만 적용되는 것이다. 안정성이란 화두를 금융 시스템에 국한하지 않고 고용 문제를 비롯해 사회 전 분야로 확산시키는 것이 일국적 차원과 세계적 차원에서 진보의 주된 과제가 될 것이다.

각국의 경제 관료들, 국제 금융기구의 관료들, 주류 경제학자들은 위기의 주된 원인을 (1) 은행과 여타 금융기관들의 방만한 운영, (2) 통제불능 수준으로까지 확대된 파생상품 시장, (3) 지나친 금융 규제 완화와 이로 인한 금융투자 주체들과 감독기관 모두의 도덕적 해이moral hazard로 국한해서 보고 있다. 따라서 해결책도 금융 체제의 안정성에 맞춰져 있다. G20이 최우선적으로 금융안정위원회를 가동한 것도 이런 인식의 표현이다. 2008년 워싱턴에서 시작해 2009년 런던과 피츠버그에서 이야기되었고, 2010년 캐나다와 한국에서 구체적으로 논의될 글로벌 금융 안정성 강화의 기조는 〈표 3〉에 정리된 바와 같다.

<표 3> G20의 글로벌 금융안정성 강화 기조

투명성	금융투자와 경영의 투명성 확대로 특정한 금융기관의 부실이 시장 전체에 심각한 타격을 입히는 것을 방지. 특수목적 회사를 통한 우회적 규제 회피도 규제.
자본 안정성	은행의 자기자본비율을 강화하여 안정성을 높임. 지나친 차입과 대출을 막고 갑작스런 충격에 완충역할을 할 수 있도록 자본비율 유지.
신용평가기관 감독	세밀하게 구성된 글로벌한 회계기준을 만들어 평가가 객관적으로 이루어질 수 있도록 하며, 신용평가기관의 이해에 따른 왜곡이 이루어지지 않도록 감독을 강화.
시장 청렴도	투자자와 소비자에 대한 보호책 강화. 금융투자 시장에서 편법, 사기, 과장광고, 권한남용 등에 의해 발생할 수 있는 소비자 피해 방지를 위해 감시체계 확립.
은행에 대한 위험관리	특정 은행의 위기가 현실화되었을 때 위기가 국내외로 확산되지 않도록 격리하여 부실을 청산할 수 있는 대책을 제도적으로 강구.
경기 역행적 정책	경기 순응적 금융 흐름이 발생하지 않도록 제도 마련. 지금까지는 은행이 경기 과열시에 투자를 늘리고, 위기 시에 투자를 줄이는 순응적 행태로 문제를 심화시킴.
파생상품의 장내화	창구OTC거래로 이루어지는 파생상품을 장내로 흡수하는 방안과 함께 청산소를 제도화해 파생상품의 규모를 제대로 파악하고 부실화 문제를 미연에 방지.

* 출처: 금융안정위원회 자료 정리

초국적 자본흐름 통제 강화

안정성이란 화두가 금융 분야에만 국한되지 않고 사회 전 분야로 확산될 수 있도록 싸우는 것이 중요한 과제이긴 하지만, 금융에 대한 규제를 강화하고 안정성을 높이는 작업의 중요성을 과소평가할 순 없다. 〈표 3〉에서 정리한 G20이 추진하고 있는 정책기조의 전환은 반드시 이루어져야 한다. 문제는 얼마나 철저하게 구조 개혁을 이룰 수 있는가이고, 그러기 위해서 G20은 그동안 대안적 정책을 꾸준하게 제시했던 국제 시민사회에 개방적인 태도를 취해야 할 것이다.

위에서 언급한 금융 개혁 방향 전체에 대한 구체적 논의를 이 자리에서 할 순 없겠지만, 가장 핵심적 사항이면서 아직 충분한 주목을 받지 못하고 있는 문제에 대해서 짚고 넘어가야 하겠다. 바로 초국적 자본흐름에 대한 통제 문제다. 최근 G20정상회의에서 프랑스와 독일이 국제 투기자본에 대한 규제책으로 토빈세Tobin Tax 도입을 주장하였지만 중심 의제로 자리 잡진 못했다.

한국을 비롯해 아이슬란드, 아일랜드, 두바이, 다수의 동유럽 국가 등등 신흥국들을 덮친 위기의 주된 원인은 갑작스런 해외 자본의 유출이었다. 앞에서도 언급하였듯이 신자유주의의 가장 큰 특징이며, 구조적 불안정성의 주범은 자본의 글로벌 환류였다. 전후 황금기 때 존재했던 국가 간 자본 흐름에 대한 규제를 모두 허물어버리면서 자금이 특정 지역에 한꺼번에 몰리고 빠져나가는 패턴을 반복하였다. 그리고 그 때마다 문제를 일으켰다. 1980년대 중남미, 1990년대 동아시아와 동유럽

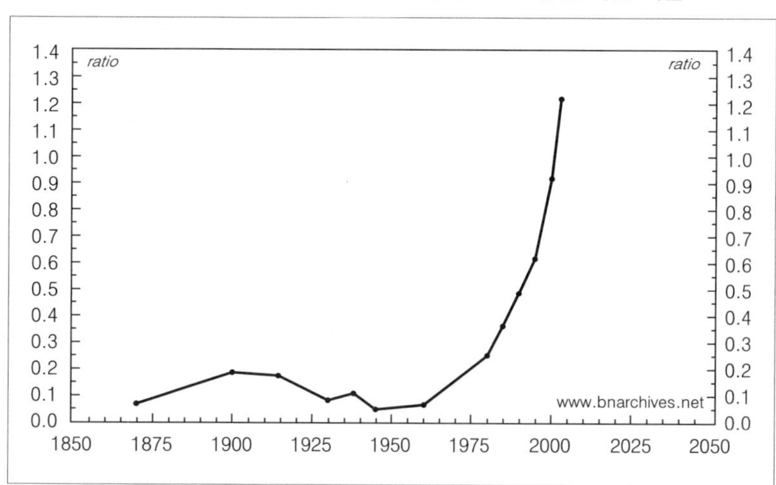

* 출처: Nitzan and Bichler, "Imperialism and Financialism", www.bnarchives.net

의 국가 경제를 붕괴시켰고, 결국 세계 자본주의의 중심인 미국에서 위기가 폭발하고 말았다.

〈그림 5〉는 세계적 차원에서 초국적으로 소유된 자본의 비율을 전 세계 GDP에 대비해서 나타낸 것이다. 신자유주의가 본격적으로 추진된 1980년대 이후로 이 비율이 기하급수적으로 증가했음을 알 수 있다. 1980년경 0.2 정도였던 비율이 현재는 세계 GDP 총량보다 1.2배 이상 큰 규모로 성장했다. 신자유주의 초기에는 선진국 사이에서의 자본 흐름이 대부분을 차지했지만 최근 15년 동안 신흥국과 선진국 사이의 자본흐름이 엄청나게 증가했다.

맥킨지 글로벌 연구소에 따르면 2006년 기준으로 세계 주식의 27퍼센트가 외국인 소유라고 한다(Mapping Global Capital Markets, 2008: 73). 1990년에는 9퍼센트였으니 3배가 증가한 것이다. 또한 같은 기간에 정부채권의 외국인 소유지분은 11퍼센트에서 31퍼센트로 증가했고, 회사채의 외국인 지분은 7퍼센트에서 21퍼센트로 증가했다. 전체적으로 전 세계 금융자산의 26퍼센트가 외국인 수중에 놓여 있는 셈이다. 외국인 투자가 세계적으로 주도적인 기업에 집중되어 있는 점을 감안하면 기업 소유권의 초국적화 진행 정도는 이들 숫자보다 훨씬 더 심도가 있을 것으로 예상된다.

초국적 자본의 흐름에 따라 신흥국은 소위 Boom & Bust(거품의 형성과 붕괴)를 반복할 수밖에 없다. 자본시장 자유화를 주창한 학자들은 자유화를 통한 자본시장의 확대가 경기역행적 성격이 있기 때문에 경제를 더 안정적으로 만들어줄 것이라고 주장했다. 즉 경기가 둔화될 때는 자본이 들어와 경기를 활성화시키고, 경기 팽창기에는 감소하여 과열을 막아준다는 것이다. 하지만 현실은 자본의 흐름이 정반대의 특성을 보인다는 것을 증명했다. 자본은 경기순행적 흐름을 보인 것이다. 호경기 때 우르르 몰려들어오고 경제에 조금만 문제가 있다고 판단되면 썰물처럼 빠져나갔다. 이로 인해 신흥국의 국민경제가 풍비박산이 나는 일이 반복되었다.

또한 자본시장 자유화는 국가주권의 급격한 약화와 직접적으로 연관되어 있다. 신흥국 정부가 자신들의 정책을 결정할 때 자국 국민의 눈치를 보기보다 선진국에 기반을 두고 있는 투자기관과 신용평가기관의 압력에 좌지우지되는 현상이 발생하고 있다. 정부가 어떤 경제 정책을 내놓았을 때 그 정책의 사회적 함의와 가치를 따지기에 앞서 '시장 친화적'이지 않다는 평이 주류 언론에서 나오면 그 정책은 바로 폐기되곤 한다. 심지어 직접적인 경제 정책이 아닌 경우도 이들의 말 한마디에 결정된다. 신용등급 하락이란 압력에 노무현정부가 이라크 파병을 결정한 일이 대표적인 사례다.

직접적 압력이 가해지지 않는다 해도 우리나라와 같이 자본시장이 자유화되고 탈규제화된 상황에서는 더 이상 국가경제를 안정적으로 계획할 수가 없다. 자본의 흐름은 환율의 급격한 변화를 초래하고, 환율의 변화는 수출 중심의 산업경제를 기반으로 하고 있는 대다수 신흥국들의 실물경제에 즉각적 영향을 미친다. 금융경제와 실물경제의 구분은 의미가 없어졌고, 초국적 자본의 흐름에 따라 국가경제 전체가 좌지우지되는 실정이다.

이러한 우려를 배경으로 최근 브라질과 대만 정부가 자본 통제를 강화하는 규제책을 내놓았다. 인도네시아, 인도, 태국, 러시아도 이러한 움직임에 동참할 의사를 밝히고 있다. 상당한 정도로 자본을 규제하던 중국과 대만이 이번 글로벌 금융패닉 때 다른 나라들에 비해 상대적으로 피해가 크지 않았다는 사실과 1997년 아시아 경제 위기 때 말레이시아가 자본 통제를 통해 위기를 효과적으로 극복했던 사례가 보여주듯이, 세계 경제의 구조적 불안정성을 완화시키고 또 다른 위기를 막기 위해서는 자본 통제 방안의 세계적 표준안 도입이 절실하다.

대만 정부가 실시한 규제책의 주요 골자를 보면, 대만 정부는 외국인 투자자들이 환투기와 고금리 투자에 집중하고 있다는 판단 아래 외국인 투자자들의 정기예금 예치를 금지시켰다. 또한 단기 금융상품에 대한 투자의 경우는 투자 금액의 30퍼센트를 예치하도록 했다. 브라질은 2009년 10월부터 헤알화의 급격한 평가절상과 단기투자 자본의 유입을 억제하고 생산 분야에 대한 투자 확대를 유도하기 위해 외국인이 투자하는 채권과 주식에 2퍼센트의 금융거래세를 부과하기 시작했다.

그러나 이명박정부는 여전히 외자 유치를 강조하며 규제책 도입을 주저하고 있다. 현재 외국은행 지점에 대한 유동성 규제에 관한 이야기만 조심스럽게 나오고 있는 수준이다. 당국자들은 자본 이동에 관한 규제가 외국인 투자의 급격한 위축을 낳을 것이라고 주장하며 규제책 도입에 소극적인 자세를 정당화하려고 하지만, 이러한 주장의 실증적 근거는 매우 약하다.

〈그림 6〉은 브라질과 대만의 최근 자본 순유입 변화를 보여주고 있다. 자본통제 실시 이후 일시적으로 자본 유입이 줄긴 했지만 곧 원래의 추세를 회복했음을 알 수 있다. 우리가 필요로 하는 외국인 투자는 고용을 확대하고 부가가치를 만들어내는 데 도움이 되는 투자다. 이런 분야에 외국인들이 중장기적인 투자를 결정할 때는 그 나라의 중장기적 경제 성장 전망과, 펀더멘탈의 변화 등을 중심적으로 고려한다. 제도적으로 경제의 불안정한 요소를 제거한다면 이런 종류의 투자는 더 늘어날 수 있다. 반면 거래세 형태의 자본 통제 방안이나 예치금 요구 형태의 자본 통제가 효과적으로 실시된다면 단기적 차익을 노리고 들어왔다 급속히 빠져나가는 투기자본은 어느 정도 걸러질 것으로 예상된다.

1997~8년과 2008~9년 두 차례에 걸쳐 '자본의 급격한 유출 → 외환시장 붕괴 → 증권시장 붕괴 → 실물경제 초토화'를 경험했던 한국은 세계 체제의 새로운 질서를 논의하는 G20에서 자본 통제의 글로벌 스탠더드를 그 어떤 것보다 우선적으로 제기해야 할 것이다. 이명박정부는 염불에는 관심이 없고 젯밥에만 열을 올리고 있다. G20에 참여하고 회의를 서울에서 개최하게 되었다고 흥분하고 있다. 한국의 국제적 위상을 높이는 길이 세계 주요국 정상들과 모여 사진 찍는 데 있지 않다. 진정 한국의 브랜드 가치를 높이고 싶다면 G20에서 배제돼 있는 많은 나라들의 이해를 대변하고, G20회의에서 이들 나라의 대다수 국민들이

이전보다 더 안정적이고 행복한 삶을 누리는 데 도움이 될 결과물을 만들어내야 할 것이다.

<그림 6> 브라질과 대만의 국제자금 주간 순유입 및 환율 추이

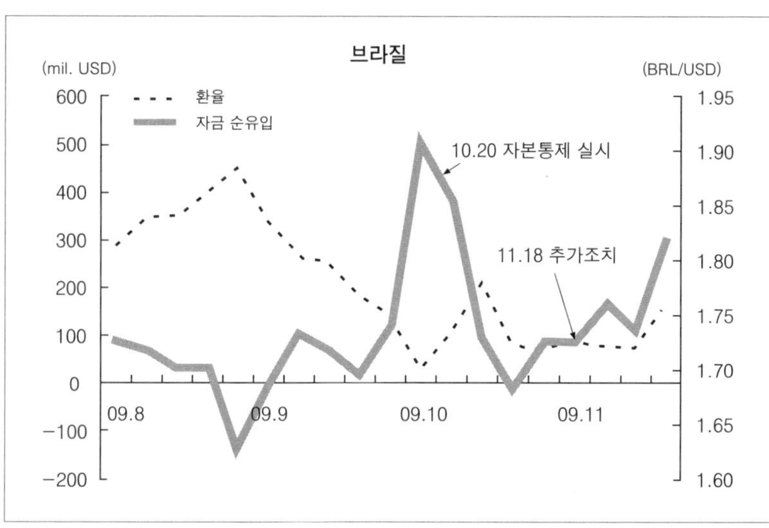

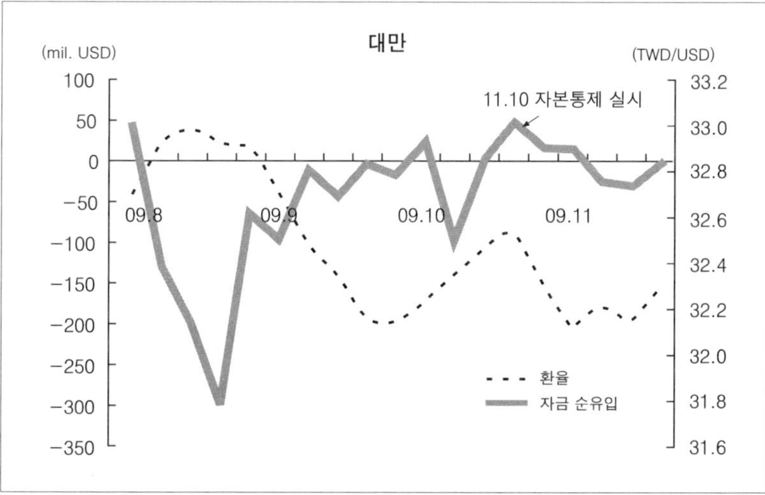

* 출처: 블룸버그(한국금융연구소의 그래프를 직접 재인용)

세계경제 엔진 미국경제의 현재와 미래

불안한 2010년 미국경제 전망

여경훈_새사연 연구원

1. 작년 하반기에 경기 침체의 저점을 지났다고 하지만 고용 및 소비 침체가 지속되고 여전히 제조업 및 주택 부분의 과잉공급 문제가 해결되지 않으면 2010년 미국 경제는 점차 성장 탄력이 둔화될 것으로 보인다.

2. 가계의 지속적인 부채 축소(디레버리징), 가처분소득 및 자산가격의 정체, 고령화 및 베이비붐 세대의 은퇴 시즌 도래, 지난 20년간 구조화된 소득 분배 악화 등으로 세계의 최종소비자 역할을 담당했던 미국 경제는 역사적으로 사라질 가능성이 크다.

3. 추가적인 경기 부양 정책이 추진되지 못하면 이른바 고용 없는 회복Jobless Recovery 상태를 장기간 지속할 가능성이 높다. 경제는 플러스 성장을 유지하지만 고용을 비롯한 체감경제 지표는 여전히 침체 상태에 빠져 성장 속 경기 침체Growth Recession라는 역설적인 상태가 만들어질 것이다.

1

시장의 붕괴를 막은 정부

| 대공황 VS 대침체 |

2007년부터 시작된 미국의 경기 침체는 2년이 지났음에도 여전히 현재진행형이다. 대공황Great Depression에 버금갈 정도로 심각하다 하여 신조어라 할 만한 대침체Great Recession라 부르고 있을 정도다. 비록 공황보다는 완곡한 용어인 침체라는 표현을 사용하고 있지만 두 기간 동안 주요 경제지표들을 비교한 〈그림 1〉을 보면 이번 위기의 심각성을 한 눈에 알 수 있다.[1]

1929년과 2008년은 모두 자산시장의 버블이 붕괴하여 금융기관의 신용창출능력과 가계의 자산이 심각하게 훼손되어 소비지출이 급격히 감소한 공통적인 특징을 지니고 있다. 그러나 1929년 10월의 주식시장 붕괴는 6월에서 8월까지 폭발적으로 상승한 주가 랠리의 조정을 반영한 것이었으며 집값 또한 이번처럼 큰 폭으로 하락하지는 않았다.

이에 비해 리먼 브라더스 파산 이후 2008년 10월에만 주가는 24퍼센트나 폭락했고, 집값은 1년 동안 10퍼센트 이상 하락하였다. 따라서 가계의 순자산은 2007년 3분기부터 하락하기 시작하여 2008년에만 17퍼센트가 떨어졌다. 작년 2분기까지 무려 26.6퍼센트나 떨어졌다. GDP보다 많은 16조 달러에 이르는 어마어마한 규모다. 이는 1929년 1년 동안 3퍼센트 하락한 것에 비해 무려 8배나 심각한 것이었다.

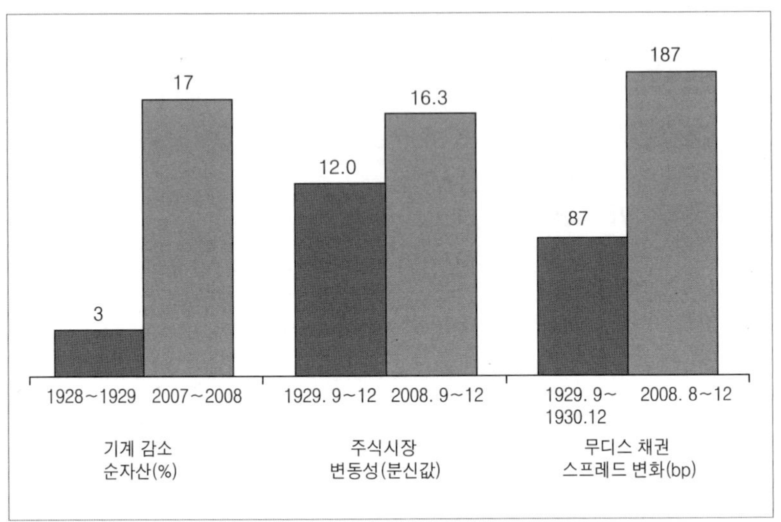

소비 침체와 경제적 불확실성을 강화시킨 또 다른 부문은 주식시장이다. 통상 1929년 주식 대폭락 시기 주가 변동성이 극심하다고 알려졌는데 2008년 가을의 충격은 이보다 훨씬 심했다. S&P500의 일별 수익률을 기준으로 변동성을 측정하면 대공황에 비해 35퍼센트 이상 출렁거렸음을 확인할 수 있다.

마지막으로 금융기관에 가해진 금융패닉의 심각성을 알려주는 지표인 채권 스프레드를 비교해도 2008년의 충격이 두 배 이상 심각하였다. 1930년 말에 은행의 연쇄 파산이 이어져 공황의 충격이 최고조에 달했는데 당시 채권 스프레드는 0.87퍼센트포인트까지 올랐다. 이에 비해 2008년 12월에는 두 배가 넘는 1.87퍼센트포인트까지 치솟았다.

이와 같은 금융시장의 충격은 실물시장에 파급되어 GDP가 2008년 4분기에는 5.4퍼센트, 2009년 1분기에는 6.4퍼센트나 하락했고, 2008년 10월부터 2009년 3월까지 월평균 62만 개 이상의 일자리가 사라졌다.

| 전대미문의 통화정책과 재정정책, 케인스주의의 부활 |

대공황의 침체에 빠지는 것을 방지하기 위해 미국의 중앙은행은 2007년 말부터 금리를 내리기 시작하였다. 2008년 12월부터 현재까지 전례가 없는 제로금리 정책을 실시하고 있다. 통상 금융시장의 안정을 나타내는 지표로 은행 간 차입금리(3개월 리보금리)와 재무부 채권의 수익률을 비교하는 TED스프레드가 사용된다. 리먼 브라더스의 파산 이후 의회에서 구제금융이 부결되자 TED스프레드는 4.5퍼센트포인트까지 치솟았다. 그러나 중앙은행에서 실시한 전대미문의 다양한 신용 확장 정책, 의회에서 통과된 7000억 달러의 구제금융 TARP 그리고 스트레스 테스트에 이은 주요 은행들에 대한 자본 확충 조치들로 현재 위기 이전인 0.25퍼센트포인트 수준으로 회복되었다.[2]

예를 들어, 중앙은행은 부동산 가격의 폭락을 방지하기 위해 패니매이Fannie Mae와 프레디맥Freddie Mac이 발행한 1.15조 달러 규모의 채권

〈그림 2〉 금융시장의 불안정, TED스프레드 추세

을 구입해주었다. 이는 부동산 수요와 시장이 극심하게 침체된 상황에서 사실상 중앙은행이 주택담보대출에 필요한 자금을 공급한 것이라 볼 수 있다. 왜냐하면 두 기관은 전체 주택담보대출의 3분의 2 정도를 주택담보증권 MBS으로 유동화해 자금을 공급하고 있는데 중앙은행이 수요가 붕괴된 주택담보증권에 대해 거의 전량을 구입해주고 있기 때문이다. 만약 이러한 조치가 없었다면 제로금리가 실시되더라도 리스크를 반영해 대출금리는 치솟고 부동산 가격은 추가로 폭락했을 것이 확실하다.

무엇보다 중요한 변화는 신자유주의 '작은 정부' 이데올로기의 득세로 사라졌던 정부 재정 정책의 화려한 부활이다. 1970년대 이후 신자유주의가 도입되는 데에 지대한 공헌을 한 것은 시장중심 자원 배분, 물가 위주 통화 정책에 방점을 둔 신고전파 경제학이 득세했기 때문이다. 금융시장에서는 시장이 가장 효율적이고 합리적이라는 '시장효율성 가설'이 힘을 얻었고 각국의 중앙은행 또한 물가 편향의 통화 정책을 유행처럼 도입하였다.

그러나 이번 위기 극복 과정에서 금융시장의 버블 방지 및 붕괴를 예방하기 위한 금융 규제의 필요성과 정부의 적극적 재정 정책의 유효성에 대해서 어느 정도 공통의 합의Consensus가 이루어지고 있다. 전염병처럼 유행하던 신자유주의 정책에 밀려 한동안 경제학 및 정부 정책에서 등한시되었던 케인스주의의 부활이다.

대표적으로 지난해 초 7870억 달러에 달하는 재정정책American Recovery and Reinvestment Act이 의회에서 통과되어 2009 회계연도인 9월 말까지 1945억 달러가 집행되었다. 〈표 1〉은 2분기부터 집행된 정부 재정 정책이 GDP와 고용시장에 미친 효과에 대해 정부 및 민간 연구소가

<table>
<tr><td rowspan="2">추정 기관</td><td colspan="2">GDP(퍼센트)</td><td colspan="2">고용(만 명)</td></tr>
<tr><td>2009. 2Q</td><td>3Q</td><td>2009. 2Q</td><td>3Q</td></tr>
<tr><td>경제자문위원회(CEA)</td><td>+2.3~3.1</td><td>+2.7~3.6</td><td>+43.4~50.7</td><td>+104~115.9</td></tr>
<tr><td>의회예산국(CBO)</td><td>+1.9~5.1</td><td>+1.9~5.1</td><td>+30~76.7</td><td>+60~153.3</td></tr>
<tr><td>골드만삭스</td><td>+2.2</td><td>+3.3</td><td></td><td></td></tr>
<tr><td>Global Insight</td><td>+2.3</td><td>+2.3</td><td>+25</td><td>+69</td></tr>
<tr><td>JP Morgan</td><td>+3.0</td><td>+4.0</td><td></td><td></td></tr>
<tr><td>Macroeconomic Advisers</td><td>+2.1</td><td>+1.9</td><td>+25</td><td>+62</td></tr>
<tr><td>Moody's Economy.com</td><td>+2.8</td><td>+3.6</td><td>+50.2</td><td>+107.3</td></tr>
<tr><td>추정치 평균</td><td>+2.66</td><td>+3.11</td><td>+40.1</td><td>+91</td></tr>
<tr><td>실제 지표</td><td>−0.7</td><td>+2.2</td><td>−128.5</td><td>−59.7</td></tr>
</table>

〈표 1〉 정부 재정정책의 GDP 및 고용효과

추정한 결과들이다.[3]

위의 표에 따르면 만약 재정 정책이 추진되지 않았더라면 2분기는 −3.3퍼센트, 3분기 또한 플러스 성장이 아니라 여전히 1퍼센트 대의 마이너스 성장을 기록했을 것으로 추정되고 있다. 재정 정책 집행으로 고용시장 또한 극심한 침체에서 점차 회복되고 있는데, 재정 정책이 없었다면 추가로 60~150만 개의 일자리가 사라졌을 것으로 보인다.

마지막으로 대공황과 다르게 빠르게 회복할 수 있었던 동인은 각종 '자동안정화' 장치다. 비록 미국 경제가 70~80년대 이후 신자유주의 정책으로 변모했지만, 50~60년대 '자본주의 황금기' 시절 마련한 각종 사회안전망은 경기 침체기에 부족한 총수요를 자극하는 원동력이 되었다. 또한 금융시장이 거의 붕괴 직전까지 갔음에도 대규모 예금인출 사태가 발생하지 않았던 원동력은 대공황 시기에는 존재하지 않았던 예금보험과 부채보증 등 다양한 금융안전망들이 갖추어져 있었기 때문이다.

2

2010년 미국경제 전망: 불안한 회복

| 최악의 경기 침체는 끝난 상태 |

미국 경제는 2008년 리먼 브라더스의 파산에 따른 최악의 경기 침체가 끝나고 2009년 3분기부터 점차 회복 국면으로 진입하고 있다. 〈표 2〉에서 보는 것처럼 이번 경기 침체는 다른 시기와 비교해 두 배 이상 길게 지속될 정도로 그 충격이 컸다. 또한 GDP, 고용 등 거의 모든 지표에서 침체의 폭도 두 배 이상 깊었다. 실질GDP는 2008년 2분기부터 2009년 2분기까지 3.8퍼센트나 떨어졌으며 실업률은 10.1퍼센트까지 치솟았다. 따라서 다른 경기 침체와의 차별화를 위해 '대침체Great Recession'라는 새로운 용어를 사용하는 데 전혀 무리가 없다.

GDP는 금융 시스템이 안정된 이후인 지난 2009년 3분기부터 다시 성장하기 시작했다. 이는 앞서 설명한 것처럼 중앙은행, 연방예금보험공사 등 금융 감독기관의 금융 안정 정책, 그리고 정부의 적극적 재정 정책의 결과임은 두말할 나위가 없다.

경제 회복이 민간 주도로 지속될 수 있을지, 아니면 또 다시 침체로 빠질 것인지 예단하기는 아직 이르다. 나중에 설명하겠지만 2010년까지 정부의 재정 정책이 이어지고 섣불리 금리 인상을 단행하지 않는다면 현재로서는 이른바 '더블딥'에 빠질 가능성은 그렇게 높지 않은 것으로 보인다.

그러나 재정 지출이 올해도 지속된다고 하지만 2009년 하반기와 비교해 재정 지출의 성장기여도는 점차 감소할 수밖에 없다. 단기간의 급

<표 2> 2차 세계대전 이후 미국의 경기 변동 비교

구분		지속 기간(개월)		퍼센트 변화			실업률		
고점	저점	고점~저점	저점~고점	GDP	산업생산	고용	최저	최고	변화량
2007.12	2009.8	20	73	-3.9	-19.2	-6.2	4.4	10.1	5.7
2001.3	2001.11	8	120	-0.4	-6.3	-2.0	3.8	6.3	2.5
1990.7	1991.3	8	92	-1.3	-4.3	-1.5	5.0	7.8	2.8
1981.7	1982.11	16	12	-2.9	-9.5	-3.1	7.2	10.8	3.6
1980.1	1980.7	6	58	-2.2	-6.2	-1.3	5.6	7.8	2.2
1973.11	1975.3	16	36	-3.1	-14.8	-2.7	4.6	9.0	4.4
1969.12	1970.11	11	106	-1.0	-5.8	-1.4	3.4	6.1	2.7
1960.4	1961.2	10	24	-1.3	-6.2	-2.3	4.8	7.1	2.3
1957.8	1958.4	8	39	-3.8	-12.7	-4.4	3.7	7.5	3.8
1953.7	1954.5	10	45	-2.7	-9.0	-3.3	2.5	6.1	3.6
1948.11	1949.10	11	37	-1.7	-8.6	-5.1	3.4	7.9	4.5
평균		10	57	-2.0	-8.3	-2.7	4.4	7.6	3.2

* 출처: Zandi(2009b)

격한 재정 지출의 변화 또는 지출 충격의 효과를 더 이상 기대할 수 없기 때문이다. 따라서 재정 및 통화 정책의 효과가 사라지기 전에 민간 주도의 자생적 회복으로 전환해야만 그 지속성을 보장할 수가 있다. 결국 미국 경제의 70퍼센트를 차지하는 소비지출, 이의 기초가 되는 고용 시장의 안정적 회복이 향후 미국 경제의 전망을 가늠할 핵심 포인트가 될 것이다.

| 가계의 부채 축소와 소비지출 |

현재 미국 경제를 강타한 금융 버블의 붕괴는 금융시장에서 비롯되었지만 그 이면에는 부동산 및 자산시장 버블 그리고 부채 확대를 통한

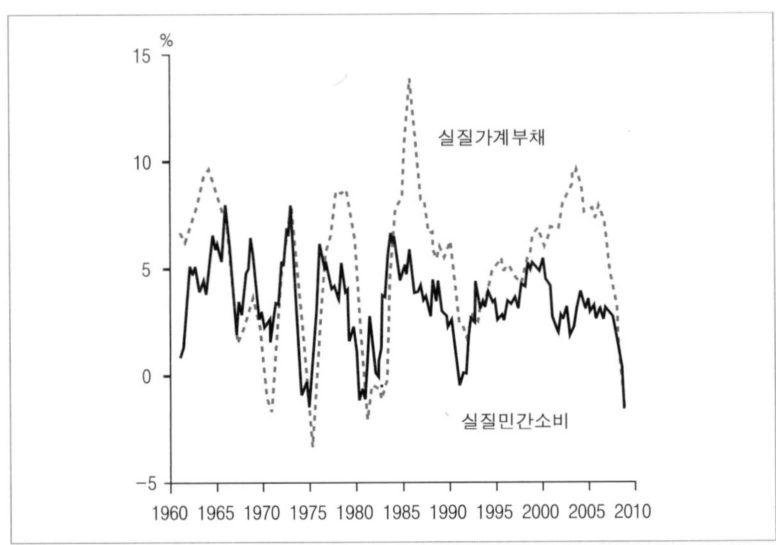

〈그림 3〉 소비와 부채 성장의 상관관계

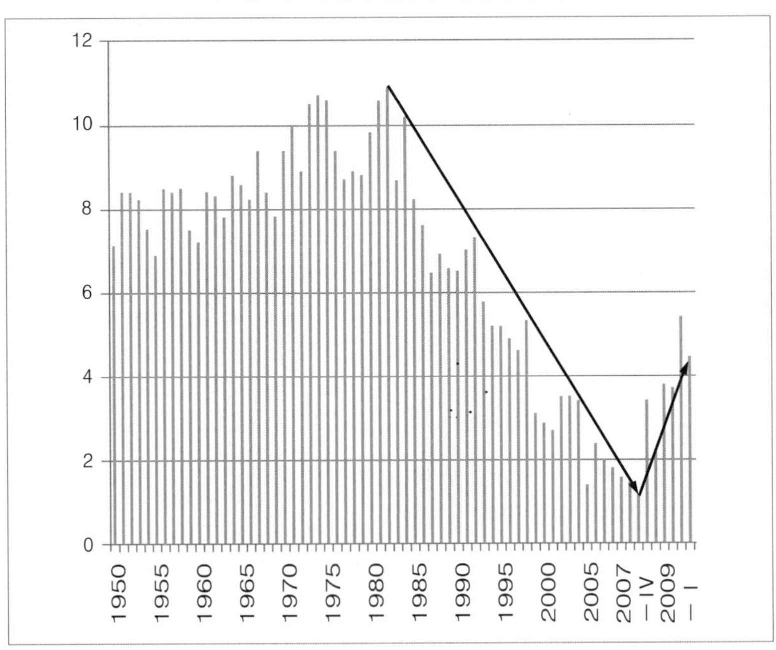

〈그림 4〉 가계저축률의 역사적 추세

소비 버블이 자리하고 있다. 미국 경제가 세계 경제의 '최종 소비지'로 기능할 수 있었던 것도 GDP의 70퍼센트를 차지할 만큼 높은 소비의존형 경제 구조 덕택이었다.

왼쪽 〈그림 3〉[4]에서 보는 것처럼 가계의 실질소비는 부채 증가와 밀접한 상관관계를 지니고 있다. 대출을 비롯한 부채의 가파른 증가가 가처분소득을 초과하는 실질소비를 가능하게 한 것이다. 이는 〈그림 4〉에서 보는 것처럼 2008년 1분기에 1.2퍼센트까지 하락할 정도로 지속적인 저축률 감소로 이어졌다.

그러나 1980년대 이후 소득 분배가 악화됨에 따라 가계의 가처분소득이 정체된 상황에서 금융버블 붕괴 이후 가계가 차입과 소비를 조정함에 따라 저축률은 점진적으로 상승하고 있는 추세다. 비록 8~10퍼센트에 달하던 50~70년대 저축률 수준으로 회복되지는 못하더라도 최소한 지속가능한 성장을 유지하기 위해서는 6~7퍼센트 수준까지 회복될 필요가 있다. 달리 말하면 가처분소득을 상승시키는 소득 분배의 구조적 변화가 없으면 부채 조정 및 감소 그리고 저축률 상승은 최소한 단기적 시각에서 소비 회복의 장애 요인으로 작용할 것이다.

향후 소비시장의 회복 추세를 전망하기 위해 〈그림 5〉에서 경기 침체가 시작된 이후 실질소비의 회복 추세를 역사적으로 비교하였다. 그림을 통해 확인할 수 있는 것처럼 현재의 경기 침체는 1980년대 이후 다른 침체와 비교했을 때 다음과 같은 몇 가지 확연한 차이를 보인다.

우선 과거의 사례를 보면 통상 경기 침체가 시작된 이후 9개월 정도가 지나면 실질소비는 이전 수준으로 회복되었다. 특히 1980년대와 2000년대 초반의 경기 침체 기간에는 실질소비에 거의 영향을 미치지 못하였다.

〈그림 5〉 경기침체 기간 실질소비 회복 비교

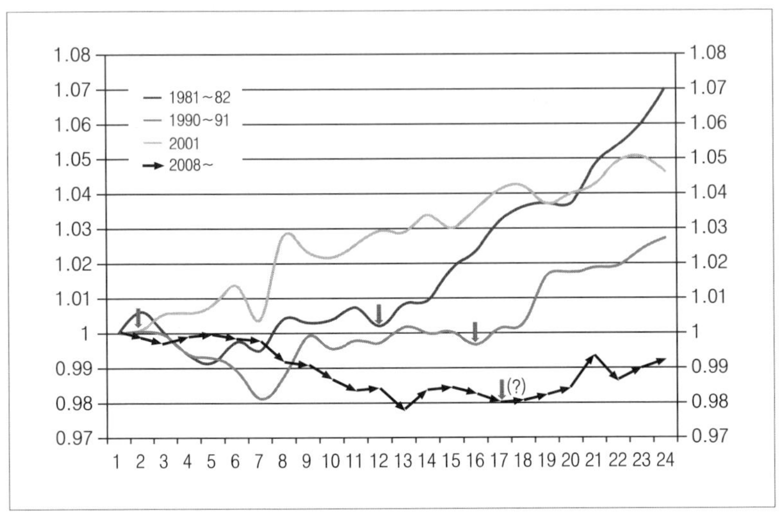

그러나 이번에 실질소비는 7개월 정도 거의 변함이 없다가 이후 약 9개월 동안 지속적으로 하락했다. 17개월이 경과한 2009년 5월에서야 실질소비가 점차 회복 국면에 진입하고 있다. 그러나 거의 2년이 지난 현재 시점에서도 여전히 침체 이전 수준을 회복하고 있지 못한 상태다.

또한 실질소비의 감소폭이나 지속성 측면에서 여타 침체에 비해 강도가 큰 것이 특징이다. 이러한 특징은 1991년 침체와 비슷하다고 할 수 있으나 당시에는 7개월이 지난 시점에서 빠르게 반등을 보였다는 점에서 차이가 있다.

다음으로 위의 그림에서 화살표는 실질소비가 지속적으로 성장하기 시작한 시점을 비교한 것이다. 통상 실질소비가 회복 국면에 진입한 시점은 침체 이전 수준(1.0 근방)을 넘어선 시점과 거의 유사하다. 정부의 소득세 환급과 재정 지출로 2009년 5월부터 실질소비가 회복하고 있으며 2~3개월 뒤면 침체 이전 수준으로 회복될 것으로 보인다. 하지만,

현재 시점에서 이 경로가 지속될지, 아니면 지난 9월처럼 다시 하락할
지는 아직 판단하기 이르다. 다만 이번 금융 공황을 초래했던 여러 요
인 중 하나인 부채를 통한 소비 버블 경로로 복귀할 가능성은 별로 없
어 보인다.

〈그림 6〉은 가계의 순자산, 금융자산 그리고 가처분소득과 소비지
출의 변화를 나타낸 것이다. 가계의 순자산은 2007년 2분기 66조 달러
에서 2009년 1분기 48.5조 달러로 26.6퍼센트나 떨어졌다. 특히 가계의
금융자산은 주식 및 부동산채권의 폭락으로 51.4조 달러에서 40.2조 달
러로 21.7퍼센트가 하락하였다.

가계의 가처분소득은 고용 및 금융시장의 침체로 명목 기준으로도
감소할뻔 했으나 2008년과 2009년 두 번에 걸친 소득세 환급으로 겨우
유지되고 있다. 만약 재정 정책이 뒷받침되지 않았다면 〈그림 6〉의 화

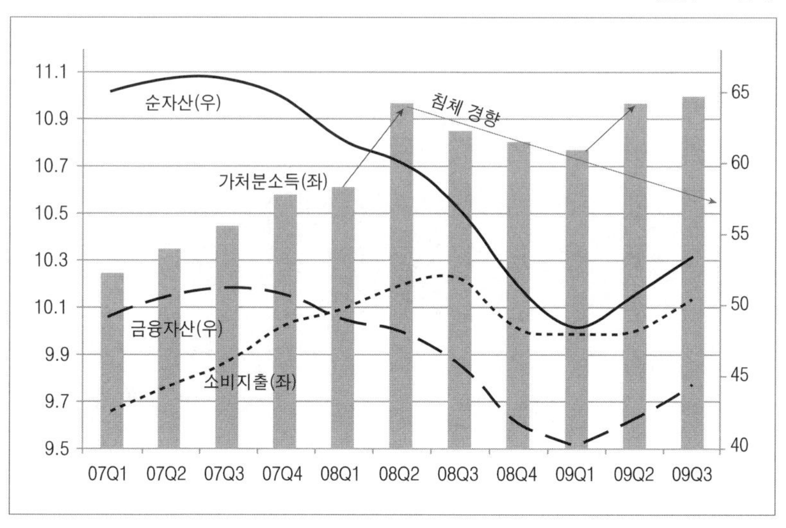

〈그림 6〉 가계자산 및 소비지출 변화

(단위: 조 달러)

살표처럼 하락 추세를 보였을 것이다.

실질소비의 회복 경로를 전망하기 위해서 가계의 신용창출 추세 또한 필요하다(〈그림 7〉). 미국의 가계부채는 주택담보대출을 중심으로 2000년 이후 매년 10퍼센트 이상 증가하였다. 그러나 주택담보대출은 주택 가격이 정점이던 2006년을 기점으로 지속적으로 하락하여 2008년 2분기부터 6분기 연속 감소 추세를 이어가고 있으며 하락폭은 점점 더 확대되고 있다. 규모로 보면 가계부채는 최고점을 찍은 이후 이미 4600억 달러(3.2퍼센트)나 감소하였다.

신용대출 또한 2008년 4분기부터 매분기 3~4퍼센트 수준으로 지속적으로 감소하고 있다. 이는 금융시장 및 경기 회복에 대한 불확실성이 여전히 상존하여 금융기관 간 신용시장은 다소 회복되었음에도 실물경제로 파급되고 있지 못하기 때문이다. 이는 가계뿐 아니라 기업 대출

〈그림 7〉 가계와 기업의 부채 축소

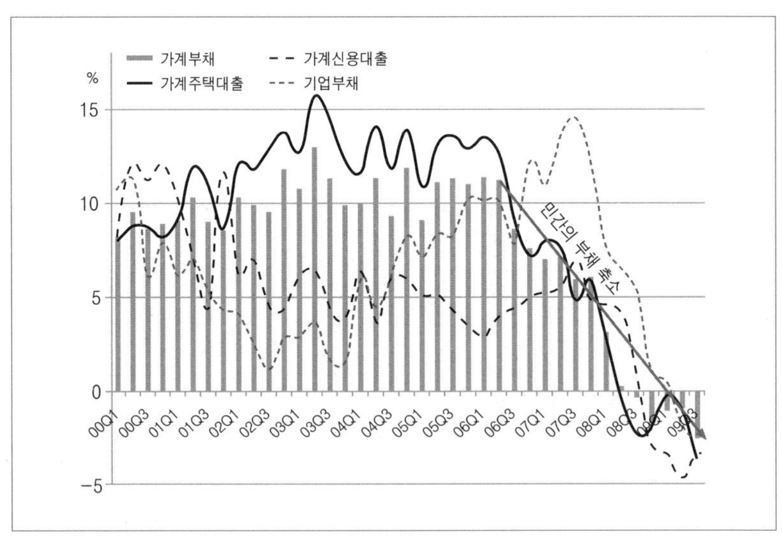

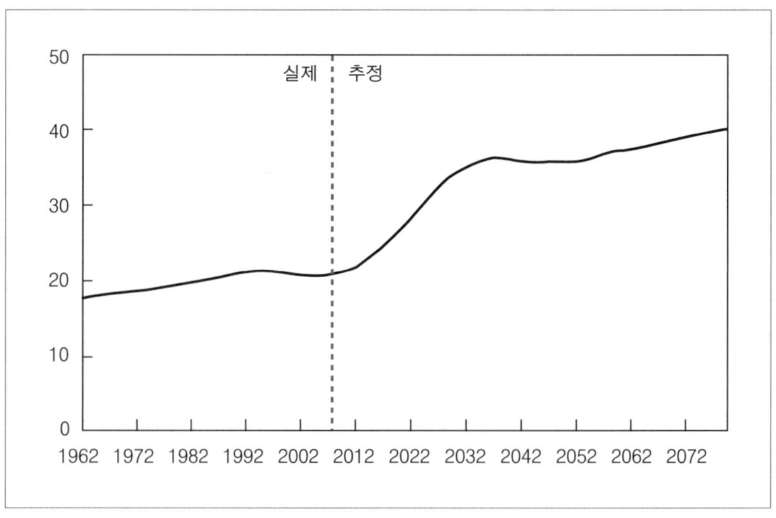

또한 감소 추세로 전환된 상황에서도 확인되고 있다.

마지막으로 주목할 것은 미국의 베이비붐 세대의 은퇴 시즌의 도래다. 〈그림 8〉은 의회예산국CBO에서 추정하는 미국의 고령화 추세를 보여주는 그래프다.[5]

2010년을 기점으로 65세 이상 인구가 급격히 늘어날 전망이다. 이는 전후 자본주의 황금기 시절 베이비붐 세대의 은퇴와 맞물려 있다. 따라서 고령화 추세에 따라 보건의료 부문의 소비지출은 늘어나겠지만 생산가능인구의 축소 및 세대 간 부양 문제로 소비지출은 지속적으로 감소할 가능성이 적지 않다. 현재는 다섯 명의 노동자가 고령인구 한 명을 부양하면 되지만 2030년 즈음에는 세 명의 노동자가 한 명을 부양해야 한다. 또한 젊은층의 소비성향이 상대적으로 높은데다, 이들마저 고령인구 증가에 따른 노후 및 미래에 대한 불확실성 증가로 현재 소비를 줄여야 하기 때문이기도 하다.

| '고용 없는 회복': 실업률 회복에 5~7년의 기간 필요 |

앞에서 살펴본 소비 회복과 더불어 미국 경제의 또 다른 관전 포인트
는 고용시장의 회복이다. 〈그림 9〉는 경기 침체 기간, 고용이 감소한 시
점부터 이전 고용 수준을 회복하기 까지 걸린 기간을 역사적으로 비교
한 것이다.

진한 화살표로 표시된 그래프가 이번 경기 침체를 나타낸 것인데 고
용시장의 침체가 얼마나 심각한지 한눈에 확인할 수 있다. 경기 침체가
시작된 이후 현재 약 810만 개의 일자리가 사라졌으며 실업률은 10퍼센
트까지 올랐다. 다행히 지난 9월부터 감소 추세가 확연히 줄어들어 거
의 2년이 지난 시점에서 미약하나마 고용시장이 점차 개선되는 징후들
이 포착되기 시작했다.

2009년 초만 해도 74만 개(1월), 상반기 평균으로는 56만 개의 일자리
가 사라졌다. 이에 비해 3분기 20만 개, 4분기에는 7만 개 수준으로 감

〈그림 9〉 경기 침체 기간 고용 감소의 역사적 비교

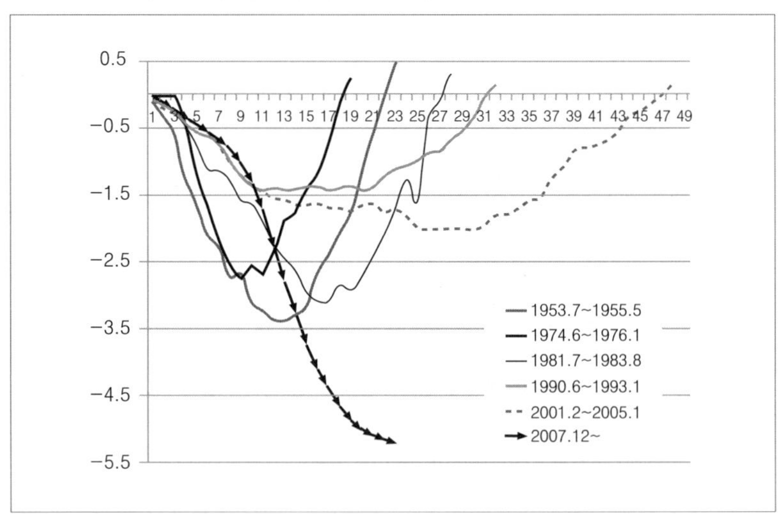

<그림 10> 2000~2009년 해고와 고용 추세의 변화

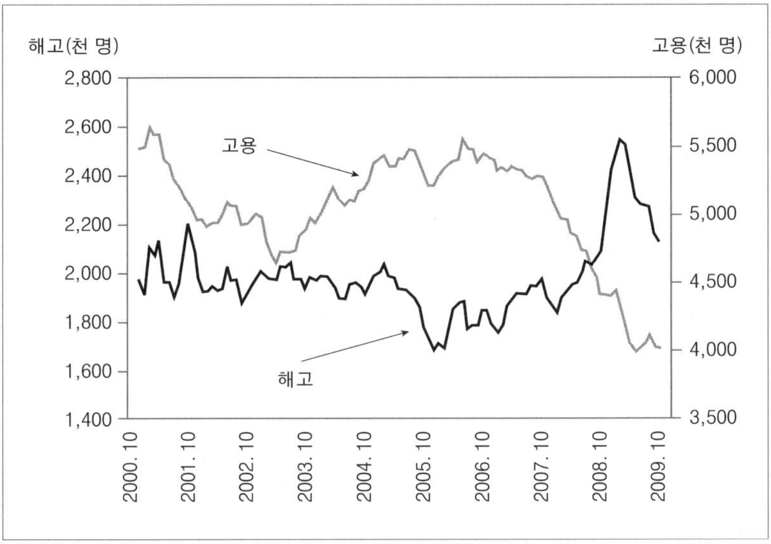

소폭이 줄어들고 있다. 무엇보다 긍정적인 시그널은 해고 규모가 급격히 줄어들고 있다는 점이다. 2009년 1분기만 해도 매월 250만 명(매일 12만 명)이 해고됐지만, 최근(11월)에는 205만 명 수준으로 상당히 개선되고 있다.

그러나 <그림 10>에서 보는 것처럼 기업은 여전히 새로운 노동자를 고용하는 데 적극적이지 않다. 이른바 기업의 비용 절감을 통한 수익성 개선, 또는 정부 재정 정책을 통한 '고용 없는 회복'의 결과다. 옅은 실선이 매월 채용 규모를 나타내고 있는데 2007년 12월 약 510만 명이던 것이 2009년 12월에는 400만 명 수준으로 떨어져 무려 22퍼센트나 줄어들었다.[6] 따라서 노동시장의 상황을 종합하면 노동자들의 해고와 일자리 감소 규모가 점점 더 줄어들고는 있지만 실업자들은 아직도 일자리를 찾는 데 매우 어려운 상황에 놓여 있다고 하겠다.

한편 실업자가 지난해 10월 1561만 명에서 1527만 명으로 34만 명 정도 줄어들어 실업률은 현재 10퍼센트를 유지하고 있다. 그러나 이는 같은 기간 경제활동인구가 80만 명 감소하고 비경제활동인구가 117만 명 늘어난 탓으로 고용시장이 본격적인 회복 국면에 들어섰다고 보기는 어렵다. 예를 들어 2009년 12월에만 경제활동인구가 66만 명이나 줄어들었는데 이들을 실업자에 포함시켜 계산하면 실업률은 10.4퍼센트나 된다.

무엇보다 고용시장 상황 등 경제적인 이유로 시간제 고용에 종사하는 노동자 916만 명(비자발적 시간제 노동자), 구직을 원하지만 취업난으로 구직을 포기한 노동자 249만 명 그리고 공식적인 실업자 1527만 명을 모두 포함하면 2700만 명이 사실상 실업 상태에 놓여 있다. 이들을 모두 포괄한 실업률(U-6 실업률)은 17.3퍼센트에 달하며 6개월 이상 장기 실업자는 39.8퍼센트로 이미 600만 명을 넘어섰다.

한편 매년 0.9퍼센트의 인구 성장과 고용률 추세를 고려하면 매월 약 11만 개의 일자리가 요구된다. 현재 24개월 간 침체가 지속되고 있으므로 260만 개의 추가적인 일자리가 필요하다. 따라서 경기 침체 이전의 고용률을 회복하기 위해서는 사라진 일자리와 인구 성장을 감안해 1070만 개의 새로운 일자리가 필요하다.

만약 3년 이내에 침체 이전 수준을 회복하기 위해서는 향후 3년 동안 매월 41만 개의 고용 증가가 필요하다. 이와 같은 지속적인 고용시장 회복은 지난 시기 미국 경제의 회복 속도를 고려하면 불가능하다. 왜냐하면 1990년대 경기 회복기에도 월평균 28만 개, 2000년대 초반의 회복기에는 평균 21만 개의 고용이 증가하는 데 그쳤기 때문이다.

따라서 현재 바닥을 확인하고 있는 고용시장이 2010년 1분기부터 미약한 반등을 시작할 것으로 보이지만 예전의 고용 회복 규모(매월 20~30만 개)를 가정하면 최소 4년에서 길게는 7년의 지속적인 경기 회복 기간이 요구된다. 이러한 수치를 확인하기 위해 아주 간단한 계산을 통해 침체 이전 5퍼센트의 실업률 수준으로 회복되기까지 필요한 시간을 계산해보도록 하자.

1981~82년 침체 기간에 실업률은 10.8퍼센트까지 오른 뒤 5퍼센트로 회복하는 데 75개월이 소요되었다. 따라서 (10.8-5)/75로 매월 0.077퍼센트포인트 만큼 개선되었다.

다음으로 1990년대 초반을 보면 1992년 6월 7.8퍼센트까지 오른 이후 50개월이 지난 1996년 8월에 5.1퍼센트까지 하락하였다. 따라서 (7.8-5.1)/50으로 계산하면 매월 0.054퍼센트포인트 만큼 실업률이 회복되었다.

마지막은 2001년 경기 침체로 2003년 6월 6.3퍼센트까지 오른 다음 25개월이 지난 2005년 7월에 5퍼센트로 회복되었다. 따라서 (6.3-5)/25 =0.052퍼센트포인트만큼 매월 실업률이 개선되었다.

결국 매월 0.052~0.077퍼센트포인트만큼 실업률이 개선되었고 평균적으로 0.061퍼센트포인트의 속도로 실업률이 회복되었음을 확인할 수 있다.

이와 같은 고용시장의 평균 회복 속도와 현재 실업률(10퍼센트)을 토대로 5퍼센트까지 하락하기 위해서는 (10-5)/0.061, 즉 무려 81.8개월이 필요하다는 결론을 얻을 수 있다. 6퍼센트로 회복되기 위해서는 65.5개월의 시간이 필요하다. 즉 5.5~6.8년의 기간이 필요하므로 2015년 또는 2016년 하반기가 되어야 침체 이전 수준으로 실업률이 회복되는 셈이다. 공식적으로 2007년 12월부터 경기 침체가 시작되었으므로 고용시장만 놓고 보면 '잃어버린 10년'이라는 용어를 사용해도 크게 무리는 없을 것으로 보인다.

그러나 이 단순 계산은 역사적 추세를 그대로 적용한 것에 불과하다. 예를 들어 실업률이 10.8퍼센트까지 치솟았던 80년대 초반의 경우 현재와 달리 실업률이 10퍼센트를 넘어선 시점에 이미 경기는 바닥을 친 뒤 반등하고 있었다. 또한 당시에는 금리 인하와 대규모 감세 정책으로 실업률은 급격히 회복될 수 있었다. 이에 반해 지금은 사실상 정부와 중앙은행이 할 수 있는 모든 조치를 취한 상태로 이른바 '출구전략'을 논의하고 있는 시점이다. 그때는 그때고 지금은 지금이다.

또한 실업률이 현재 10퍼센트에서 하락하는 것을 가정하고 있으나 현재 추세가 지속되면 상반기에 소폭이나마 고용량이 증가하겠지만, 경기가 뚜렷하게 회복세를 보이면 그 동안 구직을 포기한 노동자(약 600만 명)들이 취업시장에 추가로 진입하므로 실업률 하락은 올 상반기에

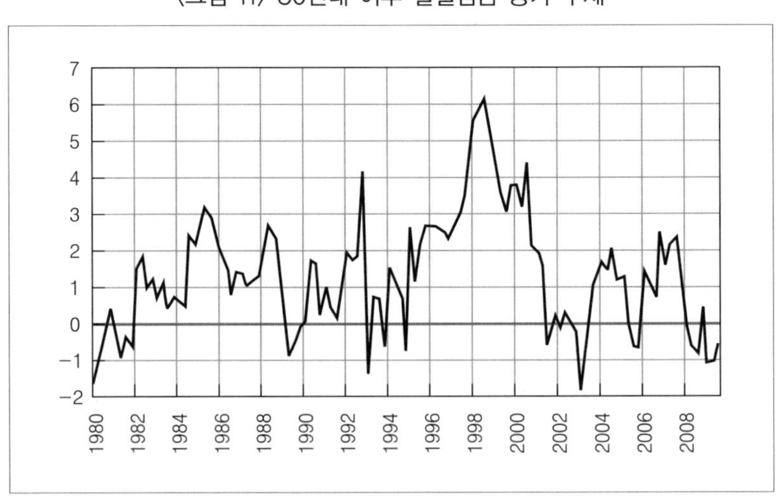

〈그림 11〉 80년대 이후 실질임금 증가 추세

는 여전히 상승 기조를 유지할 것으로 보인다. 따라서 빠르면 올해 2분기가 되어야 실업률 지표의 바닥을 확인할 수 있다는 점을 고려하면 더 긴 회복 기간이 필요하다.

또한 최근 기업의 수익성 개선은 '비용 절감'에 주로 기인한 것으로 기업이 새로 노동자를 고용하지 않고도 수익성을 추구할 공간을 확보하고 있다는 점도 주목해야 한다. 바로 해고 위협과 글로벌 경쟁 격화에 따른 '생산성' 개선, 그리고 달러화 약세에 따른 가격 경쟁력 제고의 효과다.

〈그림 11〉[7]에서 보는 것처럼, 제조업 과잉 설비, 소비자 수요 침체, 2008년보다 현저히 낮은 석유 가격에도 불구하고 실질임금은 2년 동안 마이너스를 기록하고 있다. 실질임금의 정체 또는 하락은 소득세 환급 정책이 없었다면 가계 가처분소득의 하락을 의미한다. 이는 부채 부담에 짓눌린 가계의 소비지출 하락에 상당한 영향을 미쳤으며 경제 회복의 지속적 장애 요인으로 작용할 것으로 보인다.

또한 20명 미만을 고용하는 중소기업이 총고용의 25퍼센트, 감소폭의 40퍼센트를 차지할 정도로 고용시장 회복에 무척 중요한 요소다. 그러나 중소기업의 신용을 주로 담당하는 지방의 중소은행들은 부동산 대출뿐 아니라, 상업용 부동산 대출에 심각한 타격을 받고 있어 여전히 고용시장의 회복은 불안한 상태다.

따라서 경기 회복의 장애가 되는 여러 요인들을 고려하면 회복 시기는 더욱 늦춰지고 미국의 4~5퍼센트의 안정적 실업률은 역사 속으로 사라질 가능성이 높아 보인다.

| 주택 및 상업용 부동산 대출 |

현 금융 위기를 촉발한 계기는 부동산시장의 버블 붕괴다. 부동산은 주택담보대출, 이를 담보로 발행한 주택저당증권 MBS 그리고 이를 또 다시 파생시킨 여러 파생채권 CDO ABCP, CDS 등의 기초 자산으로 금융기관의 자산 건전성 회복에 필요한 요소다. 또한 부동산은 가계 자산의 32퍼센트를 차지하며 부동산을 담보로 여러 형태의 소비대출이 이루어지고 있다. 따라서 금융기관의 신용창출능력과 가계의 소비지출이 회복되기 위해서는 부동산시장의 침체가 극복되어야만 한다.

그러나 미국 경제의 지속적 회복에 여전히 장애 요인으로 남아 있는 것은 주택 압류 건수의 지속적 증가다. 〈그림 12〉에서 보는 것처럼 2008년 3분기 말 기준으로 260만 개의 주택에 대해 압류 절차가 진행 중이다. 추가로 160만 개의 주택이 3개월 이상 연체된 악성 채권이다.[8]

〈그림 12〉 주택 압류의 지속적 증가

(단위: 천)

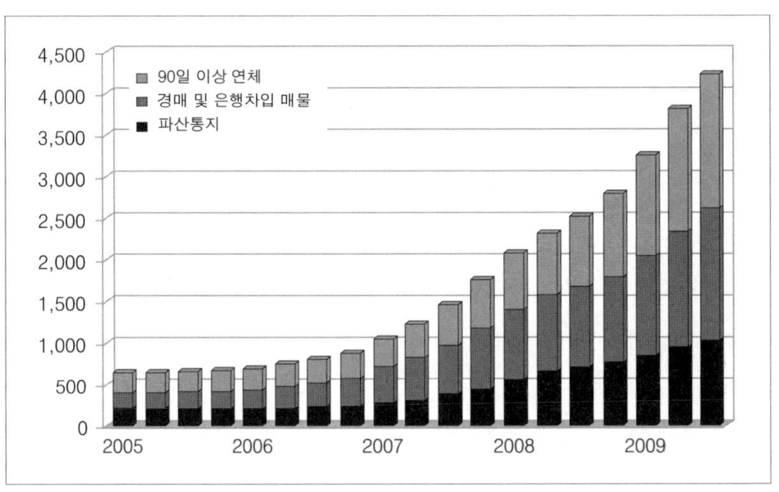

* 출처: Equifax, Moody's Economy.com

따라서 전체 5200만 개 주택담보대출 중 약 8퍼센트 정도가 실질적인 압류 단계에 속해 있는 셈이다.

특히 지난해 지속적으로 문제가 제기되었던 상업용 부동산 시장의 뇌관 또한 올해는 현실화될 가능성도 있다. 상업용 부동산 가격은 지속적으로 하락하고 있으며 공실률 또한 꾸준히 증가하고 있기 때문이다.

〈그림 13〉은 2000년 4분기를 기준으로 주택과 상업용 부동산의 가격 추세를 비교한 것이다. 통상적인 이해와 달리 상업용 부동산은 주택보다 상승폭이 더 컸으며, 가격 폭락 또한 더 심하게 진행되고 있다. 또한 주택 버블의 정점은 2006년이었지만 상업용 부동산은 1년 뒤인 2007년이었다. 상업용 부동산 가격은 2년 전 최고점을 찍은 것과 비교하면 이미 35퍼센트 이상 폭락하였다.

무엇보다 상업용 부동산의 만기는 대부분 5년 정도인데, 버블이 정

〈그림 13〉 주택 및 상업용 부동산 버블과 붕괴

(2000년 4분기=100)

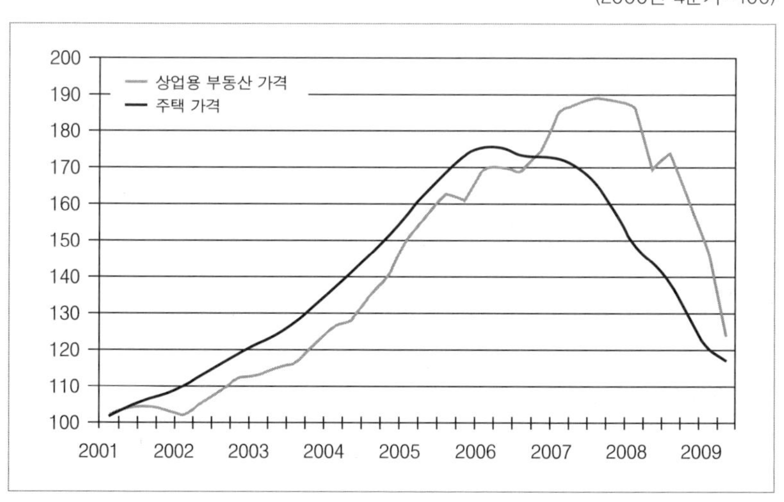

* 출처: Moody's Investors Service, REAL, Fiserv

점을 이루던 2005~07년에 이루어진 대출의 만기가 올해 2010년부터 앞으로 수년 간 도래할 예정이라는 사실에 문제의 심각성이 있다. 이미 상업용 부동산을 파생시킨 채권시장은 사실상 붕괴되었으며 상업용 부동산 시장의 위험성이 심각하게 알려진 뒤 거의 모든 금융기관이 사실상 대출을 중지하고 있는 상태다.

상업용 부동산 대출은 2008년 2.57조 달러에서 현재 2.52조 달러로 작년 한해에만 473억 달러가 감소하였다. 부동산 가격과 담보대출의 지속적 하락이 결합하면 주택시장과 마찬가지로 향후 2~3년 동안 수천억 달러의 연체 및 압류가 진행될 것으로 보인다. 현재 미국 은행의 3분의 1인 2800여 개 은행이 자본금의 200퍼센트가 넘는 상업용 부동산 대출채권을 지니고 있다. 또한 연방예금보험공사가 현재 120여 개의 은행을 정리했으며 2009년 3분기 기준 552개의 은행이 위험 대상 목록에 포함되어 있다. 이들 은행의 자산은 3500억 달러에 달하며 대부분 상업용 부동산 대출의 부실 문제로 위험에 놓여 있는 상태다.

위의 '문제은행'들은 대부분 지방의 중소규모 은행들이며 이들이 생존하기 위해서는 중소기업 및 가계에 대한 대출 기준을 엄격히 강화하고 부실 채권을 회수할 수밖에 없는 형국이다. 따라서 주택 및 상업용 부동산 시장의 어려움은 고용 창출에 중요한 기여를 하는 중소기업의 어려움을 가중시켜 고용 및 소비시장의 전망에 부정적 시그널을 더한다고 할 수 있다.

| 인플레이션과 출구전략 |

중앙은행은 금리를 0퍼센트 수준까지 낮추면서 '양적 완화' 정책을 동시에 추진하고 있다. 그 결과 중앙은행의 자산은 0.9조 달러에서 2.24조

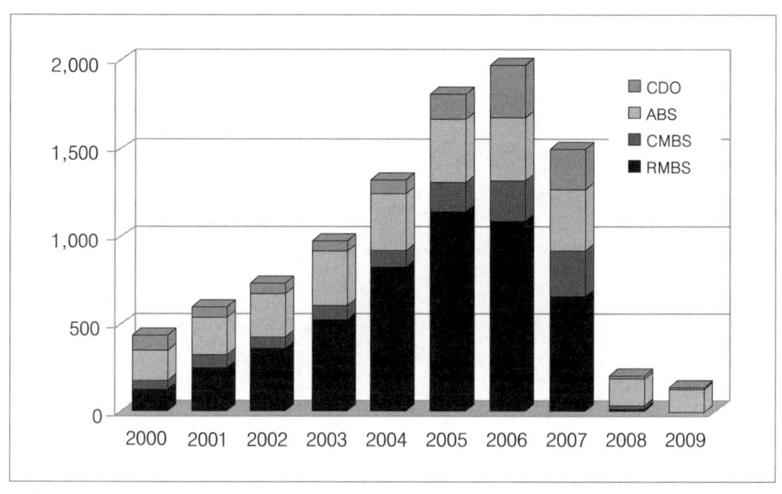

* 출처: Thomson Reuters

달러로 2.5배 정도 증가하였다. 은행의 차입비용을 낮추고, 신용시장의 경색을 해결하기 위해 막대한 자산을 매입하고 있음에도 여전히 가계와 기업에 대한 대출은 제대로 이루어지지 않고 있는 실정이다.

특히 〈그림 14〉에서 보는 것처럼 중앙은행의 적극적 자산 매입 정책 TALF에도 불구하고 부동산 파생상품 시장은 사실상 정지된 상태다. 2006년 부동산 버블이 정점이던 시기에 2조 달러에 달하던 채권 발행액은 작년에 1500억 달러 수준으로 폭락하였다.

또 하나 주목해야 할 것은 중앙은행의 각종 유동성 지원 프로그램이 2010년 초부터 순차적으로 종료된다는 점이다. 무엇보다 부동산 시장의 안정에 결정적인 역할을 한 것이 정부보증기관GSE에 대한 채권 구입 정책이었음에 유의할 필요가 있다. 만약 예정대로 올해 3월 말에 채권 구입 정책을 종료하면 재무부의 채권 구입 조치가 종료된 뒤 장기금

〈표 3〉 중앙은행의 유동성 확대 프로그램

프로그램	내용	시작	종료
Asset-backed Commercial Paper Money Market Mutual Fund Liquidity Facility(AMLF)	ABCP 시장에 유동성 공급	08. 9. 18	09. 2.1
Commercial Paper Funding Facility(CPFF)	CP 매입을 통한 유동성 공급	08. 10. 7	09. 2. 1
Primary Dealer Credit Facility(PDCF)	투자은행에 대한 신용 공급(재할인율 창구 이용)	08. 3. 16	09. 2. 1
Term Securities Lending Facility (TSLF)	민간채권을 국채와 교환	08. 3. 11	09. 2. 1
Term Asset-Backed Securities Loan Facility(TALF)	ABS 시장에 유동성 공급	08. 11. 25	09. 3. 31
Term Auction Facility(TAF)	상업은행에 대한 신용 공급	07. 12. 12	미정
Currency Swap line	14개 중앙은행과 통화스왑 개설	07. 12. 12	09. 2. 1
Money Market Investor Funding Facility(MMIFF)	Money Market 투자자에 대한 유동성 공급	08. 10. 21	09. 10. 31
GSE MBS 구입	1.25조 달러 MBS 구입	08.11.25	09. 3. 31
GSE 채권 구입	1750억 달러 구입	08.11.25	09. 3. 31
재무부 채권 구입	3000억 달러 국채 구입	08.3.18	09. 10. 31

리가 상승한 것처럼 압류된 매물이 시장에 쏟아지면서 주택대출금리가 상당한 폭으로 오를 가능성이 높다.

위의 〈표 3〉에서 보는 것처럼 올해 1분기가 지나면 전통적인 예금은행의 최종 대부자 기능에 속하는 TAF 프로그램을 제외하면 다른 금융시장과 특정 금융기관을 대상으로 하는 유동성 지원 프로그램은 모두 종료된다.

다음으로 중요한 것이 중앙은행이 언제쯤 금리를 인상할 것인가 하

〈그림 15〉 소비자물가 상승률 추세

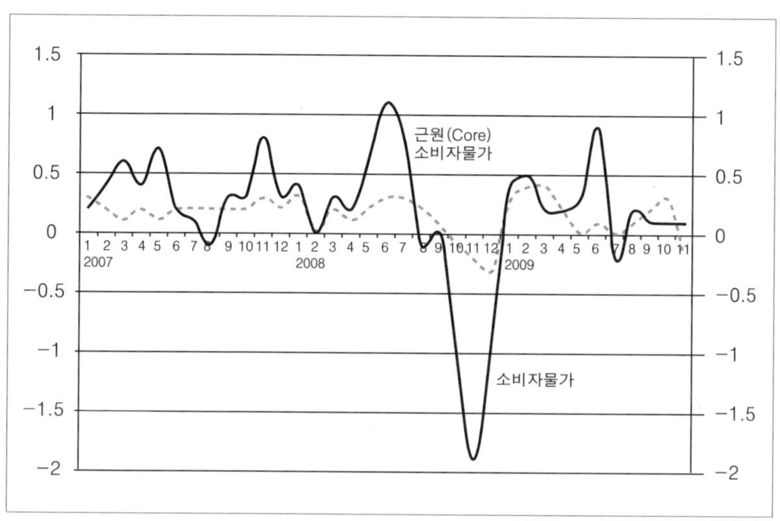

〈그림 16〉 생산자물가 상승률 추세

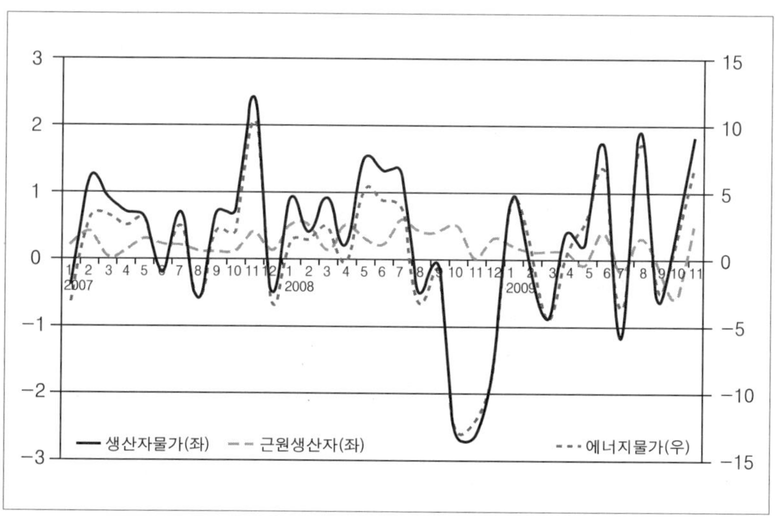

는 문제다. 2009년 12월 공개된 연방공개시장위원회FOMC 회의록에 따
르면 '낮은 설비가동률, 안정적 인플레이션 추세와 기대'에 따라 '확장

된 기간extended'까지 현 수준을 유지할 것을 확인하고 있다.

현재 경기 침체에 따른 총수요 부족에 따라 전반적으로 물가는 안정적 추세다. 2008년 말에 나타난 디플레이션deflation 추세는 정부의 재정 지출 정책, 달러 가치 하락, 석유를 비롯한 원자재 가격 상승에 따라 현재 0~0.3퍼센트 수준으로 매우 안정적인 상태disinflation를 유지하고 있다.

특히 중앙은행의 금리 결정에 상당한 영향을 미치는 근원물가는 하반기에 0~0.2퍼센트로 매우 안정적이며 2009년 11월은 -0.2퍼센트로 떨어지기도 하였다. 시차를 두고 소비자물가에 영향을 미치는 생산자물가 또한 월별로 변동성을 보이긴 하지만 역사적으로 매우 낮은 추세를 유지하고 있다. 특히 생산자물가는 〈그림 16〉에서 보는 것처럼 석유 등 에너지 물가와 거의 동일한 방향을 유지하므로 석유 가격이 안정적으로 유지되는 한 당분간 현 추세를 유지할 것으로 보인다.

다음으로 중앙은행의 경기 판단 및 금리 변동에 또 하나 중요한 역할

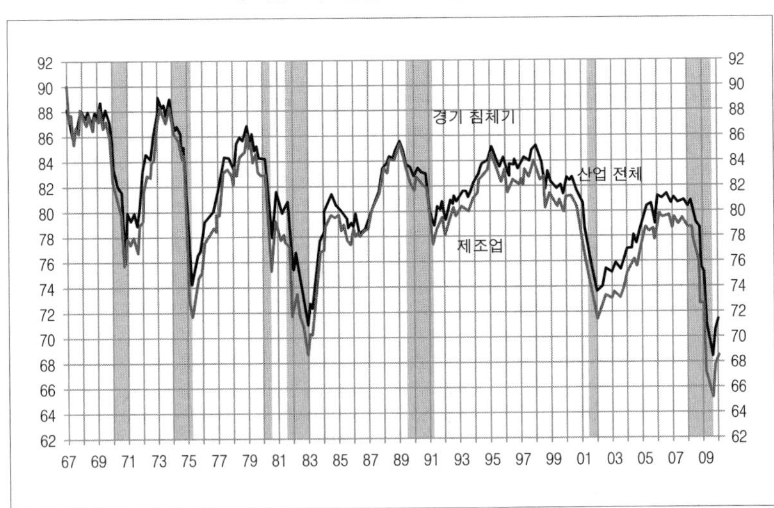

〈그림 17〉 산업설비가동률 추세

을 하는 것은 설비가동률 추세다. 왜냐하면 설비가동률은 현재 기업의 생산 활동 및 시장의 총수요 상태를 알려주며 초과설비는 인플레이션 우려를 자극하기 때문이다.

〈그림 17〉은 FRB가 발표하는 제조업 및 산업 전체의 설비가동률 추세다. 2009년 6월 역사상 유례 없는 저점으로 떨어졌다. 제조업 가동률은 장기평균(1972~2008년)인 79.6퍼센트보다 19퍼센트 낮은 65.1퍼센트로 대폭 하락하였다. 이는 역사적으로 저점이던 1980년대 초반(82.12)보다도 5퍼센트 정도 낮은 수치다. 산업 전체로 보아도 장기평균(1972~2008년)인 80.9퍼센트보다 15.6퍼센트 낮은 68.3퍼센트를 기록하였다.

현재 설비가동률은 2009년 7월부터 상승 추세로 전환했지만 장기평균과 비교하면 여전히 10퍼센트 이상 낮은 상태다. 또한 현 추세가 유지된다고 가정하면 장기평균에 도달하기 위해서는 아직도 1년 이상의 시간이 필요하다.

일부에서는 중앙은행의 예외적인 유동성 공급과 정부의 막대한 재정적자가 인플레이션을 초래할 것을 우려하는데 이는 경제 이론 및 역사적 사실과도 부합하지 않는다. 일반적으로 물가는 고용과 설비가동률을 비롯한 수요 측 요인과 석유 가격 등 비용(또는 공급) 측 요인에 따라 결정된다. 따라서 현재 10퍼센트가 넘는 실업률, 장기평균보다 10퍼센트 이상 낮은 설비가동률 등을 고려하면 수요 측면에서 인플레이션을 자극할 가능성은 매우 낮다. 일부에서는 통화 공급 또는 재정적자가 인플레이션을 결정한다고 주장하지만 그것은 어디까지나 '총수요' 경로를 통해 잠재적 공급 능력을 초과할 때다.

역사적으로도 지난 10년 간 디플레이션에 빠진 일본 사례를 통해 이를 확인할 수 있다(〈그림 18〉). 일본은 기준금리를 0퍼센트까지 내리고

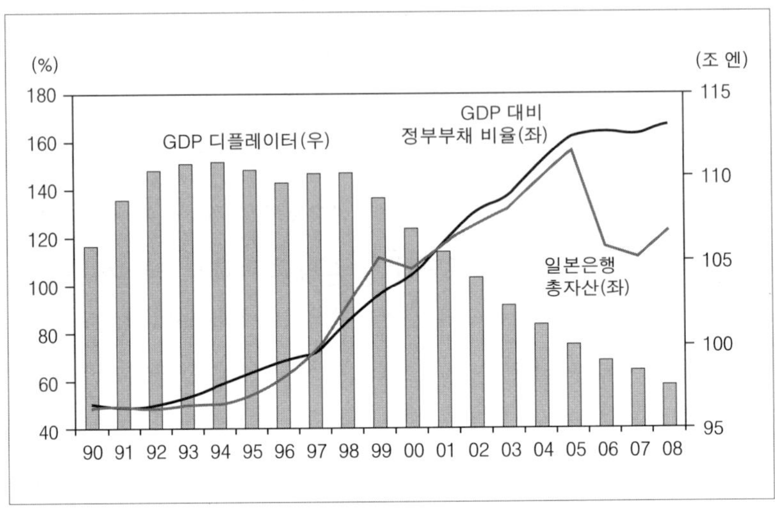

양적 완화 정책을 통해 중앙은행이 자산을 매입하고, 정부의 재정적자
가 GDP의 160퍼센트를 초과할 만큼 재정 지출을 확대하였다. 그러나
물가는 위 그림에서 보는 것처럼 2000년대에 꾸준히 하락하였다.

따라서 위의 여러 가지 요인을 종합해볼 때 투기적 매수에 따른 석유
가격의 폭등이나 달러 가치의 경착륙 등 극히 예외적인 현상이 발생하
지 않는다면 물가는 연률로 2퍼센트 이내에서 안정적으로 유지될 것으
로 보인다.

결국 인플레이션과 설비가동률 추세만 놓고 보면 중앙은행이 조기
에 금리 인상을 단행할 가능성은 높지 않아 보인다. 또한 비록 경기에
후행하지만 실업률이 상승하는 시기에 금리 인상을 단행한 역사적 사
례가 거의 없고 하반기(11월)에 중간선거라는 정치적 일정 등을 고려하
면 상반기에 금리를 인상할 가능성은 낮다고 할 수 있다.

3

종합: 불안한 회복, '성장 속 경기 침체'

올해 미국 경제는 앞서 지적한 것처럼 몇몇 불안한 요인들이 잠재되어 있지만 '우울한'(2008년), '암울한'(2009년)이라는 수식어를 붙였던 예년보다는 낫다고 할 수 있다. 이렇게 판단하는 긍정적 요인을 간략히 정리하면 다음과 같다.

- 민간의 수요가 침체된 상황에서 정부의 재정 정책이 실제로 작동하고 있고 2009년 수준의 재정 지출이 유지 됨.
- 이번 금융 위기의 근원이었던 주택가격 폭락이 2009년 여름을 기점으로 진정되어 점차 안정 추세를 보임.
- 주식, 채권 등 금융시장의 회복과 부동산시장의 안정으로 2009년 2분기부터 가계의 순자산이 점차 회복되는 추세를 보임.
- 여전히 기업이 신규 채용을 극도로 꺼리고 있지만 대규모 해고가 줄어들고 고용시장에서도 긍정적인 시그널이 포착되고 있음.
- 중앙은행의 긴급 유동성 프로그램은 상당 부분이 상반기에 종료되지만 실업률, 설비가동률, 물가 추세로 보아 조기에 금리 인상을 단행하지 않을 것으로 보임.

그러나 예년에 비해 긍정적인 요인들이 존재함에도 2010년 미국 경제는 여전히 불안한 회복세를 보일 것으로 전망된다. 앞서 지적한 것처럼 그렇게 판단하는 이유를 정리하면 다음과 같다.

- 이미 심리적 저항선인 10퍼센트를 넘은 실업률과 저조한 임금상승률

로 고용시장의 회복이 매우 더딜 것으로 보임.

- 이번 위기의 근원인 주택시장의 압류 건수가 증가하고 있고, 2010년 1분기 정부보증기관에 대한 채권 매입이 종료되는 시점에 대출금리 상승 압력으로 주택 가격은 여전히 하향 압력이 높은 상태.
- 2005년 버블의 정점이던 시기에 급증한 상업용 부동산 대출의 만기가 순차적으로 도래하고 이는 중소은행의 부실 문제와 결부되어 가계와 중소기업의 신용 제약으로 작용.
- 여전히 지속되고 있는 가계의 부채 축소와 신용 제약 그리고 고용시장의 더딘 회복, 베이비붐 세대의 은퇴 시기 도래 등으로 미국 경제의 70퍼센트를 차지하는 소비지출의 불안한 회복.
- GDP의 10퍼센트에 달하는 정부의 재정적자가 올해까지 이어지고 인플레이션 및 달러가치 하락으로 추가적인 경기 부양 및 적극적 통화 정책의 지속성에 대한 의문.

따라서 2009년 하반기 경제 회복이 주로 정부의 재정 지출과 기업의 재고 개선으로 이루어진 점을 고려하면 고용 및 소비 침체가 지속되고 여전히 제조업 및 주택 부문의 과잉공급 문제가 해결되지 않으면 2010년 하반기에는 점차 성장 탄력이 둔화될 것으로 보인다. 물론 성장 탄력이 둔화되면 또 다시 2차 경기 부양론이 부상할 수 있겠지만 막대한 재정 적자와 11월 중간선거 등을 고려하면 실행될 가능성은 낮아 보인다.

무엇보다 가계의 지속적인 부채 축소, 가처분소득 및 자산가격의 정체, 고령화 및 베이비붐 세대의 은퇴 시즌 도래, 지난 20년 간 구조화된 소득 분배 악화 등으로 '세계 경제의 최종소비자' 역할을 담당했던, GDP의 70퍼센트를 차지할 만큼 높은 소비지출 또한 역사의 한 페이지

속으로 사라질 가능성이 높아 보인다.

결국 위의 긍정과 부정의 요인들을 종합하면, 미국 경제는 인플레이션 우려에 따른 통화 정책의 실패를 노출시키지 않으면 2009년 하반기부터 시작된 플러스 성장의 추세를 2010년 상반기에도 유지할 것으로 보인다. 역사적으로 더블딥에 빠진 사례로 대공황 시기와 1980년대 초반이 거론되는데 이는 모두 인플레이션과 재정적자에 대한 우려로 금리 및 재정 지출 정책을 조기에 거둬들였기 때문이다.

그러나 재정 정책의 효과가 떨어지고 금리 인상의 가능성이 높은 2010년 하반기에는 성장 탄력이 떨어지고 또 다시 더블딥 우려가 현실화될 수 있다. 따라서 추가적인 경기 부양 정책이 추진되지 못하면 고용시장의 회복은 매우 더딘, 이른바 고용 없는 회복Jobless Recovery 상태를 장기간 지속할 가능성이 높다. 다른 말로 표현하면, 경제 지표는 플러스 성장을 유지하지만 고용을 비롯한 체감경제 지표는 여전히 침체인, 다소 역설적인 성장 속 경기침체Growth Recession 상태를 보일 것이다.

또한 현재의 소비 및 고용 회복 속도, 물가 및 설비가동률 추세에 비추어 출구전략을 단행하더라도 기준금리가 급격히 올라갈 가능성은 높지 않다. 미국 경제가 중기 저성장 추세를 보일 가능성이 높으므로 기준금리 역시 3퍼센트 수준을 상회하지 않을 것으로 보인다. 또한 석유 가격 등 비용 측면에서 물가 상승 요인이 발생하지 않는다면 물가 또한 1990년대 이후 세계화에 따른 가격 경쟁 및 선진국의 경기 침체로 2퍼센트 이내의 안정적 수준을 중기에 유지할 것으로 보인다.

따라서 위의 모든 요인들을 종합할 때, 미국 경제는 '저성장-저고용-저물가-저금리-저달러'의 5저 추세를 상당한 기간 유지할 것으로 전망할 수 있다.

2008년에는 '우울한'이란 형용사로 집약되는 전망에 비해 결과는 더 심각하게 나타났다. 2009년에는 '암울한'보다는 다소 양호한 결과가 나타났다. 2010년에는 '불안한' 전망을 딛고 지속적이고 안정적인 회복으로 결과를 맺을 수 있길 기대해본다.

주 석

1 Romer(2009), From Recession to Recovery, Testimony before the Joint Economic Committee.

2 Zandi(2009), Taking Stock: Independent Views on TARP's Effectiveness.

3 Romer(2009), 위의 글.

4 FRBSF Economic Letter(2009), U.S. Household Deleveraging and Future Consumption Growth.

5 Elmendorf(2009), "Exit Strategy" for Fiscal Policy.

6 EPI(2009), Layoffs moderating, but hiring not yet picking up. 해고보다 채용 규모가 많다고 해서 고용량이 늘어난 것은 아니다. 일반적으로 일자리가 사라진 유형에는 해고뿐 아니라 자발적 퇴사, 은퇴, 이직 등 여러 다른 요인이 있기 때문이다. 예를 들어 10월 기준, 400만 명이 채용되었지만 420만 명이 일자리를 잃었다.

7 Levy(2009), Sustaining Recovery: Mid-Term Prospects and Policies for the U.S. Economy.

8 Zandi(2009), The Impact of the Recovery Act on Economic Growth.

9 소비 및 고용을 중심으로 논의를 전개했기 때문에, 미국경제 전망에 또 다른 중요한 축인 달러 및 글로벌 불균형의 문제는 다루지 않았다. 달러 가치는 상업용부동산, 유럽의 재정적자 문제 등으로 금융위기에 빠지면 일시적으로 반등할 수 있지만, 고용 창출을 위한 미국의 제조업 경쟁력 유지와 재정적자 문제 등으로 상당한 기간 하락세를 유지할 것으로 보인다.

한국경제의 탈출구는 어디인가

출구전략이 아닌 구조개혁이 필요한 2010년 한국경제

김병권_새사연 부원장

1. 2010년 한국 경제를 전망하는 데서 확실한 것이 있다면 오로지 '확실한 것이 아무것도 없다는 사실'뿐이다. 신자유주의를 맹신하는 사람들이 그토록 옹호하는 시장의 자기조절 기능이 붕괴되어 시장이 사람들의 기대와 달리 전혀 합리적으로 움직이지 않고 있기 때문이다.

2. GDP 성장이나 주가 상승 등을 통해 경제를 발전시키고 국민생활을 향상시키겠다는 정책 틀이 더 이상 작동하지 않는다면 틀을 바꾸는 수밖에 없다. 구조개혁은 가계경제를 중심으로 움직이는 국가와 기업, 은행과 자산시장들이 가계경제를 실질적으로 도와주는 방향이어야 한다.

3. 2010년 한국 경제를 위한 3대 구조개혁 방향은 시작과 끝이 모두 가계경제이어야 한다. 그 내용은 고용안정을 위한 고용개혁, 금융에 대한 근본적 수술을 하는 금융개혁, 가계경제를 위한 국가의 적극적인 경제정책 수립이 되어야 한다.

1

한국경제의 현재와 미래, 확실한 것이 없다

2010년 경제 전망이 화려하다. 대부분의 기관들은 2010년 우리 경제가 국내총생산 GDP 기준으로 4~5.5퍼센트 성장할 것으로 예측하고 있다. 정부도 공식적으로 성장률 5퍼센트, 일자리 20만 개를 목표로 하고 있다. 지난 2009년까지만 해도 경제의 역성장이 예견된 바 있고 실제로도 제로 수준으로 역성장을 겨우 피한 것에 비춰보면 가히 놀라운

〈그림 1〉 국내총생산(실질성장률) 추이(전년동기대비)

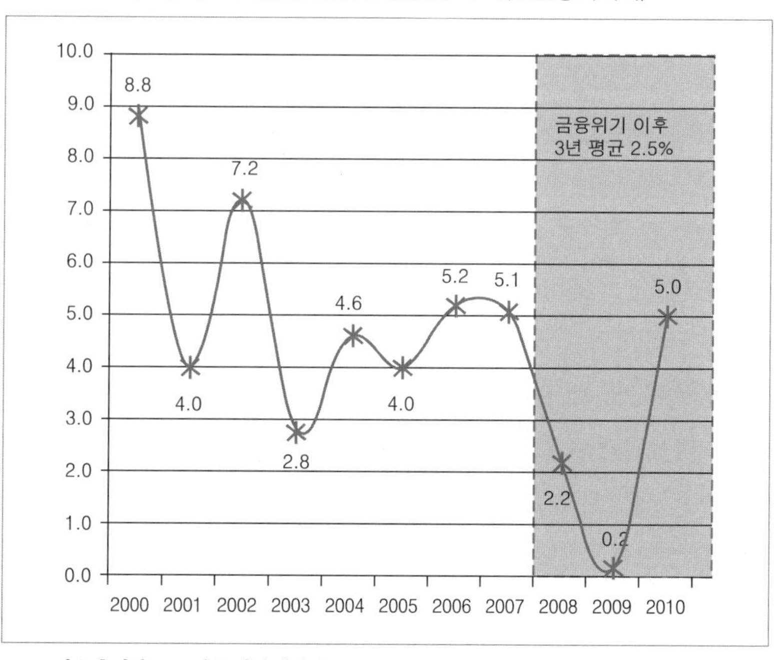

* 2009년은 추정치, 2010년은 정부 전망치
* 출처: 한국은행 http://ecos.bok.or.kr

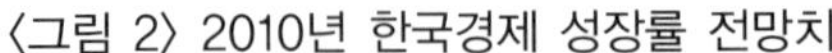

〈그림 2〉 2010년 한국경제 성장률 전망치

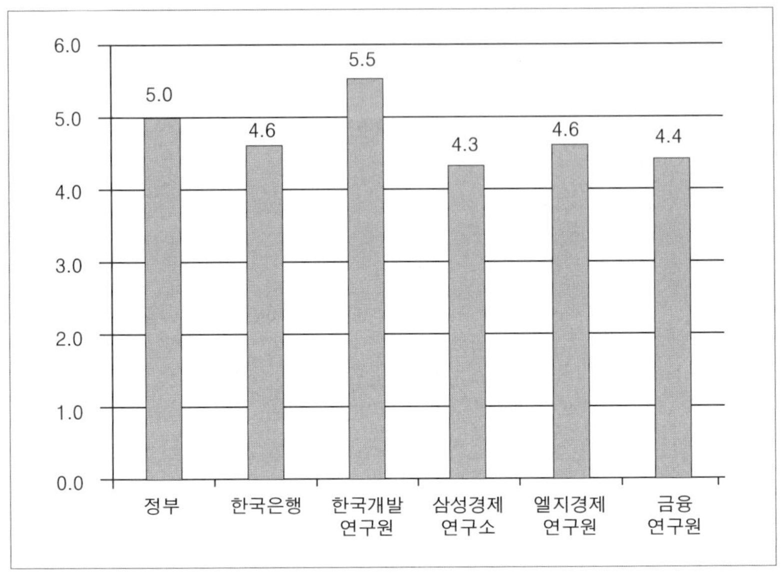

수치다. 이들 전망치는 민간소비가 3퍼센트 이상 늘어나고 설비투자와 상품수출이 두 자리 수 증가율을 보일 것이라는 예측을 전제로 하고 있다.

2009년 성장이 멈춘 탓에 2010년에 5퍼센트 이상 성장을 한다고 해도 3년 동안 연평균으로는 2.5퍼센트 안팎의 성장에 그치기 때문에 낙관적 전망으로 볼 수 없다는 주장도 있다. 또 2009년의 낮은 성장률에 대한 기저효과에 불과하다는 의견도 있다. 그렇다 해도 세계 경제를 대침체로 몰아넣은 글로벌 금융 위기의 심각한 충격을 고려한다면 놀라운 회복 속도라고 할 수 있다. 실제로 위기 극복을 넘어 성장 국면으로 돌아서기 시작했다고 보는 분위기가 지배적이다. 2010년을 넘어 2011년에도 5퍼센트 안팎의 성장을 할 것이라는 발표를 봐도 이런 분위기는 분명하다.

특히 한국이 '위기 극복의 모범 사례'로 꼽히면서 안정적 회복과 성장세로의 전환을 당연하게 여기고 있으며, 11월 G20정상회의 개최와 맞물리면서 '선진국으로의 진입'을 이야기하는 분위기로까지 이어지고 있을 정도다. 정부도 2010년 방향을 '성공적 위기 극복'과 '성장 기반의 확충'으로 잡고 있다.[1]

그렇다면 진정 한국은 금융 위기를 기회로 전환해낸 최대 수혜국으로 우뚝 선 데 이어 이제 선진국 진입의 기회를 잡은 것일까.

결론부터 말하면, 현재는 성장률 지표를 낙관적으로 전망하든 비관적으로 전망하든 큰 의미가 없는 시점이다. 성장률 전망치가 4퍼센트든 5.5퍼센트든 큰 의미를 둘 수 없다는 뜻이다. 경기가 상승 추세를 이어갈 요인과 다시 하락으로 돌아설 요인을 모두 가지고 있기 때문이다. 이런 상황에서 성장률을 전망하는 것은 사실상 49:51이냐 51:49냐의 확률을 다투는 것만큼이나 의미 없는 작업이다. 또 그 차이라고 하는 것도 통제 불가능한 무수히 많은 국내외 경제 변수를 어떻게 해석하느냐에 따라 달라질 수밖에 없다.

예를 들어보자. 대부분의 한국 경제 전망치는 세계 경제가 2009년을 거치며 마이너스 성장을 벗어나 2010년에는 대략 3퍼센트 안팎(IMF 3.1퍼센트, OECD 3.4퍼센트)의 성장을 한다는 가정에서 출발하고 있다. 그러나 미국의 상업용 부동산 부실과 민간소비의 회복 부진, 아시아의 자산 버블 위험성, 유럽의 국가부채, 일본의 디플레이션 위협 등 안정적 회복을 낙관할 수 없는 위험 요소들이 너무도 많이 산재해 있다. 이런 상황에서 세계 경제의 회복을 가정하기 위해서는 이들 위험 요소들이 현실화되지 않거나 통제가 가능하다는 전제가 필요하다. 그래야만 '글로벌 경제의 3퍼센트 안팎 성장 → 한국의 수출증가율 13퍼센트 기록 →

한국 경제 5퍼센트 성장'이라는 도식이 성립한다. 만일, 이러한 전제가 무너진다면 당연히 전망도 수정되어야 하는 것이다.

국내 경제 변수도 마찬가지다. 경제 성장에 영향을 주는 주요 변수인 환율은 1000~1200원 사이에서 움직이고 유가는 70~80달러로 예상되며, 주가는 완만하지만 상승세를 유지하고 부동산 가격도 안정될 것이라는 가정 아래 성장률을 전망하고 있다. 관심이 집중되고 있는 기준금리 역시 금융통화위원회가 금리 인상을 단행하더라도 현 2퍼센트를 기준으로 대략 +1퍼센트포인트 범위 안에서 인상이 이루어질 것이라는 기대가 있다.

그러나 이러한 예상이나 전망은 2009년 하반기의 추세를 단순하게 연장한 것에 불과할 뿐 과학적인 추산을 거친 것이라고 보기에는 무리가 있다. 특히 2009년 하반기의 각종 지표들은 시장의 자연스런 균형에 의해 형성된 것이 아니라 각국 정부의 인위적 개입으로 만들어졌다는 점에 유의할 필요가 있다. 실제로 지난 2년간 원-달러 환율은 900~1600원 사이를 큰 폭으로 움직였고, 유가 역시 30~145달러를 오가는 엄청난 진폭을 보인 바 있다. 주가도 마찬가지다. 저점일 때 주가는 1000포인트 밑으로 떨어졌으며 고점 기준으로 1800선을 돌파하기도 했다. 결국 지난 2년간의 경험으로 볼 때 2010년의 각종 지표들이 안정적 흐름을 보일 것이라는 예상은 문자 그대로 '기대에 불과하다'고 하겠다.[2]

정부를 포함해서 각 기관들이 내놓는 2010년 경제성장률 전망치에 큰 의미를 부여하기 어려운 경험적인 이유가 또 하나 있다. 불확실성과 변동성이 큰 시기에는 주류 경제학의 시각으로 시장의 균형을 가정해 추산된 전망치들이 실제로는 '전망'이라고 부르기 무색할 정도로 예측을 빗나갔던 사례가 허다하기 때문이다.

당장 2008년에 기관들이 전망한 경제성장률들은 평균 2.8퍼센트(포인트) 이상 실제 결과와 편차가 생겼고, 2009년에는 무려 약 3.5퍼센트의 편차가 발생했다.[3] 이 정도면 '하나마나한 전망'이라 해도 지나치지 않다. 실제 2010년 경제성장률 전망치도 기관에 따라 최소 4.3퍼센트에서 최대 5.5퍼센트로 전망하고 있어 편차가 무려 1.2퍼센트에 이르고 있다. 일부 민간 연구자들은 3퍼센트 정도를 예측하고 있으니 이를 포함한 편차는 2퍼센트를 넘어선다.

결국 2010년 한국 경제를 전망하는 데서 확실한 것이 있다면 오로지 '확실한 것이 아무것도 없다는 사실' 뿐이다. 따라서 2010년 우리 경제를 전망하는 데 있어 핵심은 성장률, 소비, 투자, 수출증가율 등이 얼마가 될 것인가에 마치 경마 내기 걸듯 '점을 치는' 것이 아니라, 과연 불확실성을 키우는 요인은 무엇이며 그 불확실성을 통제하기 위해서 무엇을 해야 하는가를 철저히 분석하는 것이다. 덧붙여 보수는 경제 성장을 낙관하는 방향으로 움직이고 진보는 비관적으로 인식한다는 따위의 단순 도식에 얽매일 시기는 더욱 아니다.

그런 점에서 정부가 2010년 한국 경제의 성장률을 5퍼센트로 높게 전망하면서 '위기 탈출 후 성장궤도 진입'을 하고 있다거나 '선진국 진입의 원년'이라는 식의 장밋빛 전망을 퍼뜨리는 데 여념이 없는 것은 적절치 않다. 지금 정부가 해야 할 일은 2010년이 한국 경제가 지닌 숱한 불확실성을 통제와 관리가 가능한 영역으로 끌어들이는 것이다. 다시 말해 '위기 관리 체제'의 연장이라는 인식 아래 구조 개혁을 통해 '위기의 구조적 해결을 모색'하는 것이다. 그럴 때에야 비로소 전망과 대처가 의미를 가질 수 있다.

2

언제까지 시장 추이를 지켜봐야 할 것인가

그렇다면 이제 다음과 같은 의문을 제기해볼 수 있다. 어째서 경제 성장을 전망하는 것 자체가 무의미할 정도로 심각한 불확실성이 경제를 지배하고 있을까. 경기 변동기에 불가피한 경제의 내재적 특성인가. 그렇지 않다. 경제 역시 사람들이 행하는 생활과 사회적 활동의 산물이기에 당연히 경제 활동 주체인 사람들의 예측과 통제 범위 안에 있어야 한다. 불확실한 경제 현상이 사람들의 활동을 지배하는 것은 합리적이지 않다.

불확실성의 근본 원인은 '시장의 추이'를 도대체 알 수 없다는 데 있다. 다시 말해 경제의 주요한 결과가 시장에 의해 결정되는 신자유주의 시대에는 시장이 사람들의 기대와 달리 전혀 합리적으로 작동하지 않기 때문이다. 특히 신자유주의적 개방화·자유화로 글로벌 시장에 대한 의존도가 높아지면서 국내 시장의 불확실 요인에 글로벌 시장의 불확실성이 더해져 예측은 더더욱 어려워졌다.

몇 가지 사례를 들어보자. 우선 자본시장을 살펴보면, 우리는 흔히 주식시장 동향, 즉 주가가 실물경제, 또는 기업 실적을 앞서 반영한다고 여겼다. 때문에 경기를 전망할 때는 늘 주가를 예의주시하며 경제 예측의 주요 지표로 삼아왔다. 하지만 최근 주식시장 동향은 이러한 상식에서 완전히 벗어났다.

2009년 한국의 증시는 연초 대비 50퍼센트 급등했다. 물론 삼성전자, 현대자동차, 엘지 등 시가총액 비중이 높은 유력 대기업들이 글로벌 시장에서 선전한 덕분에 이들의 주가가 신고점을 갱신하는 등 주가 상승을 주도한 측면이 있는 것은 사실이다. 그러나 한국의 중시가 온전히 한국의 실물경제 회복을 반영해 움직였다고 보기는 어렵다. 핵심 변수는 연간 32조 원을 순매수한 외국인의 매매 동향이었다. 국내 기관투자가들은 펀드의 자금 유출이 이어지는 바람에 26조 6000억 원 이상을 순매도 했고, 개미투자자들도 매수 여력이 바닥나 거래량이 반토막 났음을 감안하면 외국인 매매 동향이 절대적인 영향을 미쳤다는 사실은 분명하다.

결국 지난 한해 한국의 자본시장은 세계화된 자본시장을 상대로 움직이는 외국인투자자라는 예측하기 어려운 외부 변수에 의해 결정적인 영향을 받았던 셈이다.

2010년에는 10조 원 규모의 생명보험사 신규 상장을 포함해 대규모 기업공개가 예정되어 있고, FTSE지수 편입에 이은 MSCI선진지수 편입 등의 요인들이 있지만 여전히 결정적 변수는 외국인의 매수 추이가 될 것이다. 외국인의 매수 추이를 예측하는 것은 현재의 경제 상황에 비추어 거의 불가능에 가깝지만, 지난해의 사례에서 볼 수 있듯 이들의 움직임은 한국 자본시장의 판도를 뒤흔들 수 있을 만큼 막강하다. 글로벌 달러 캐리 트레이드의 급격한 청산 가능성을 예의주시하는 이유도 청산이 시작되면 이들 외국인들이 한국 주식시장과 채권시장에서 대규모 자본 유출을 감행할 가능성이 높기 때문이다.

상품 판매시장은 또 어떤가. 한국 경제의 수출의존도는 1997년 외환위기를 거치면서 더욱 커졌다. 2008년 기준 무역의존도(상품교역량/경상 GDP)는 92.3퍼센트도 중국의 58퍼센트, 독일의 74.8퍼센트보다 훨씬 높은 수치다. 국민경제의 안정성을 뒷받침하는 데 있어 내수의 비중과 역할은 극히 취약한 반면 글로벌 수출시장의 동향이 미치는 영향은 가히 절대적인 실정이다. 이런 상황에서 글로벌 경기 침체와 소비 위축에서 채 벗어나지 못한 글로벌 시장의 동향을 예측하는 것 역시 대단히 어렵다.

그나마 2009년은 글로벌 금융 위기의 직접적 충격을 받지 않은 한국의 주요 대기업들이 환율효과를 등에 업고 글로벌 시장에서 상대적으로 선전했고, 자동차 세제혜택과 같은 각국 정부의 지원에 힘입어 매출을 확대할 수 있었기 때문에 −20퍼센트 수준으로 추락하던 수출을 2009년 11월부터 플러스로 돌려세울 수 있었다.[4] 특히 끝까지 마이너스 성장에 머문 미국, 일본, 유럽을 상대로 한 수출 부진을 대 중국 수출 호조로 단번에 만회할 수 있었던 것은 전체 수출에서 대 중국 수출이 차지하는 비중이 24퍼센트까지 늘어난 덕분이었다.

그러나 2010년은 대부분 국가에서 세제지원이 종료될 전망이고 경쟁 기업들 역시 구조조정을 거치며 글로벌 금융 위기의 충격을 털어내고 다시 경쟁에 뛰어들고 있다. 한국 기업들에게 유리한 수출 환경을 제공한 환율효과마저 크게 줄어들 것으로 보인다. 이렇듯 2009년과는 또 다른 경쟁 구도가 펼쳐질 2010년의 시장에서 여전히 회복되지 않고 있는 글로벌 소비 위축과 과잉생산 체제 사이의 간격을 한국 기업들이 어떻게 넘어설지를 예측하는 것은 어려운 일이다.

더욱 심각한 것은 한국 증시가 외국인의 선택에 따라 움직이다 보니 주가 추이를 전망하는 것이 일부 '큰손'들에게는 자산가치의 상승 여부를 가늠하는 의미가 될 수 있겠으나 국내 실물경제를 선행적으로 알아보는 지표가 되기는 어렵다는 사실이다. 수출 추이를 분석하는 것 역시 일부 대기업과 직간접 하청 기업의 실적을 예상하는 지표로 활용될 수는 있지만 가계와 중소기업 등 주요 경제 주체들의 상황을 전망하는 데

는 별 도움이 되지 못한다. 내수와 고용 동향과의 연관성이 갈수록 줄
어들고 있기 때문이다.

그럼에도 대부분의 경제 전망들은 이처럼 확실한 것이 아무것도 없
는 '시장 추세'를 분석하고 예측하는 데 집중돼 있다. '시장이 결국은
다시 균형을 찾을 것이고 경기가 회복세를 타게 되면 시장의 선순환 구
조가 형성될 것'이라는 시장 지상주의 패러다임, 신자유주의 패러다임
에 대한 신뢰를 여전히 버리지 않고 있기 때문이다. 그러나 시장 추세
를 여러 가지로 분석하고 그에 기초하여 경제 정책을 운용하려는 모든
노력들은 시장이 비합리적으로 움직이고 예측 불가능한 범위에서 작동
한다면 모두 쓸모없는 행위들이다. "미국 발 경제 위기는 기존 경제학
의 기본 가정에 근본적인 문제가 있음을 보여줬다"며 "시장이 효율적
이라는 경제학의 기본 명제도 수정되어야 한다"[5]고 주장한 스티글리츠
교수의 주장에서 문제의 핵심을 찾아야 하는 이유가 여기에 있다.

지금은 시장 추이에 대해 끝없이 복잡한 시나리오를 작성하면서 언
젠가 시장 기능이 정상적으로 복원되기를 기대할 시점이 아니다. 오히
려 '불확실성의 근원'이 되고 있는 시장을 통제와 예측이 가능한 시스
템으로 바꾸기 위한 '시장 개혁'을 모색해야 할 시점이라고 할 수 있다.
시장의 흐름에 역행하는 것을 죄악으로 여길 것이 아니라 오히려 시장
에 내맡기는 것을 무책임하다고 비판해야 할 시점인 것이다.

3

방향 잃은 MB노믹스, 말잔치로 끝날 출구전략

'불확실성의 시기'인 2010년을 맞아 이명박정부는 어떤 정책 운영 방향을 가지고 있는지를 짚어보기로 하자. 2009년에 이어 2010년에도 한국 경제의 향방을 결정지을 가장 중요한 경제 주체는 당연히 정부가 될 것이기 때문이며, 시장을 통제 가능한 범위로 끌어들여야 할 주체도 사실상 정부밖에 없기 때문이다.

주지하는 것처럼 2009년 경기 추락을 막고 회복세로 돌려세운 것은 정부의 금리 인하와 구제금융 그리고 대대적인 경기 부양책 등이었다. 한국 정부는 2008년 대비 17퍼센트 이상 늘어난 301조 원의 재정과 기금을 동원해 경기지표를 반전시켜냈고, 경제성장률을 1.5퍼센트 이상 끌어올림으로써 역성장을 피해갔다.[6]

특히 정부는 단기적으로 외형지표를 끌어올릴 수 있는 건설, 소비, 고용 부문에 재정을 집중 투입함으로써 단기 실적의 성과(?)를 달성했으며, 여기에 실속 없는 포장에 불과하다는 비판을 받고 있는 '중도실용-친서민' 정책을 적절히 병행하는 민첩성을 보였다. 나아가 이러한 국내 실적을 바탕으로 G20정상회의 유치와 같은 글로벌 행보를 통해 한국 경제의 위상 제고라는 실적을 쌓음으로써 2009년 말 기준으로 이명박 대통령의 국정수행 지지도를 50퍼센트까지 끌어올리는 정치적 성과도 이뤄냈다.[7]

그러나 한국 정부가 2009년 시행한 경제 회복 조치들은 구조적 차원의 성장기반 확충을 염두에 둔 것이기보다는 대부분 단기 실적주의에 기반을 둔 것들이어서 지속성을 갖기 어렵다는 근본적 문제가 있다. 즉, 정부가 발을 빼는 순간 더 이상의 실적도 기대하기 어렵다는 뜻이다. 이명박정부가 지방선거 시기인 2010년 6월까지 2009년식 경기 부양 기조를 최대한 연장하려 하는 데는 그런 이유가 있다. 2009년 연말에 293조 원의 예산을 강행 처리하고 2010년 상반기에 전체 예산의 60퍼센트 이상을 지출하겠다고 발표한 것에서도 이러한 의도를 읽을 수 있다.

그러나 이와 같은 경제 운용 기조는 두 가지 문제를 안고 있다. 첫째는 정부가 2010년 상반기에도 2009년처럼 단기 실적 위주로 경제를 운용하더라도 2009년 하반기와 같은 성장 탄력을 유지하기는 점점 더 어려워질 것이라는 점이다. 2009년 2분기부터 V자 회복곡선을 보이며 빠르게 반전하던 경기 회복세가 4분기에 접어들면서 상당히 둔화된 모습을 보이고 있는 점이 이러한 예측을 뒷받침한다.

제조업의 가동률은 실물경기 침체가 본격화된 2008년 11월 68.4퍼센트까지 떨어졌다가 2009년 9월에는 80.2퍼센트까지 급반등했지만 4분기 들어서는 다시 77.3퍼센트로 떨어져 정체를 보이고 있다. 재고조정 효과가 마무리되면서 상승 한계에 부딪혔다고 봐야 할 것이다. 경기의 현재 흐름을 보여주는 지표인 경기동행지수 역시 2009년 9월에 고점에 올라섰다가 4분기 이후 정체를 보이고 있다.[8] 2009년 4분기 이후 주가 상승에 제동이 걸린 것도 비슷한 맥락으로 이해할 수 있다.

2010년 상반기는 작년의 심각한 마이너스 침체에 대한 기저효과가 어느 정도 반영되어 전년대비 높은 상승폭을 보일 수 있겠지만 2009년 하반기와 같은 V자 형 회복세가 이어지길 기대하기는 어려울 것이라는 우려가 점점 더 확실해지고 있는 것이다.

두 번째 문제는 단기 실적을 겨냥한 경기 부양책이 2010년 상반기까

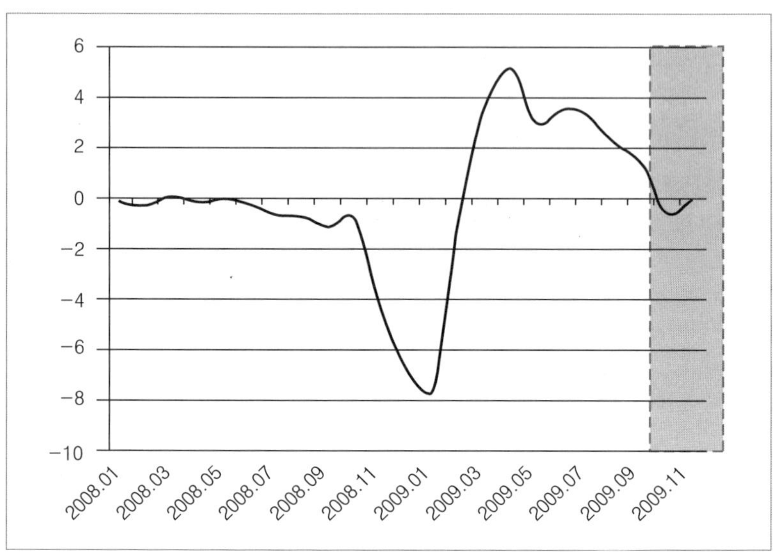

〈그림 3〉 제조업가동률지수 전월대비 증가율 추이

* 출처: 통계청 국가통계 포럼 http://kosis.kr

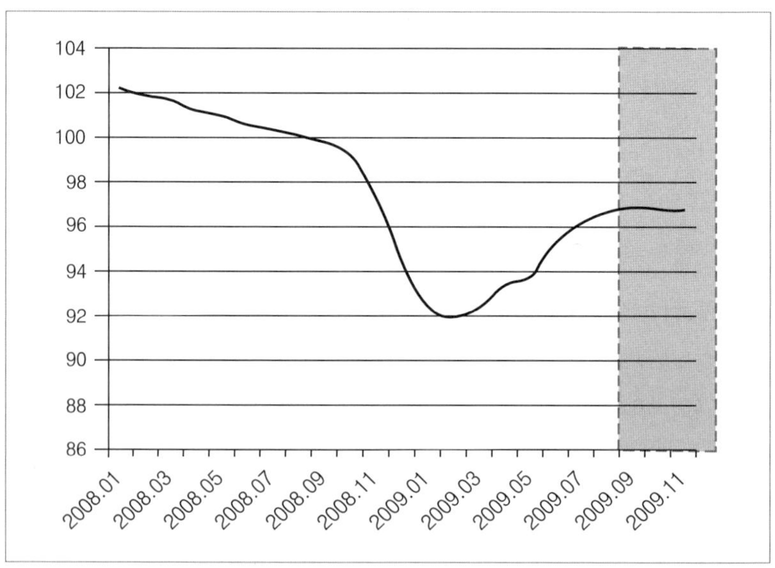

〈그림 4〉 경기동행지수 순환변동치 변화 추이

* 출처: 통계청 국가통계 포럼 http://kosis.kr

지 실적 행진을 이어간다고 해도 중장기적인 정책 기조의 부재로 인해 이명박정부 집권 후반기에 심각한 후유증이 나타날 가능성이 높다는 사실이다. 알려진 것처럼 이명박정부의 경제 노선은 전형적인 신자유주의 정책(규제 완화, 감세, 민영화, 금융화, 작은 정부 큰 시장)에 70년대식 개발주의와 '747공약'으로 대표되는 성장주의를 조합한 것이었다.

그런데 글로벌 금융 위기가 터지면서 신자유주의 정책을 액면 그대로 추진하기도 어려워졌고, 경제 추락을 막고자 도입한 '응급조치용 국가자본주의'는 일각에서 '신 관치경제'라는 우려를 낳기도 했다. 여기에 그 실체가 불분명한 '녹색 성장'까지 들고 나와 4대강 사업마저 녹색으로 포장하고 있는 실정이다. 그러다 보니 최근에는 MB노믹스의 정체성이 도대체 무엇인지 종잡기가 어려워졌다. 규제 완화나 감세와 같은 신자유주의 정책도 포기하지 않으면서 개발주의 정책은 녹색산업으로 탈바꿈시켰다. 경기부양을 위한 국가자본주의적 정책도 도처에서 시행되고 있고 선진화로 이름만 바꾼 민영화 정책은 주로 교육과 보건 같은 사회서비스 분야에서 집중적으로 기획되고 있는 중이다.

이처럼 일관성을 상실한 MB노믹스는 집권 후반기의 성장 동력 확충과 경제 구조 개편을 어렵게 하는 동시에 단기 실적을 올리기 위해 지출한 막대한 재정 부담으로 한국 경제의 앞날을 어둡게 만들 것이다. 대부분 기관들이 2010년 한국 경제를 '상고하저上高下低'로 예측하는 이유도 여기에 있다.

특히 2009년 경기 회복의 내면을 들여다보면 기실 한편에서는 정부가 금융회사와 기업들의 부채와 부실을 떠안은 대가이며, 또 다른 한편에서는 가계가 소득 감소와 부채 증가를 감수한 대가임을 명심할 필요가 있다. 따라서 정부와 가계로 떠넘겨진 부실이 2010년 경제의 최대 위험 요소가 될 수 있다는 예상이 가능하다. 정부의 재정 문제와 더불어 고용을 포함한 가계의 부실 문제를 향후 가장 주목해서 바라봐야 하는 이유가 여기에 있다. 또한 이런 상황에서 경제 정책의 일관성 상실은 위기를 더욱 키울 수 있다는 점도 기억해야 한다.

이런 조건에서 이른바 '출구전략'의 향배는 어떻게 될까. 출구전략 논의는 경기가 바닥을 찍고 반전을 시작하던 2009년 2분기부터 이미 글로벌 이슈로 떠올랐고, G20정상회의를 포함해 주요 경제 회의가 있을 때마다 출구전략 공조가 주요 의제가 되었다. 한국에서도 출구전략 시점을 두고 다양한 의견이 쏟아지고 있다.

그런데 무성한 논의에 비해 무엇을 출구전략으로 볼 것인지, 또 그 시점은 대체 언제여야 하는지 등에 대해서는 통일된 기준이 없다. 한국 경제만 하더라도 각종 세제 혜택의 종료나 외환 유동성 회수를 출구전략에 포함시킨다면 출구전략은 이미 2009년에 시작되었다. 중소기업에 대한 지원과 정부의 지급보증에 초점을 맞춘다면 2009년 말에 종료할 예정이던 것을 2010년 상반기까지 연장했으므로 2010년 상반기가 출구전략의 시작점이 된다.

가장 큰 쟁점인 금리 인상만 해도 기준이 모호하다. 도대체 금리를 몇 퍼센트 올리는 것을 출구전략으로 볼 것인가. 대략 시장에서는 2010년에 1퍼센트포인트 정도의 금리 인상을 예상하고 있는데, 이에 대해 이성태 한국은행 총재는 "문을 빠져나가는 것", 즉 출구전략이 아니라 "문 쪽으로 조금씩 이동하는 것"이라고 표현하고 있지 않은가.

결국 '위기의 종료'를 명시적으로 말해줄 출구전략은 새해가 시작된 지금까지도 말잔치만 난무하는 가운데 실제로는 2010년 내내 예측 불가능한 상황 요인들에 대응하는 방식으로 출구전략 아닌 출구전략 정책들이 뒤섞일 가능성이 높다. 공식적인 위기 종료 선언을 의미할 출구 전략 시행이라는 사건은 우리 국민에게는 사실상 실재하지 않을 것이 라는 얘기다.

이보다 더 중요한 문제가 있다. 출구전략이라고 하면 도대체 어디로 빠져나간다는 말인가. 출구전략이라는 개념을 사용하는 정책 결정자들 은 이번 경제 위기가 수습되면 위기 이전인 2006년의 상태로 복귀할 수 있다는 기대를 암묵적으로 하고 있는 듯 보인다. 그러나 진정 정부가 각종 수단을 동원해 경제 위기를 수습하면 다시 위기 이전의 과거로 돌 아갈 수 있을까.

파이낸셜타임즈의 수석 경제분석가 마틴 울프Martin Wolf의 다음 주 장을 새겨둘 필요가 있다.[9] 그는 2006년의 '정상 상태'로 신속히 복귀 할 것이라고 기대하는 사람들이 '환상가'에 불과하다며 다음과 같이 말했다.

"현재의 위기가 끝나면 이런 시장(과거와 같은 금융시장 – 인용자)이 다 시 정상화될 것이라고 기대하는 것은 환상이다. 그리고 만약 과거와 같 은 세계적인 금융 순환의 메커니즘이 더 이상 작동하지 않는다면 당연 히 실물순환도 변해야 하며 그것을 가능하게 하는 새로운 시스템이 어 떻게든 생성되어야 한다."

지금 절실한 것은 이미 시스템 실패를 겪고 제대로 작동하지 않는 신 자유주의 체제로 되돌아갈 출구를 찾는 것이 아니다. 신자유주의 체제 를 대신해서 국민경제를 발전시킬 새로운 경제 체제를 모색하고 이를 위해 현 구조의 주요 취약지대를 개혁함으로써 새로운 경제 성장과 발 전의 입구를 만들어가는 것이 출구전략보다 훨씬 더 중요한 과제다.

구조 개혁을 계속 늦추면서 과거로의 회귀를 꿈꾸는 사이 한국 경제는 영원히 출구를 찾지 못하게 되는 것은 물론 이명박정부의 출구도 집권 후반기로 가면서 점점 더 좁아질 것이다. 이명박정부야 집권 후반기 2년 반만 견디면 그만이지만 우리 국민의 생존을 향한 문이 닫히면 대체 누가 책임을 진단 말인가.

4

GDP 성장 중심 패러다임의 한계를 넘어서

글로벌 금융 위기로 신자유주의 체제가 정상 작동을 멈춘 가운데 이명박정부는 새로운 체제로의 구조 개혁 대신 단기 실적주의에 치중했다. 그 결과 지표경기와 체감경기의 격차가 점점 벌어지면서 심각한 문제를 낳았다.

경제성장률이 빠른 회복세를 보이고 있고 수출도 플러스 성장으로 올라섰으며 주가는 50퍼센트 이상 급등했고 민간소비마저 마이너스의 늪을 벗어나고 있는 상황이다. 하지만 유일하게 끝 모를 추락을 계속하고 있는 지표가 바로 가계소득 지표다. 가계소득의 원천인 고용지표는 정부가 30만 개 이상의 단기 일자리를 만들었음에도 연평균 −7만 2000명을 기록했다.

상황이 이렇다 보니 당연히 정부가 발표하는 거시경제 지표들이 'OECD에서 가장 빠른 회복'을 보이고 있음에도 국민들이 몸으로 느끼는 체감경기는 나아지지 않고 있는 것이다. 이를 메우기 위해 정부가 '중도실용−친서민' 정책을 들고 나왔지만 이로 인해 삶이 나아진 것이 없다고 느끼는 국민이 55.8퍼센트에 달하는 것을 보면 굳이 데이터를 인용하지 않아도 체감효과는 거의 없다고 봐야 할 것이다.

문제는 이 격차가 2009년 하반기의 일시적인 현상에 그치지 않고 2010년에는 구조화될 가능성이 높다는 사실이다. 외형적 실적 쌓기 방식의 경제 정책이 변하지 않고 있는 데다 경제가 점점 더 '고용 없는 회복'으로 변해가고 있기 때문이다. 국내총생산 GDP이 성장하고 기업 실

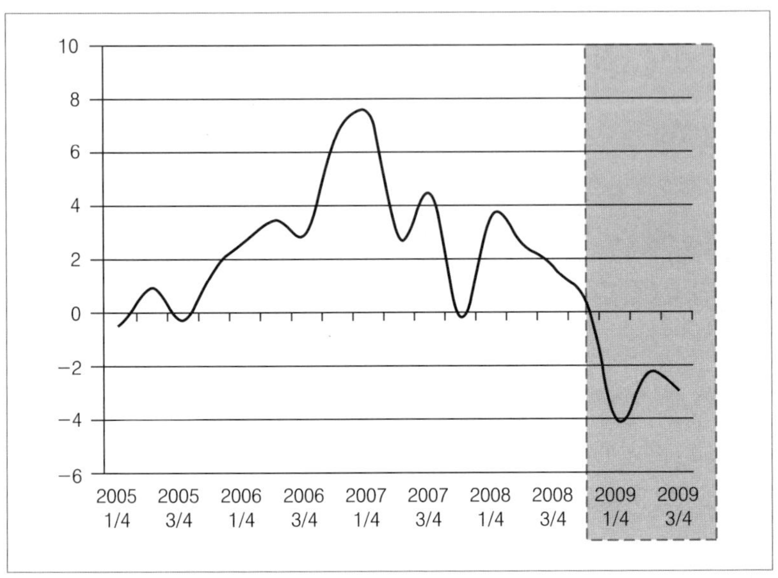

〈그림 5〉 근로자 가구 실질 근로소득 증가율

* 출처: 통계청 국가통계포럼 http://kosis.kr

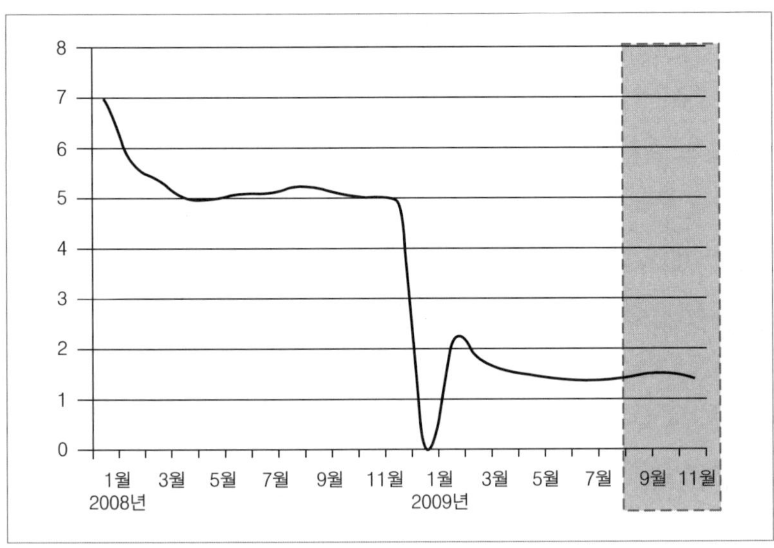

〈그림 6〉 협약임금 인상률 월별 변화 추이

* 출처: 노동부 e-나라지표 http://index.go.kr

적이 올라가 주가가 상승하면 모든 경제 상황이 자연스럽게 호전될 것이라는 가정은 이제 더 이상 현실에 부합하지 않게 되었다.

그렇다면 어떻게 할 것인가. GDP의 성장과 주가 상승 등을 통해 경제를 발전시키고 국민의 생활을 향상시키겠다는 정책 틀이 더 이상 작동하지 않는다면 이 틀을 바꿔야 한다. "GDP는 경제 분석의 좋은 지표가 아니"라고 선언하면서 "금융이윤과 부동산 값 상승에 따른 성장은 허구"라고 지적한 스티글리츠 교수의 주장도 같은 맥락이다.[10]

GDP 중심의 성장 틀을 바꾸는 문제는 이번 글로벌 금융 위기 이후 G20회의에서 강조한 '지속가능한 균형성장sustainable and balanced growth'을 달성하기 위한 필수조건이자 금융 위기로부터 배워야 할 가장 심각한 교훈일 수 있다. 그러나 주류 사회에서 틀을 바꾸자는 움직임은 아직 없다. 미국 경제가 지난 10년 동안 주가와 고용 그리고 소득에 있어 사실상 전혀 나아진 것 없이 원점에 머물렀다고 평가한 폴 크루그먼 교수가 "지난 10년 사이 정말 두드러진 느낌을 받은 것은, 실수에서 교훈을 얻으려 하지 않는 미국이라는 나라의 태도"[11]라고 비판하는 이유도 여기에 있다.

최근 고용 관련 토론회에서 한 연구자가 경제 성장의 파생물로 고용 확대를 기대할 것이 아니라 고용을 적극적으로 확대해 성장을 담보하는 전략, 즉 '고용을 통한 성장 전략'을 짜야 한다는 주장을 편 바 있는데 이 역시 적극적인 패러다임의 변화를 주문하고 있다는 점에서 궤를 같이한다.[12] 그는 '고용이 성장에 장기적으로 안정적인 영향을 미치는 것'을 확인하면서 고용이 1퍼센트 늘어나면 장기적으로 성장률이 약 2퍼센트 정도 높아질 것으로 추정했다. 그 결과 성장과 고용의 동반 확대라는 선순환 고리의 시발점을 성장이 아닌 '고용'에서 찾을 것을 주문하고,

'고용증가 → 소비 증대 → 성장 확대 → 고용 증가'의 선순환 구조를 만들어야 한다고 결론을 맺고 있다. 그의 주장은 2010년 우리 경제의 진정한 회복, 특히 체감경기 회복을 위해서 어떤 경제 전략을 펴야 할 것인지를 정확히 보여주고 있다.

이런 차원에서 볼 때, 지금까지 진보와 보수의 해묵은 논쟁이었던 '성장이냐 분배냐', '기업 실적이냐 가계 소득이냐' 하는 의제도 더 이상 현실에 부합하지 않는 낡은 도식에 불과하다. 지금은 성장이냐 분배냐 하는 문제에 집착하기보다는 국민의 삶과 생활을 실질적으로 개선할 수 있는 성장 전략의 모색을 화두로 삼아야 한다. 그리고 이를 위한 경제 관점의 이동이 필요한 것이다.

경제 관점의 이동과 구조 개혁의 시작점은 당연히 국민 생활의 실질적 향상이다. 역사적으로 우리 국민의 생활은 외환위기를 분기점으로 큰 변동을 겪었다. 외환위기 이전까지만 해도 저임금이나마 안정된 노동소득을 기반으로 저축을 늘리면서 경제 생활을 추구해왔다. 그림에

<그림 7> 가계를 중심으로 본 경제 주체들의 관계

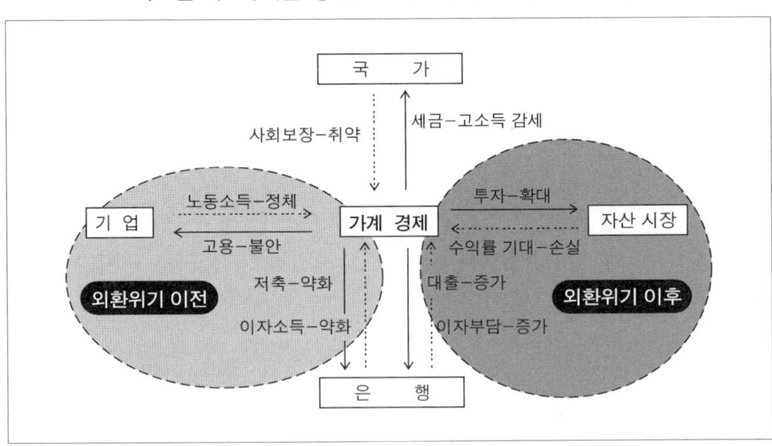

서 볼 수 있는 바와 같이 가계경제는 주로 기업과 은행을 중심으로 한 관계를 맺으면서 움직여왔다고 볼 수 있다.

그러나 외환위기 이후 신자유주의 체제가 우리 경제와 삶을 급격하게 잠식하면서 가계 소득의 원천인 고용은 불안해졌다. 반면에 주식시장이나 부동산시장과 같은 자산시장이 팽창하면서 국민들은 어느새 저축을 포기하고 대신 대출을 받아 자산시장에 투자하는 것을 자연스러운 경향으로 받아들이게 되었다. 그러나 기대했던 투자수익이 돌아오기는커녕 손실만 커졌다. 그뿐인가. 이자 부담도 감당하기 힘들 정도로 커졌다. 결국 고용 불안으로 노동소득이 정체를 면치 못하는 상황에서 금융 위기가 터지는 바람에 체감경기는 극도로 얼어붙고 말았다.

앞으로 구조 개혁을 해야 한다면 국가와 기업, 은행과 자산시장들이 가계경제를 실질적으로 도와주는 방식으로 이뤄져야 한다. 지금까지 가계경제의 희생을 바탕으로 기업과 은행, 자산시장을 키우고, 이를 통해 GDP의 외형적 성장을 이끌어냈던 근본 패러다임을 바꿔야 한다는 뜻이다. 다시 말해 국가와 기업, 은행과 자산시장이 가계경제의 건전성을 중심으로 움직여야 한다.

이를 위해 3대 구조개혁을 시작해야 한다.

첫째, 가계경제가 작동하기 위한 시작점이자 원천인 고용 안정을 통해 노동소득을 늘릴 수 있도록 대대적인 고용 개혁을 시작해야 한다.

2009년 글로벌 경제의 최대 화두가 '금융'이었다면 2010년은 '고용'이 될 것이 분명하다. 경제 위기의 회복 과정에서도 전 세계적으로 고용 부문만은 여전히 부진과 정체를 면치 못하는 실정인 데다 '고용 없는 회복'의 조짐마저 뚜렷한 만큼 고용 개혁으로 '고용을 통한 성장' 전략을 새롭게 모색해야 한다. 특히 지금까지의 구조적 고용 불안과 노동소득 정체의 원인이 주로 신자유주의 노동 유연화 전략에 있는 만큼 이러한 정책 기조에 대한 일대전환이 필요하다.

둘째, 지난 수십 년 동안 실물을 뛰어넘는 과도한 팽창으로 이번 금융 위기를 일으키고 지금까지 가계경제의 희생을 대가로 승승장구해온 금융에 대한 근본 개혁을 지체 없이 단행해야 한다.

한국 경제의 최대 위협 요인으로 가계 부실을 꼽고 있는 상황에서도 여전히 높은 대출이자와 수수료를 수익의 원천으로 삼고 있는 은행의 관행에 제동을 걸어야 한다. 나아가 위험하기 짝이 없는 각종 금융상품을 만들어 가계경제를 철저하게 금융상품에 의존하도록 만든 금융시장과 자산시장에 대한 규제를 시작해야 한다. 특히 한국 금융시장의 사실상 실세라고 할 수 있는 외국자본의 단기적 유출입을 통제해 자산시장의 급격한 변동을 제어하고 국민경제의 안정을 도모해야 한다.

셋째, 그 동안 한 번도 가계경제를 위해 제대로 된 역할을 해본 적이 없는 국가가 기업이 아닌 가계경제를 위해서 적극적인 경제 정책을 펴야 한다.

특히 이번 경제 위기가 취약계층에게 집중적인 피해를 주고 있는 만큼 그 어느 때보다 사회보장 시스템을 획기적으로 확대하여 가계경제의 안정화를 이뤄야 한다. 현재 은행과 자산시장에 기대어 있는 가계경제가 앞으로는 기업 및 국가와의 안정적인 관계 아래 정상화될 수 있어야 하며 그에 기초하여 국민 생활이 향상되도록 경제 전략을 펴야 한다. 이것이 이명박정부가 '글로벌 선진국 진입'보다 앞서서 해야 할 일이다. 실속 없는 '중도실용—친서민' 정책보다 더 실용적인 선택은 바로 이것이다.

이 모든 패러다임 전환과 구조 개혁은 지금까지 우리 경제를 위험에 빠뜨리고 국민들을 양극화의 함정으로 몰아넣은 신자유주의에 대한 비판적인 문제의식에서부터 출발해야만 실효성을 거둘 수 있다. 백 번 양보해 2009년에는 급전직하하는 경제 위기를 수습하느라 정책을 진지하게 돌아볼 만한 여유가 없었다고 한다면, 2010년부터는 기존 정책과 그 정책의 바탕에 깔린 신자유주의·시장주의 이념에 대한 본격적인 성찰과 재검토가 필요하다. 그런 점에서 2010년은 선진국 진입의 원년이 아니라 신자유주의에 대한 성찰의 원년이 되어야 하며, 출구전략의 해가 아니라 '구조 개혁의 해'가 되어야 한다.

주 석

1   관계부처 합동, "2010년 경제정책 방향과 과제", 2009.12.10.

2   실제로 유가는 2010년 연초에 이미 기관들이 예측한 올해 평균치인 80달러 선을 가볍게 넘고 있고, 환율도 2010년이 시작되고 거래일 기준 일주일 만에 1100원 선을 위협하고 있는 실정이다. 2010년 한 해 동안 이들 변수가 얼마나 큰 변동폭을 보일지 예견되는 대목이다.

3   새로운사회를여는연구원, "2010년을 새로운 경제 화두의 원년으로", 2010.1.4.

4   지식경제부, "2009년 11월 수출입 동향", 2009.12.1.

5   2010년 1월 2일 전미경제학회에서 스티글리츠 교수 발언.

6   삼성경제연구소, "2009년 한국경제 회고", 2009.12.23.

7   2009년 12월 28일 리얼미터 조사에서 이명박 대통령 지지율은 53.1퍼센트, 27일 미디어리서치 조사에서는 49.6퍼센트, 2010년 1월 1일 동아일보 조사에서는 51.6퍼센트였다. 한겨레가 2010년 1월 초 실시한 여론조사에서도 대통령 경제운용에 대한 긍정적인 평가가 53.8퍼센트로 나타났다.

8   통계청, "산업활동 동향" 각 월 보도자료 및 통계청 국가통계 포털(www.kosis.kr)

9   파이낸셜타임즈 2009.7.15.

10   2010년 1월 2일 전미경제학회에서 스티글리츠 교수가 한 발언.

11   NYT 2009년 12월 27일자 기고 칼럼.

12   장동구 한국은행 연구위원, '성장, 임금과 고용의 인과관계', 〈국가 고용전략 수립을 위한 토론회 자료집〉, 2009.12.4.

2 부

한국 국민의 삶, 어떻게 바뀔 것인가

금융위기에서 고용위기로, 고용개혁을 시작하자

'신新 고용 전략'의 과제

이상동_새사연 연구센터장

1. 2009년 주요 고용 동향을 살펴보면, 공공부문을 제외했을 경우 실제 취업자는 11월 현재 −48만 명을 기록하고 있다. 반면 민간부문은 '침체 속의 경기 회복' 국면에서 일자리를 늘리기보다는 노동시간 연장과 임금 삭감을 통해 대응해온 것을 알 수 있다.

2. 2009년 고용 악화를 저지한 공공부문은 올해에도 여전히 가장 중요한 고용 창출 여력을 가진 부문이 될 수밖에 없으나, 정부의 이에 대한 인식과 준비는 상당히 미흡한 것으로 보인다.

3. 한국은 이미 오래 전부터 국제 경제 질서 변화에 대응하는 '일국 단위의 고용 전략과 비전'을 수립하는 데 실패했다. 이런 상황에서 2010년에도 '자유방임주의적 고용 대응책'을 지속한다면 고용 문제는 더욱 심각해질 것이다.

1

정부의 고용 전망이 가지는 문제점

일자리 창출이 2010년에도 한국 경제의 핵심 과제가 되고 있다. 경기 회복이 가시화되고 있으나 고용창출로 이어지지 않는 이른바 '고용 없는 회복jobless recovery'이라는 신조어가 등장하고 있는 실정이다.

정부의 2010년 고용 전망은 '5퍼센트 성장에 20만 개 일자리 창출'로 요약할 수 있다(관계부처 합동, 2009. 12. "2010년 경제정책방향과 과제"). 이 목표를 달성하기 위한 실행 방안 중에 주목되는 것으로는 '서비스산업 선진화', 대통령 주재하의 '국가고용전략회의' 운영 그리고 고용창출력 제고를 위한 '국가고용전략 수립'의 세 가지를 들 수 있다.

실행 방안에 대해서는 뒤에서 다루기로 하고 먼저 정부의 일자리 전망이 갖고 있는 문제점을 살펴보자.

첫째, 전망 자체가 낙관적이다. 다른 모든 경제지표 전망이 들어맞는다는 가정 아래 20만 개 일자리를 창출할 수 있다는 전망 자체가 지나치게 낙관적이라는 얘기다. 정부의 전망은 5퍼센트 성장률이 20만 개

〈표 1〉 정부의 2010년 경제 전망

	2009년	2010년
경제성장률	0% 수준	5% 내외
취업자 증감	+7만 명	20만 명
경상수지	420억 달러	150억 달러
소비자 물가	2%대 후반	3% 내외

* 자료: 관계부처 합동, "2010년 경제정책방향과 과제", 2009. 12.

일자리를 창출할 수 있다는 것인데, 이는 경제 위기 이전인 2008년까지의 경험적 수치를 대입해서 일자리를 추정한 것으로 보인다. 그러나 최근 변화된 경제구조로 볼 때 1퍼센트의 성장률이 창출할 수 있는 일자리 개수는 크게 하락한 상태다.

둘째, 고용사정 악화를 기정사실화하고 있다. 20만 개의 일자리가 지난해보다는 상대적으로 늘어난 수치인 것은 사실이지만 절대적 기준으로는 대단히 미흡하다. 우리나라에서 한 해에 필요한 최소 일자리 개수는 약 30만 개라는 사실을 잊어서는 안 된다. 2007년까지는 이 수치에 약간 미달한 것만으로도 고용 악화를 심각하게 고민해왔다. 정부의 전망이 현실로 된다면 고용사정은 '회복'되는 것이 아니라 여전히 '악화'된다는 결론을 내릴 수밖에 없다.

셋째, 공공부문의 역할을 포기하고 있다. 20만 개 일자리는 공공부문을 제외한 민간부문에서 만들어지는 일자리를 가정한 것으로 볼 수 있다. 정부가 2010년에는 양질의 '민간' 일자리 창출기반 확충을 강조하고 있는 것에서 이를 짐작할 수 있다. 민간 일자리를 강조하는 것은 뒤집어 말해 공공부문의 직접적 일자리 창출을 상당 부분 포기한다는 것을 의미한다. 희망근로와 청년인턴 등 2009년의 핵심 일자리 사업은 대폭 축소되는 것으로 이미 결론이 나 있고, 사회적 일자리 사업은 우선순위에서 밀리고 있다.

2

2009년 고용 동향 점검

| 공공부문, 단기 일자리 창출로 대응 |

2010년을 본격 전망하기에 앞서 2009년 고용의 핵심적인 특징을 확인하자. 첫 번째로 주목되는 것은 신규취업자 숫자가 6년 만에 마이너스를 기록했다는 점이다. 2003년 −3만 명 이후 처음으로 2009년에는 7만 8000명이 감소한 것이다(11월까지의 평균, 전년동월 대비).

2008년 12월부터 시작된 '마이너스 고용' 국면이 2009년 상반기를 휩쓸었고 2009년 하반기에 희망근로와 청년인턴 사업이 시작되어서야 간신히 '제로 고용' 수준으로 돌아섰다(〈그림 1〉).

〈그림 1〉 2009년 인구 및 취업자 증감 추이

(단위: 천명)

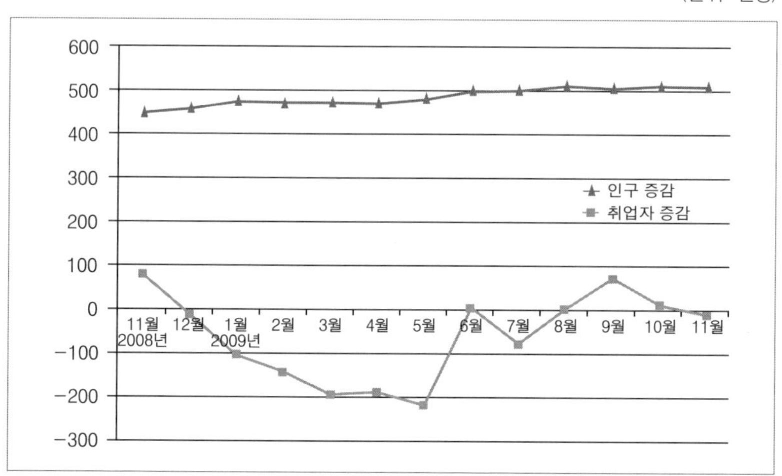

* 주: 전년동월 대비
* 자료: 통계청 KOSIS DB

공공부문 일자리 사업을 제외하면 상황이 심각하다는 사실이 분명하게 드러난다. 경기회복이 시현된 2009년 하반기 이후에도 민간부문의 취업자 감소는 그치지 않고 있다. 2009년 3/4분기 경제성장률은 전년동기 대비 0.9퍼센트 성장을 기록하면서 세계 금융 위기 이후 처음으로 플러스로 전환한 바 있다. 그러나 이 시기에 민간부문의 신규취업자는 2009년 11월 현재 −48만 명을 기록하였다(〈그림 2〉).

2009년 하반기에 취업자가 플러스로 전환된 점, 서비스업의 취업자가 크게 증가한 점 등을 내세워 고용 사정이 나아졌다는 평가가 일각에서 나오고 있으나 이는 공공부문의 일자리 창출이 일으킨 '착시효과'에 불과하다. 즉 실질적으로는 전체 취업자가 여전히 줄어들고 있고, 서비스업은 자영업인의 감소가 멈추지 않고 있다.

〈그림 2〉 2009년 공공부문 vs. 민간부문의 신규 일자리 추이

(단위: 천 명)

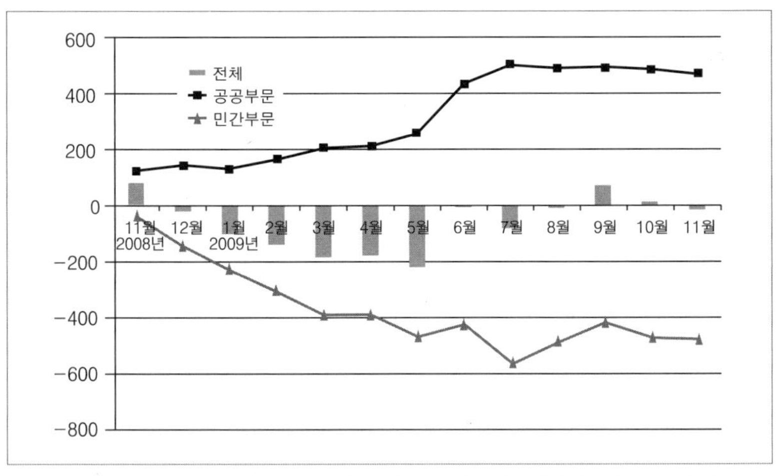

* 주: 공공부문은 공공행정, 국방 및 사회보장 행정, 보건 및 사회복지 서비스업, 국제 및 외국기관, 민간부문은 그 외 산업. 전년동월 대비
* 자료: 통계청 KOSIS DB

한편 정부는 공공부문의 직접적인 일자리 창출 외에도 사회간접투자의 지출을 대폭 확대함으로써 일자리를 늘리는 정책을 펼친 바 있다. 그럼에도 건설부문의 취업자는 지속적인 감소세를 멈추지 않고 있다. 2009년에 건설부문의 취업자는 평균 9만 4000명이 감소하였다. 이는 토목 위주의 사회간접투자가 정부의 주장과는 달리 별 효과를 내고 있지 못함을 뜻한다.

| 민간부문, 일자리 창출보다는 노동시간 연장과 임금 삭감 추구 |

2009년 하반기는 세계적 금융 위기가 발생한 지 만 1년이 경과되는 시점으로 '기저효과'에 따른 고용의 (일시적) 회복이 기대되는 때였다. 또한 앞서 언급한 바와 같이 경제성장률이 플러스로 반전되면서 경기가 회복되기 시작한 때이기도 했다. 그럼에도 성장과 고용 사이의 괴리

〈그림 3〉 경기회복기 민간부문의 고용조정 대응 (1) : 노동시간 확대

(단위: 시간, 일)

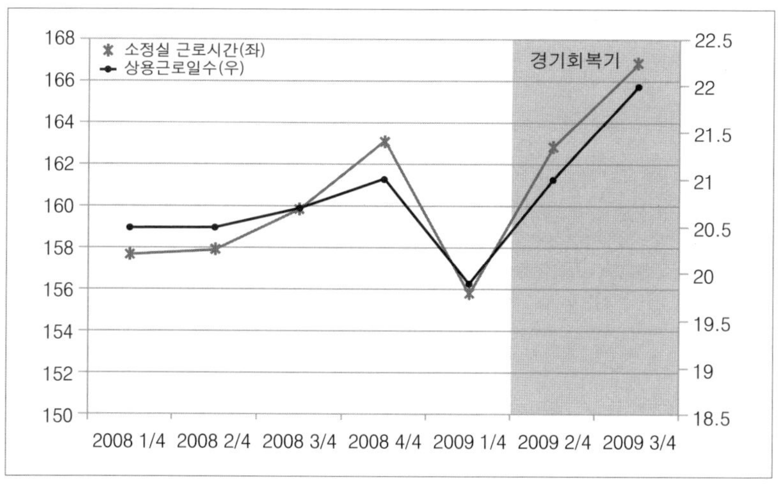

* 주: 5인 이상 사업장 기준, 상용노동자 대상
* 자료: 통계청 KOSIS DB

가 뚜렷이 발견되고 민간부문의 고용이 회복되고 있지 못한 것으로 나타났다. 이는 민간부문의 고용이 일자리의 확대가 아닌 다른 방식으로 경기 회복에 대응하고 있음을 시사하는 것이다. 민간부문은 고용을 늘리지 않는 상태에서 노동시간의 확대를 추구하고 있는 것으로 보인다.

〈그림 3〉에서 경기회복 시기에 노동시간과 노동일수의 증가가 두드러지게 나타나고 있음을 알 수 있다. 5인 이상 사업체를 대상으로 하는 사업체임금근로시간조사에 따르면, 2009년 3분기에 전체 노동시간은 월 176.9시간, 상용직 노동시간은 월 183.5시간으로 높아져 있다. 이 수치는 가장 가까운 경기 최고점이었던 2007년 4분기 수준에 육박한다.

그러나 노동시간의 확대에도 불구하고 1년 넘게 임금은 계속해서 하락하고 있다(〈그림 4〉). 2009년 3분기 현재 5인 이상 전체 사업장의 1인당 평균 임금총액은 264.1만 원이며 전년동기 대비 1.2퍼센트 삭감된 수치를 보이고 있다. 실질임금 기준으로는 2009년 3분기에 3.1퍼센트나 하락한 것으로 나타난다.

〈그림 5〉를 보자. 전국 5인 이상 사업장의 노동시간과 상용노동자의 증가율을 대비시켰다. 지금까지 설명한 것처럼 경기 회복기에 노동시간과 임금 조건은 뚜렷하게 악화되고 있다. 그러나 이 시기에 일자리의 증가는 나타나지 않고 있다. 전국 5인 이상 사업장의 상용노동자 수는 2009년 2분기와 3분기에 증가율이 마이너스로 돌입한 것이다.

민간부문에서 고용 창출보다는 노동시간의 확대와 임금 삭감에 의존하는 고용 행태를 지속할 경우 2010년에도 고용 사정의 개선을 기대하기는 난망하다. 최근의 경기 회복을 자산시장과 수출이 주도하고 있는 점은 암울한 전망을 보다 확고하게 만든다. 주식 및 부동산시장의 회복은 고용 창출 효과가 미미하고 수출은 고용창출력이 급속히 하락

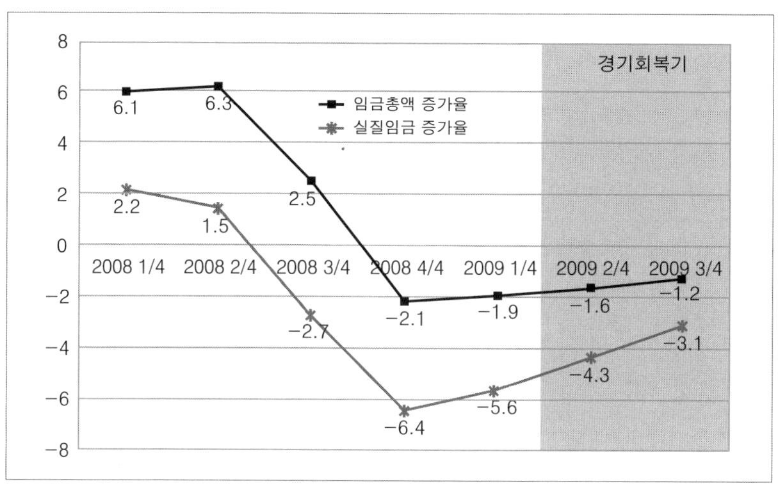

<그림 4> 경기회복기 민간부문의 고용조정 대응 (2) : 임금 삭감

(단위: %)

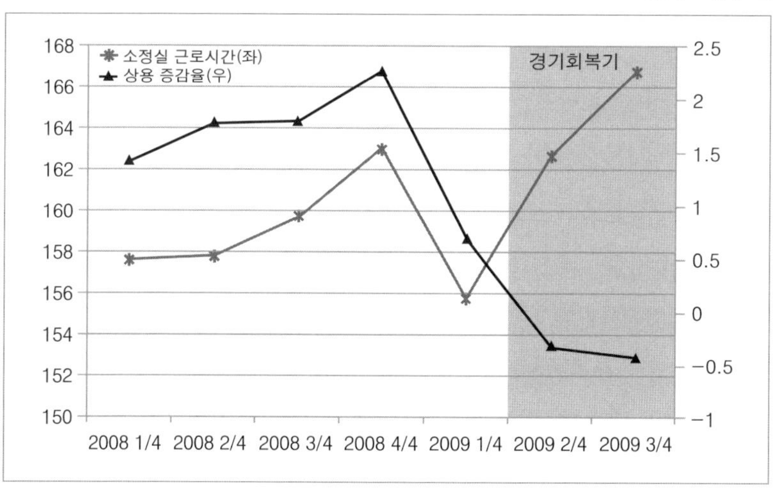

<그림 5> 경기회복기 민간부문의 고용조정 대응 (3) : 일자리 축소

(단위: 시간, %)

하고 있는 부문이기 때문이다.

민간부문이 고용 확대보다는 노동시간과 임금의 유연화를 추진하는 행태는 당분간 이어질 것으로 보인다. 물론 경기 회복이 초기 단계라는 가정 아래 노동시간 확대는 순차적으로 임금 상승과 고용 확대로 이어질 것이라는 기대를 가질 수도 있다. 그러나 여전히 세계 경제가 불확실성을 걷어내고 있지 못한 점을 감안했을 때 고용 확대가 나타나기까지는 아직도 많은 시간이 필요함을 예상할 수 있다. 이른바 더블딥 double deep의 가능성은 여전히 존재한다. 대외적으로는 미국 등 거대 소비시장이 침체에 빠져 있는 한편, 대내적으로는 가계와 중소기업의 부채가 해소되지 못하고 있다. 이런 상황을 종합적으로 보았을 때, 민간부문의 고용 기피는 상당히 오래 이어질 것으로 보인다.

3

2010년 고용 전망

| 일자리 최소 15만 개 이상 부족 |

현재의 경기 상황이 2009년 하반기의 연속선에 놓여 있다고 할 때, 올해 우리 경제의 고용창출력은 더욱 하락할 것으로 전망된다. 공공부문이 일자리 창출을 상당 부분 포기한 가운데 민간부문에 바통이 전달되지 않을 것이기 때문이다. 정부의 전망대로 5퍼센트 수준의 경제성장률을 달성하더라도 고용 창출은 정부의 전망에 훨씬 미치지 못하는 15만 명 수준에 머무를 것이다. 주력부문인 수출의 성장률은 회복될 것으로 보이나 고용 창출 측면에서는 무의미한 수치일 뿐이다.

신규취업자가 15만 명 수준에 머무르게 됨에 따라 경제 위기 이전 60퍼센트에 육박하던 고용률은 58퍼센트 초반대로 하락할 것으로 보인다. 고용률 1퍼센트는 40만 개의 일자리 규모에 해당된다. 공식 실업률은 2009년 3.7퍼센트(예상)에서 더 이상 오르지는 않을 것으로 보이나 구직단념자는 계속해서 증가하면서 실질실업률은 10퍼센트 중반대를

〈표 2〉 새사연 주요 고용 전망

	2009년	2010년
신규 취업자	+77천 명	150천 명
고용률	58.7%	58% 초반
비경제활동인구	1만 5647천 명	1만 6000천 명
실질실업률	12% 수준	15% 수준
경제성장률	0% 수준	5% 내외

넘길 것으로 예상된다.

| '고용 없는 회복'으로 소비 위축과 내수 부진 지속 |

2010년 경제는 세계 경제의 불확실성이 지속되는 상황에서 일정한 회복 국면에 들어설 것으로 보인다. 더구나 올해 상반기는 확장적 재정 정책이 유지되는 상황에서 지난해의 기저효과로 높은 GDP성장률이 가능할 수 있다.

그럼에도 회복이 고용을 동반하지 않기 때문에 연차적으로 소비 위축은 지속될 수밖에 없다. 지난해 비교적 선방했던 소비는 올해 상반기 고용 악화와 함께 찾아오는 물가 상승의 영향으로 위축 국면에 들어설 것으로 보인다.

고용에 기반을 둔 소득, 소득에 기반을 둔 소비 그리고 소비가 다시 고용창출력을 높이는 구조가 정착되지 않은 상황이므로 내수 투자는 공공부문의 토목 투자를 제외하면 여전히 미진할 수밖에 없다. 공공부문의 토목 투자가 일으키는 고용창출력에 극히 회의적이라고 하면 전방위에 걸쳐 고용 사정이 획기적으로 개선될 여지는 없어 보인다.

물론 원화 강세에 따른 반사이익으로 실질국민소득GNI의 상승폭이 높아질 것으로 보이므로 민간 소비여력의 확대 여지가 없는 것은 아니다. 그러나 정부의 경기 부양책을 통한 민간소비의 진작 효과가 하반기로 갈수록 약화될 것이기 때문에 전체 구매력의 상승은 미미한 수준일 것으로 예상된다. 따라서 소비 확대로 인해 유발되는 고용을 기대하기도 어렵다.

2010년 피부로 느끼는 고용 사정은 예년과 마찬가지로 청년실업 부문에서 두드러질 것이다. 최소 15만 개, 사회 진출자들의 과반수 이상이 일자리 부족을 겪을 것이다. 따라서 청년실업 문제는 연초부터 최대 화두로 등장할 것으로 보인다. 이 밖에도 가계부채와 달러 약세, 금리 인상 등의 경제 불안정 요인들이 고용에 간접적인 악영향을 미칠 것으로 보인다.

4

2010년 고용의 근본적 과제

| 한계에 부닥친 기존 전략 |

2010년의 고용 사정은 보다 긴 안목에서 재확인할 필요가 있다. 올해 한국 경제의 고용 사정이 여의치 않은 근본적 이유는 이미 오래 전부터 진행되어왔던 국제 경제 질서의 변화 때문이다. 세계적 차원에서의 노동력 공급은 중국 등의 신흥시장을 중심으로 이루어지고 있어 이에 대한 반작용으로 미국 등 선진 자본주의 국가들과 한국 등 중진 자본주의 국가들은 고용 확대가 여의치 않은 상황에 놓여 있다. 한편 우리나라의 대기업에서도 확인할 수 있는 바와 같이 자본의 세계화는 상당한 수준으로 확대되어 있어 자국에 대한 고용 투자를 기피하는 상황이다. 신자유주의 이전 시기까지 국내 고용 확대의 견인차 역할을 했던 제조업에 대한 자본 투자가 해외로 돌려짐에 따라 이를 대체할 수 있는 수단을 시급히 확보해야 한다.

이러한 차원에서 볼 때 신자유주의 고용 정책인 '자유방임주의적 대응책'을 올해에도 지속한다면 위험한 상황이 초래될 수 있다. 자유방임주의적 대응책은 중국, 인도 등 세계 노동력 공급의 확대와 선진 자본주의 국가들의 자본 세계화를 개인과 기업의 자율적 해결에 맡기는 것을 의미한다. 국가의 시장 개입이나 지원을 배제한 상태에서 노동자 수백 만 명의 임금이 줄어들거나 해고 문제가 발생하더라도 그냥 시장이 해결하도록 내버려둔다. 이러한 전략은 단기적으로는 효과가 있는 것처럼 보일지 몰라도 세계적 경제 환경의 대규모 변화를 다루는 데는 적합하지 않다.

중국, 인도 및 구소련 국가 등이 세계 자본주의에 보다 깊숙이 편입되면서 자본의 입장에서 저임금 노동력 사용이 보다 용이해지는 상황이므로 자본보다는 노동을 우선시하는 정책 목표를 수립해야 한다. 한국과 같은 중진 자본주의 국가의 경우는 노동자들에 대한 근로기준을 높이고 성장 이익이 국민 전체에 도달할 수 있도록 힘써야 한다.

| '신新 고용 전략', 공공부문 고용에서 시작해야 |

정부는 올해 대통령 주재하의 '국가고용전략회의'를 운영하고 상반기에 '국가고용전략'을 수립하겠다고 밝히고 있다. 점차 고용이 회복되기 어려운 경제 구조로 치닫고 있는 상황에서 새로운 전략과 비전 없이는 국면 변화를 이끌어낼 수 없다는 사실을 인식한 불가피한 선택으로 보인다.

따라서 올해의 주요 고용 이슈들은 개별적인 이슈보다는 전략과 비전을 둘러싸고 벌어지게 될 것이다. 간간히 소개되고 있는 '일자리 창출 기업에 대한 법인세 감면 도입'이라든지, '고용노동부로의 부처 개편' 등은 이러한 보다 큰 담론 차원의 '고용 전략'과 관련되어 있다.

이른바 '신 고용 전략'이라 부를 만한 결과들을 예의주시할 필요가 있다. 하지만 지금까지 흘러나오고 있는 자료들을 바탕으로 정부의 고용 전략을 짐작해보면, 시장 메커니즘에 고용의 역할을 맡기는 '자유방임주의' 기조는 여전할 것으로 보인다. 앞서 잠시 언급한 바와 같이 정부의 세부 실행 계획이 '민간 일자리 창출'에 초점이 맞추어져 있다. 이는 정부의 주요 정책 프로그램이기도 한 '서비스산업 선진화'의 기조를 구체적으로 분석해보면 분명하게 확인된다. 뿐만 아니라 노동시장 유

<표 3> 2010년 정부의 주요 일자리 창출 대책

국가고용전략회의	– 대통령 주재하 월 1회 이상 개최, 장단기 대응방안 마련
서비스산업 선진화	– 전문자격사 시장 선진화 – 투자개방형 의료법인 – 공휴일 제도개선 – 맞춤형 지역서비스산업 발전방향
노동시장 유연성 제고	– 복수노조 및 전임자 급여 2010년 상반기까지 마무리 – 제도개선 필수공익사업 대체근로제 개선 검토 – 유연근로제 확대(탄력적 근로시간제, 단시간 근로 등)
일자리 대책 효과성 제고	– 범정부 고용전략 수립 – 희망근로사업 참여자 기준 강화 – 청년, 중소기업 맞춤 사이트 구축
인적자본 확충	– 산업단지내 대학이전 추진
투자 확대 및 효율화	– 기업환경 개선대책 수립 – 외국인 투자 유치 확대 – 성과지향형 R&D 시스템

연화는 여전히 제1의 가치 척도가 되고 있다.

정부가 구상하고 있는 '고용 전략'은 전반적인 고용 사정 개선으로 이어지지 않을 것이다. 정부는 성장보다 고용을 우위에 놓는 방향으로의 정책 전환을 실시해야 한다. 이는 당장의 GDP 수치에 연연하지 않고 고용 안정을 통해 장기적인 성장을 모색하는 것을 의미한다.

현재 대규모의 고용 흡수력은 공공부문이 가지고 있음이 명백하다. 제조업을 핵심 고리로 하는 민간부문의 고용은 중국 등 일부 국가를 제외하면 획기적인 고용 흡수력을 기대하기 어렵다. 우리나라의 공공부문 고용창출력은 의료와 교육 그리고 사회복지 분야에서 잠재력이 상당한 것으로 평가된다. 현재 정부부문의 고용은 전체 취업자의 3퍼센트대에 불과하며 일본, 뉴질랜드를 제외하면 거의 모든 국가들이 전체 취업자의 5퍼센트에서 많게는 10퍼센트 대를 기록하는 것과는 월등한 차이를 보이고 있다. 따라서 국가 차원의 '신 고용 전략'은 공공부문의 고용 확대로부터 시작해야 한다.

| 공공부문 고용 확대의 세 가지 기대 효과 |

공공부문의 고용이라 함은 공무원이나 단기 공공근로의 확대로 좁게 이해되는 경향이 강하다. 그러나 넓은 의미의 공공부문은 이 밖에도 공기업 등의 공공기관, 의료와 교육, 사회복지 등 공공서비스 부문을 포괄한다. 광의의 공공부문 고용을 획기적으로 확대한다면 다음과 같은 효과가 기대된다.

첫째, 공적 사회서비스 수요 증가에 대한 대비책을 마련하는 효과가 있다.

선진국에 비해 월등히 정부부문의 고용이 작다는 것은 선진국의 공공부문이 담당하고 있는 실업 위험의 분산 역할이나 복지서비스 공급의 역할이 미흡하다는 것을 의미한다. 즉, 공공재의 공급과 같이 사적 부문이 담당할 수 없는 공적 서비스의 강화가 요구된다. 저출산, 고령화라는 인구 구조의 큰 변화를 앞두고 있는 우리나라는 공적 사회서비스 수요가 폭증할 것이 분명하며 이에 대한 대비가 시급하다.

둘째, 경제 전체의 안정성을 높이는 효과가 있다. 공공부문의 고용은 경기 변동에 따른 변화가 크지 않다. 따라서 경기 침체 상황에서의 자동안정화 기능을 수행하게 된다. 우리나라 공공부문 고용의 자동안정화 기능이 현재 대단히 미약한 수준에 있는 것은 공공부문의 고용 규모 자체가 작기 때문이다. 공공부문의 고용을 확대함으로써 경제 전체의 안정성을 크게 높일 수 있다. 최근의 세계 경제 위기 상황에서 정부부문의 고용이 10퍼센트를 넘어서는 프랑스가 총소비의 감소가 상대적으로 낮게 나타난 교훈을 상기할 필요가 있다.

셋째, 시장 우의의 '작은 정부' 담론을 변화시키는 효과가 있다. 공공부문의 고용 규모는 각 국가의 역사적 환경과 정치적 관계에 의해 결정되는 경향이 강하다. 따라서 공공부문 고용 확대는 정부의 역할에 대해 새로운 성찰을 요구하는 의미를 가진다.

역사적으로 보면 거의 대부분의 국가들에서 1인당 소득 수준이 증가함에 따라 공공부문의 고용 비중이 높아져왔다. 그러다가 신자유주의 시스템이 확대된 1980년대 이후로는 1인당 소득 수준과 공공부문 고용 규모의 관련성이 현저하게 감소한다. 이는 작은 정부를 지향하는 정치·경제적 조류가 '정부를 민간으로 이전'하기 위해 많은 노력을 기울인 데 따른 결과로 보인다.

한편 2000년대 들어서는 대부분의 국가들이 공공행정 부문의 직접 고용을 줄이고 있으나, 광의의 공공부문이라 할 수 있는 의료와 교육, 사회복지 등 공공서비스 산업의 고용 비중은 오히려 증가하고 있다. 2000년대의 변화 과정은 작은 정부를 절대선으로 보는 신자유주의 자유방임주의 시각이 공적서비스에 대해 높아져가는 사회적 요구에 부합되지 않는다는 것을 시사한다.

우리는 지금 글로벌화와 세계 경제 질서의 변화 그리고 신자유주의 경제시스템의 불안정이 고용을 위협하는 상황에 놓여 있다. 또한 과잉된 자영업과 저출산 고령화라는 위협적 상황에 놓여 있기도 하다. '신 고용 전략'은 이러한 구조적 문제를 해결하는 입장에서 마련되어야 한다.

한국경제의 뇌관, 가계부채를 해결하라

2010년 경제의 복병으로 떠오른 가계부채

이수연_새사연 연구원

1. 우리 경제의 복병으로 떠오른 가계부채

2. 2010년 가계부채 위협을 증가시킬 요인은 무엇인가

3. 위협 요인에 취약한 가계부채의 구조적 특징

4. 가계를 금융 위기의 희생양으로 삼은 정부와 금융기관

1. 2009년 한국의 가계부채는 금융위기에도 불구하고 증가하는 현상을 보였다. 가계부채가 파산으로 이어질 경우 금융 시스템 전체에 엄청난 충격을 가할 수 있고, 소비의 급격한 축소로 이어지는 악순환에 빠질 수 있다.

2. 2010년 한국 경제에서 가계부채로 인한 붕괴를 가져올 수 있는 위협 요인으로는 두 가지가 거론된다. 첫째, 가계소득의 감소이며 둘째, 이자비용의 증가다. 2010년 가계부채의 핵심 키워드는 부채 규모의 단순 증가가 아니라 이러한 요인들이 될 것이다.

3. 가계부채는 2008년 말 찾아온 세계 금융 위기를 지나오면서 정부와 금융기관이 가계를 희생시킨 결과이다. 가계를 희생양으로 삼아왔던 정부와 은행의 근본적인 태도 변화가 절실한 시점이다.

우리 경제의 복병으로 떠오른 가계부채

미국 발 금융 위기는 신자유주의 경제 시스템의 문제들이 누적되어 폭발한 결과다. 특히 금융 시스템 자체의 결함에 정부의 규제 및 감독 소홀 그리고 금융시장의 자기조정 능력에 대한 과도한 믿음 등이 복합적으로 작용한 결과다. 하지만 쌓여오던 문제들이 직접적으로 터지게 된 시발점은 서브프라임 모기지라는 주택담보대출이었다는 것을 기억해야 한다.

미국의 주택담보대출은 대출받는 사람의 신용등급에 따라 상위부터 하위까지 프라임, 알트A, 서브프라임으로 분류한다. 서브프라임 모기지는 바로 신용 등급이 최하위에 속하는 사람들을 대상으로 하는 주택담보대출이다. 신용도가 낮은 만큼 대출금을 상환할 능력이 매우 떨어지는 이들을 대상으로 금융기관들은 담보인 주택 가격의 80퍼센트에서 110퍼센트까지 대출을 해줬다. 결국 이들이 대출금을 갚지 못하면서 모기지 회사와 금융기관들이 줄줄이 파산하기 시작했고, 그것이 세계 금융 위기의 시작이었다.

금융기관들이 서브프라임 등급의 사람들에게까지 대출을 확대했던 이유는 무엇인가? 1980년대부터 가속화된 경제의 금융화로 미국 경제에서 금융의 비중은 갈수록 커졌고, 그럴수록 금융기관들은 고수익 투자 경쟁에 집중할 수밖에 없었다. 이런 경제 구조는 고용을 늘리고 가계의 소득을 증가시키는 방식의 성장을 택하기보다 대출을 장려하고 이를 바탕으로 거품 소비와 거품 투자를 늘려가는 방식의 성장을 택했다. 금융 위기의 또 다른 배경은 바로 대출과 부채에 기초한 소비로 지탱해온 경제 구조다. 때문에 위기를 거치면서 미국 가계의 부채는 대폭 줄어들었고 대신 저축률은 다시 늘어나고 있다. 물론 많은 이들이 집을 잃고, 직장을 잃고, 빈털터리가 되는 그 과정은 잔인했지만 말이다.

그런데 2009년 한국의 가계부채는 금융 위기를 거치면서 오히려 증가했다. 경기 부양을 위해 저금리 정책과 부동산 시장의 활성화를 추진한 정부의 정책 덕에 주택담보대출 역시 꾸준히 증가했다. 그런데 은행의 가산금리가 점점 오르고 한국은행의 기준금리 역시 오를 것으로 예측되는 가운데 정부가 부동산 시장에 대한 규제 움직임을 보이면서 한국판 서브프라임 사태가 일어나는 것은 아니냐는 우려가 커지고 있다. 미국 역시 경기 부양을 위해 2001년 기준금리를 1퍼센트까지 내리고 주택시장을 활성화시켰다가 2004년 금리를 5.25퍼센트로 올리고 집값이 하락하면서 서브프라임 사태가 발생했기 때문이다.

가계부채의 증가는 소비의 축소로 이어져서 2010년 경기 회복의 걸림돌이 될 수 있다. 만약 문제가 심각해져서 가계의 파산으로 이어진다면 말 그대로 한국판 서브프라임 사태가 될 것이다. 가계의 파산을 타고 은행을 비롯한 금융기관 역시 줄줄이 파산할 것이며, 소비는 꽁꽁 얼어붙을 것이다. 가계경제의 기반이 되는 고용 사정마저 좋지 않은 상황에서 이런 일이 현실화된다면 우리 가계와 나아가 우리 경제는 대체 어디서 탈출구를 찾을 수 있겠는가? 2010년 가계경제가 우리 경제의 복병으로 지목되는 이유다.

| 소득 감소하는데 빠르게 증가하는 가계부채 |

최근 가계부채가 우리 경제 운용의 취약 요인으로 떠오른 이유는

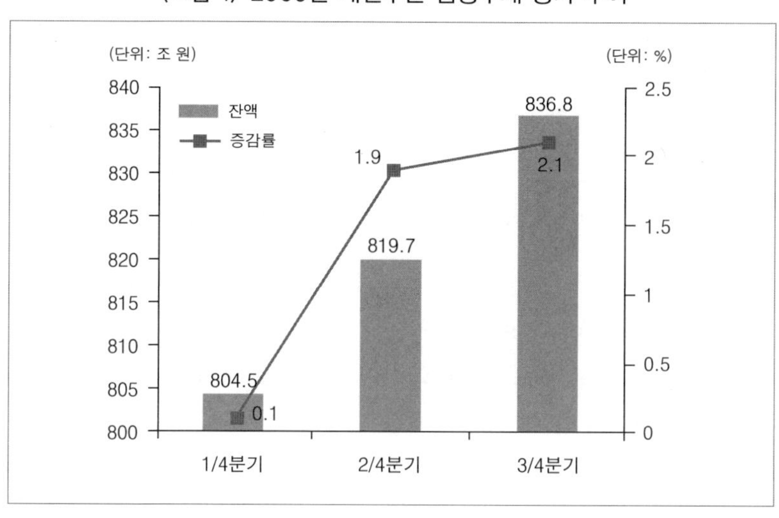

* 증감률은 전기 말 대비
* 출처: 한국은행 '2009년 3/4분기 자금순환동향(잠정)' 자료 사용

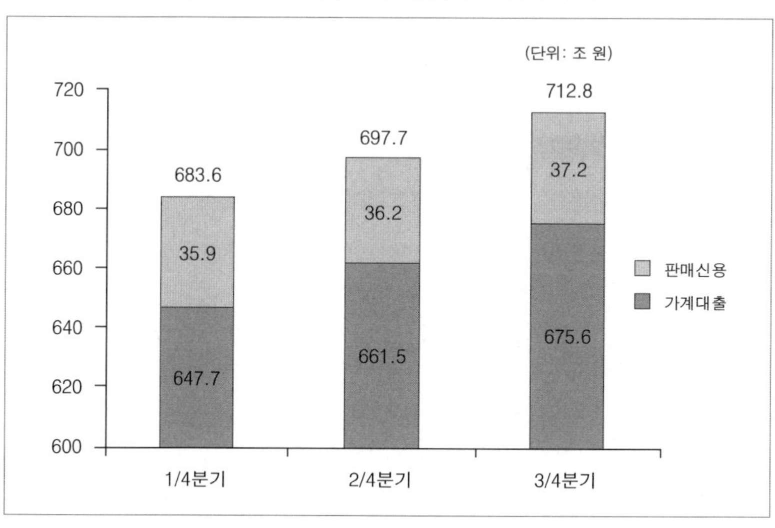

* 출처: 한국은행 '2009년 3/4분기 가계신용동향' 자료 사용

2009년 2/4분기 이후 실질소득은 감소하고 있는데도 가계부채는 사상 최대치를 기록하며 증가했기 때문이다.

2009년 3/4분기 현재 개인부문 금융부채 총액은 836조 8000억 원이다(〈그림 1〉).[1] 같은 기간 가계신용잔액은 712조 8000억 원에 이른다(〈그림 2〉). 가계신용잔액이란 가계가 금융기관으로부터 빌린 '가계대출'과 신용카드 사용으로 대표되는 '판매신용'을 뜻한다. 가계대출이 95퍼센트 정도, 판매신용이 5퍼센트 정도의 비중을 차지한다. 사상 최초로 700조 원을 돌파한 결과 한 가구당 약 4213만 5215원의 부채를 떠안게 되었다.[2]

| 이자 비용 높은 제2금융권 대출의 빠른 증가 |

가계대출을 대출 기관별로 나눠 살펴보면[3] 비은행 예금취급기관[4]의 증가율이 가장 빠르다는 사실을 알 수 있다(〈그림 3〉). 예금은행의 대출 증가폭은 3/4분기 4조 7000억 원으로 전기에 8조 2000억 원이 늘었던 것에 비하면 절반 수준으로 감소한 규모다. 반면 비은행 예금취급기관과 기타금융기관[5]의 경우 3/4분기 증가폭은 각각 5조 5000억 원과 3조 9000억 원으로 전기에 각각 2조 9000억 원과 2조 7000억 원이 늘었던 것에 비하면 큰 폭으로 증가했다.

이는 정부가 급증하는 주택담보대출을 잡기 위해 2009년 7월과 9월에 LTV와 DTI 규제를 확대했기 때문이다.[6] 대출 규제 강화로 은행에서 대출을 받기 어려워진 사람들이 제2금융권으로 몰린 것이다.[7] 문제는 은행보다 제2금융권의 대출이자가 높다는 점이다. 은행의 가계대출금리가 대체로 5~6퍼센트 수준이라면, 비은행 예금취급기관의 대출금리는 7~12퍼센트에 달한다.[8] 대부업체의 경우는 무려 30~40퍼센트에

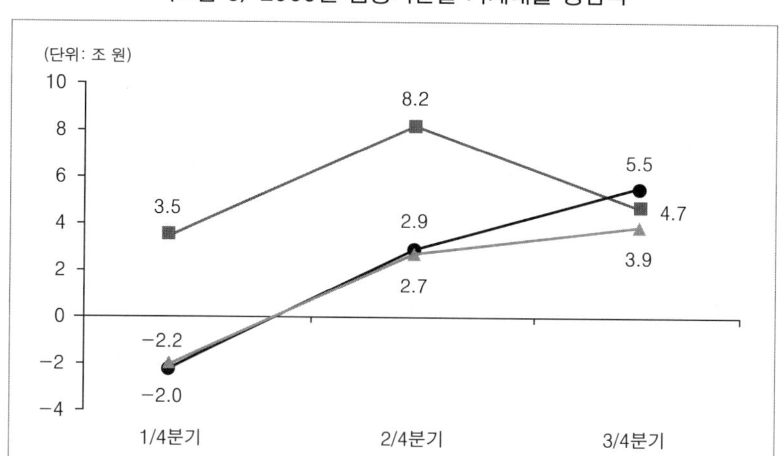

* 증감액은 전기 대비
* 출처: 한국은행 '2009년 3/4분기 가계신용동향' 자료 사용

달한다. 뒤에서 더 자세히 짚어보겠지만 높은 이자 부담은 가계부채를 폭증시키는 요인이 된다.

| 정책개입에도 불구 부동산 대출 비중 여전히 높아 |

가계대출을 대출 형태별로 살펴보면 역시나 주택담보대출이 절반에 가까워 가장 큰 비중을 차지하고 있다(〈그림 4〉). 2009년 3/4분기 예금은행의 주택담보대출 잔액은 259조 2000억 원이며, 비은행 예금취급기관은 60조 9000억 원이다. 둘을 합치면 약 320조 원 정도에 달해 전체 가계대출 잔액인 675조 5000억 원의 약 47.4퍼센트 정도다.

예금은행의 경우만을 놓고 대출 형태별 구성비를 살펴보면 2009년 전체에 걸쳐 53.7~53.8퍼센트의 수준을 유지하고 있다. 1/4분기의 경우 전체 가계신용은 전기에 비해 줄어들었지만 예금은행의 주택담보대

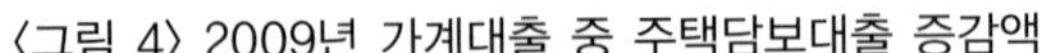

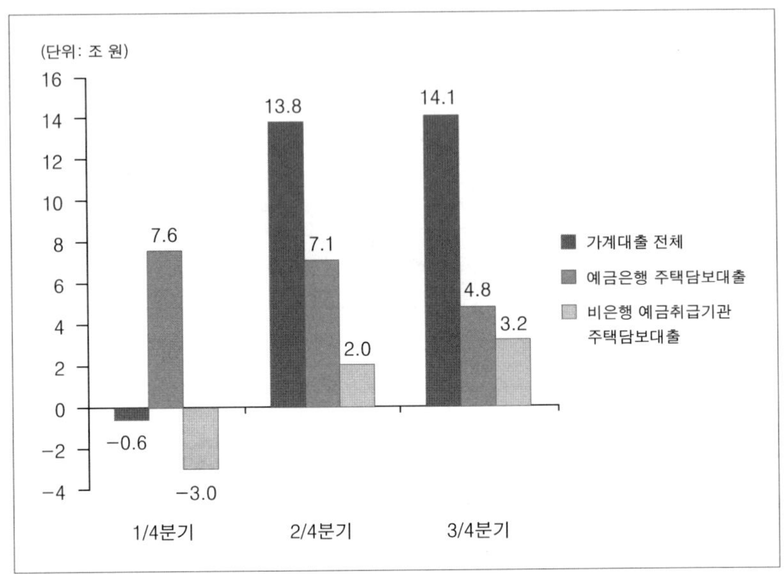

* 증감액은 전기 대비
* 출처: 한국은행 '2009년 3/4분기 가계신용동향' 자료 사용

출은 여전히 증가하고 있다. 이는 정부가 주택담보대출을 줄이기 위해 7월과 9월에 LTV와 DTI 규제를 강화했지만 성공하지 못했음을 의미하며 부동산으로 인한 가계의 부담도 줄어들지 않았음을 의미한다.

2010년 가계부채 위협을 증가시킬 요인은 무엇인가?

정부는 아직 가계부채가 심각한 수준이 아니라고 주장한다. 하지만 부채는 서서히 심각해지는 것이 아니다. 부채가 유지될 수 있도록 해주던 요인들이 한계점에 도달하는 그 순간 급격히 붕괴될 수 있다. 2010년 한국 경제에서 가계부채로 인한 붕괴를 일으킬 위협 요인으로는 두 가지가 거론된다. 가계소득의 감소와 이자비용의 증가가 그것이다. 2010년 가계부채의 핵심 키워드는 부채 규모의 단순 증가가 아니라 이러한 요인들이 될 것이다.

| 가계소득의 감소 |

우선 가계소득이 꾸준히 줄어들고 있는 상황이라는 점에서 다른 때보다 심각하다. 특히 현재의 소득 감소는 일자리 감소로 인한 것이기 때문에 고용 창출이라는 근본적 대책이 실현되지 않는 한 개선되기 힘들다.

통계청에 따르면 2009년 3/4분기 가구당 월평균 소득은 345만 6000원으로 전년동기 대비 1.4퍼센트가 감소했으며, 물가상승률 등을 고려한 실질소득은 3.3퍼센트 감소했다(〈그림 5〉). 가계소득은 2008년 3/4분기 이후 계속해서 증가율이 줄었다. 그러다가 2009년 2/4분기에 -0.1퍼센트로 소득의 절대액수 자체가 감소하더니 3/4분기에도 -1.4퍼센트를 기록하며 연속 감소했다. 이는 2003년 통계 작성 이후 최대의 감소율이며, 명목소득의 절대액수 자체가 줄어든 것은 2009년 2/4분기와 3/4분기가 유일하다.

　가계소득의 약 66퍼센트를 차지하는 근로소득[9]은 전년 대비 0.3퍼센트 감소했다. 2008년부터 계속해서 증가폭이 줄어들더니 2009년 3/4분기 들어 기어이 절대액수 자체가 감소했다. 근로소득의 감소는 최근의 일자리 감소와 임금 삭감으로 인한 결과다. 2009년 3/4분기에 정부의 희망근로를 제외하면 전년에 비해 대략 20만 개의 일자리가 줄었다. 또한 노동부 협약임금 인상 통계자료에 의하면 2009년의 임금 인상률은 3월에 1퍼센트 수준으로 떨어지더니 9월에는 1.5퍼센트에 그쳤다. 2008년 평균 임금인상률이 4.9퍼센트였다는 점과 물가상승률을 고려하면 사실상 올해 임금은 줄어든 셈이다.[10]

　소득은 줄어든 반면 2009년 1월부터 9월까지 가구당 이자 지출액은

<h3 style="text-align:center">〈그림 5〉 분기별 소득 증감률 추이</h3>

(단위: %)

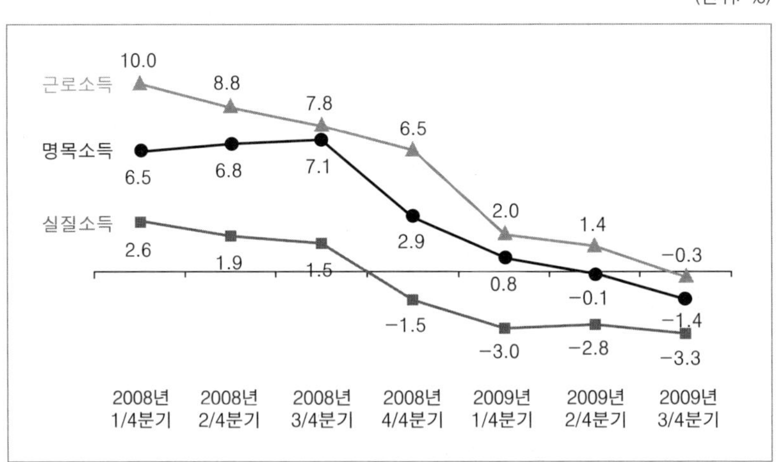

* 증감률은 전년동기 대비
* 출처: 통계청 '2009년 3/4분기 가계동향' 자료 사용

59만 8000원으로 전년동기 대비 17.8퍼센트 증가했다(〈그림 6〉). 이는 통계 작성이 시작된 2003년 이후 가장 많은 금액이다. 이자 지출액을 약 60만 원으로 보고 전체 가구수를 약 1700만 가구로 보면 같은 기간 전체 가구에서 이자비용으로 지출된 금액은 10조 2000억 원에 달한다. 이같은 소득 대비 이자부담률의 상승은 특히 소득분위 중간계층, 소위 말하는 중산층 가계에 가장 큰 타격이 될 것으로 보인다. 고소득층의 경우 소득이 많기 때문에 이자의 증가가 큰 부담이 되지 않을 것이고 저소득층의 경우는 아예 대출을 받지 못했을 것이기 때문이다.

　대출 증가의 원인 가운데 하나는 경기 침체로 인해 생활자금을 빌리는 가계나 주택담보대출을 통해 사업자금을 빌리는 자영업인이 늘어난 탓이다. 2009년 주택담보대출 중 생활자금 및 사업자금 용도의 대출 비중이 평균 50퍼센트 수준으로 추정된다. 과거 주택가격 상승기 동안에

〈그림 6〉 2009년 소득 감소와 이자비용 증가 추이

(단위: %)

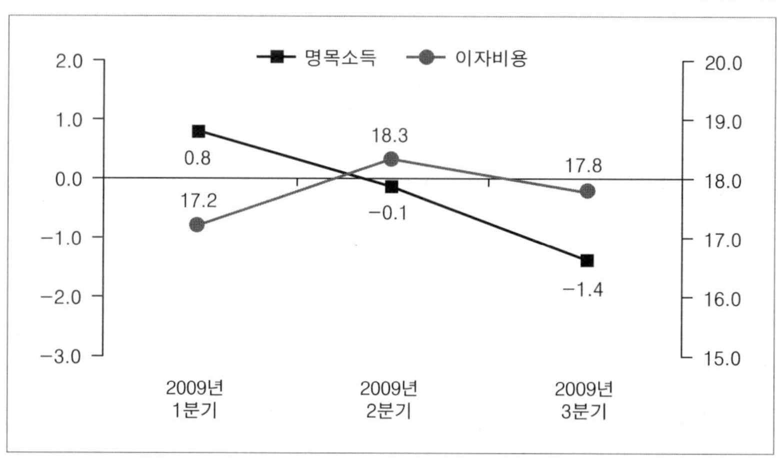

* 증감률은 전년동기 대비
* 출처: 통계청 '2009년 3/4분기 가계동향' 자료 사용

는 그 비중이 20퍼센트를 밑돌았던 것과는 상당한 차이가 있다.[11] 게다가 이런 형태의 대출은 이미 자금 상황이 좋지 않은 상태에서 투자가 아닌 소비를 목적으로 이루어졌기 때문에 상환 능력마저 더욱 떨어질 것으로 예상된다.

| 지속적인 금리 상승 |

다음으로 소득 감소라는 근본적 문제 외에 가계부채 상황을 더 긴박하게 만드는 요인이 있다. 바로 시중 은행의 높은 대출금리인데, 앞으로도 금리가 상승할 것으로 예상되고 있어서 큰 문제다.

금융 위기 이후 한국은행은 2008년 8월 5.25퍼센트였던 기준금리를 점차 낮춰서 2009년 2월 2퍼센트로 대폭 낮춘 뒤 현재까지 11개월째 동결하고 있다(《그림 7》). 역사상 최저금리다. 하지만 신규취급액 기준 예금은행의 가계대출금리는 11월에 6.00퍼센트로 기준금리보다 훨씬 높다. 주택담보대출 금리의 경우 5.87퍼센트, 신용대출의 경우 6.25퍼센트에 이른다. 10월의 경우 가계 신용대출 금리는 무려 6.37퍼센트까지 올라갔다.[12] 지난 4일 한국은행 발표에 따르면 2009년 1~11월 신규취급액 기준 가계대출 가중평균 금리는 5.71퍼센트에 달해 같은 기간 평균 연 2.0퍼센트였던 기준금리와의 차이, 즉 가산금리가 9년 만에 최고 수준에 이르렀다.

기준금리와 시중은행의 대출금리 간 차이는 왜 발생하는 것일까? 은행은 대출받는 사람의 신용에 따라 기준금리에 가중평균금리라는 위험부담비용을 더한다. 양도성예금증서CD 금리, 은행채금리, 조달금리 등의 다양한 변수들이 사용되며 이들 역시 통상적으로 한국은행의 기준금리에 따라 조절된다. 주택담보대출의 경우 CD연동금리를 기본으로

(단위: %)

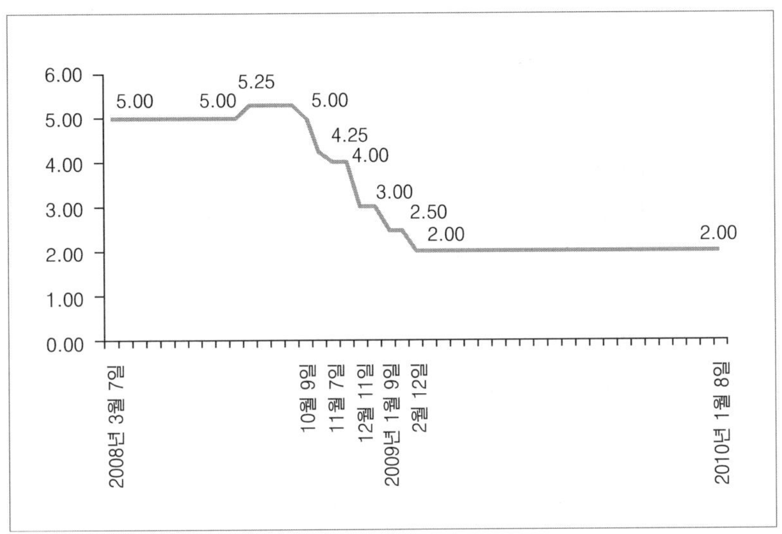

여기에 대출받는 사람의 신용에 따라 추가적인 가산금리를 덧붙여서 대출금리를 결정한다. 따라서 한국은행이 결정하는 기준금리가 일정하더라도 개별 은행이 결정하는 CD금리나 가산금리가 상승하면 대출금리가 상승하게 된다.

특히 CD금리의 변동은 이자 부담에 큰 영향을 준다. 주택담보대출을 포함하여 가계대출의 70퍼센트와 중소기업 대출의 40퍼센트가 CD금리와 연동되어 있기 때문이다. 가계와 중소기업 대출잔액을 합치면 거의 1000조 원에 가까우므로 CD금리가 몇 퍼센트만 상승해도 추가 이자부담이 몇 조 원씩 늘어날 수 있다.

그런데 이 CD금리가 꾸준히 상승하고 있다(〈그림 8〉). 2009년 8월 2.41퍼센트이던 것이 2010년 1월 2.88퍼센트로 0.47퍼센트포인트 가량 올랐다. 이로 인한 가계와 기업의 추가 이자 부담은 연간 2조 5000억 원

〈표 1〉 2010년 1월 주요은행 주택담보대출금리

	금리(%)	인상폭(%p)
국민은행	4.82~6.12	0.01
신한은행	4.86~6.06	0.07
우리은행	5.46~6.48	0.07
하나은행	4.36~6.16	0.07
외환은행	5.10~6.65	0.07

정도에 이를 것으로 추정된다.[13] 2010년이 되자마자 각 은행들이 주택담보대출 금리를 0.01~0.07퍼센트포인트 인상했다는 언론보도가 이어졌는데, 이것 역시 CD금리가 높아졌기 때문이다.

그렇다면 CD금리는 왜 상승하는 것일까? CD는 은행이 보유한 예금을 담보로 발행한 채권이라고 할 수 있다. 예금 수신 외의 자금을 조달해야 할 때 발행하게 된다. 최근 은행들이 과도한 대출 경쟁과 금융 위기로 자금난에 시달리면서 CD를 많이 발행하게 되었고, 시장에서 소화

〈그림 8〉 CD금리 증가 추이

(단위: %)

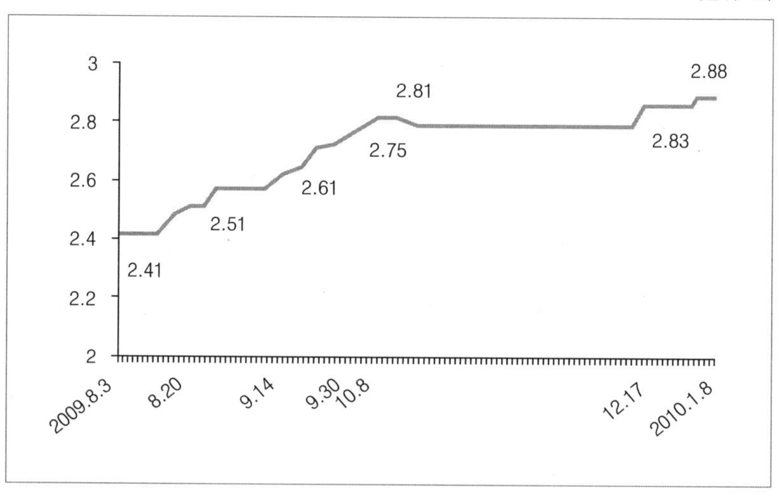

하기 힘들 정도로 물량이 넘치는 바람에 금리가 높아진 것이다. 결국 은행들의 부실 경영에 대한 책임이 금리를 통해 가계로 전가되고 있는 셈이다.

3

위협 요인에 취약한 가계부채의 구조적 특징

정부는 아직 가계부채를 걱정할 단계가 아니라면서 그 근거로 몇 가지 지표를 제시하고 있다. 먼저 주택담보대출의 건전성 지표인 LTV가 2009년 7월 말 47.1퍼센트로 미국의 74.9퍼센트나 영국의 85.2퍼센트에 비해서 낮은 수준이라는 것이다.[14] 국내총생산 GDP 대비 금융부채 비율 역시 2007년 말 기준 82퍼센트로 미국과 영국의 100퍼센트나 호주의 98퍼센트보다 낮다. 금융자산 대비 금융부채 비율도 2008년 말 기준 47.8퍼센트로 절반 이하에 불과하다.

| 가계자산 중 과도한 부동산 비중 |

정부의 주장과 달리 가계자산 중 유동성이 떨어지는 부동산 자산 비중이 높다는 점에서 안심할 수 없다. 2006년 기준 가계의 부동산 자산 비중은 83퍼센트로 미국의 58퍼센트, 호주의 68퍼센트 등과 비교할 때 현저히 높다.[15]

만약 금리 상승으로 가계가 보유하고 있는 현금만으로 이자비용을 감당할 수 없는 상황에 처해도 자산의 83퍼센트를 차지하고 있는 부동산은 제때에 처분되지 않는 한 아무런 도움도 되지 못한다. 오히려 각 가계에서 이자비용 마련을 위해 부동산 매물을 내놓을 경우 부동산 가격이 하락하면서 문제는 더욱 심각해진다.

이런 위험도를 잘 보여주는 지표가 가처분소득 대비 금융부채 비율인데, 2009년 1/4분기에 142.3퍼센트를 기록했다(〈그림 9〉).[16] 이는 지금

당장 사용할 수 있는 소득보다 금융부채가 1.4배 이상 많다는 뜻으로, 소득이 5000만 원에 빚이 7000만 원인 상황을 가리킨다.

| 높은 변동금리 대출 비중 |

대출 가운데서도 변동금리의 적용을 받는 대출의 비중이 높아서 금리 변동에 취약하다는 점도 문제다. 주택담보대출의 경우 90퍼센트 이상이 변동금리 대출이고, 이의 대부분이 91일물 CD금리연동형 대출이다.[17] 91일물 CD금리는 3개월마다 바뀌기 때문에 이와 연동된 대출금리 역시 변동성이 커지고, 은행들이 CD금리를 올릴 때마다 그대로 가계부채의 증가로 이어진다. 원래 변동금리는 변동성이 심하다는 면에서 고정금리보다 이자율이 1퍼센트포인트 정도 낮은 것이 일반적인데

〈그림 9〉 가처분소득 대비 금융부채 비율 증가 추이

(단위: %)

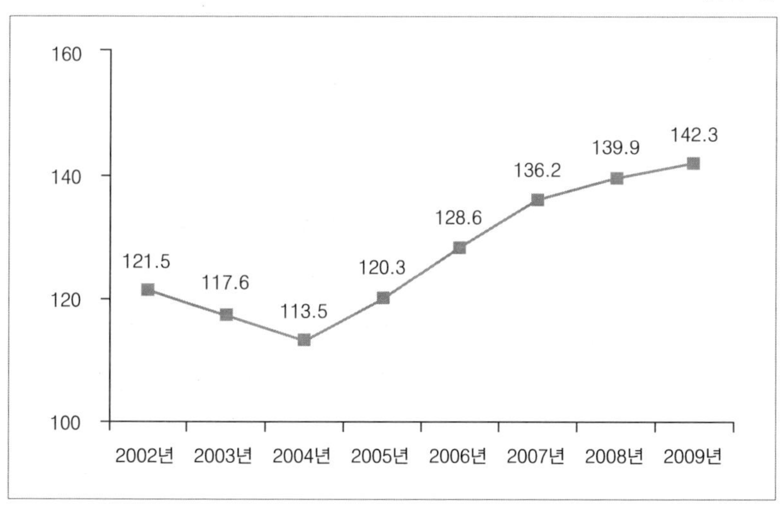

* 2009년은 1/4분기 기준
* 출처: 삼성경제연구소 '늘어나는 가계부채, 문제없나' 자료 사용

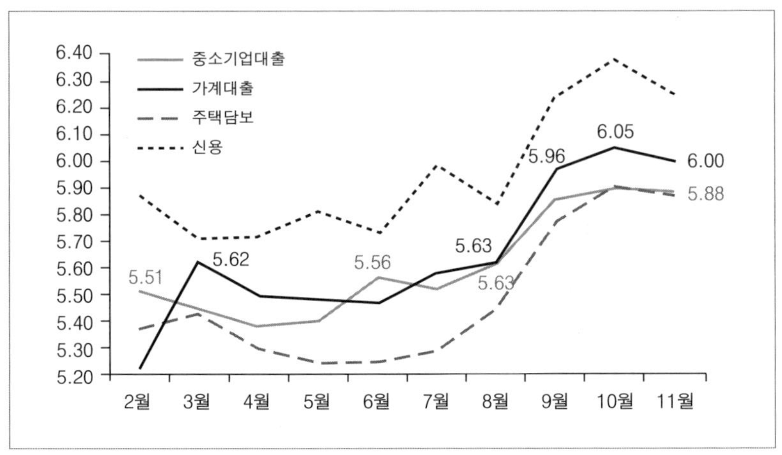

* 기준금리가 2%로 결정되고 유지된 2009년 2월부터 11월까지 변동 상황
* 주택담보와 신용은 가계대출 중 일부

최근에는 CD금리와 가산금리가 급격하게 상승하며서 오히려 둘이 뒤바뀌는 현상까지 나타났다. 때문에 주택담보대출 등의 경우 고정금리로 바꿔야 한다는 주장이 설득력을 얻고 있다.

변동금리가 CD나 은행채와 같은 은행의 시장성 수신자금과 연동되는 것이라면 고정금리는 국채나 주택채권 등 정부 차원의 정책자금과 연동된다. 따라서 주태담보대출에서 변동금리가 늘어나고 고정금리가 줄어들었다는 것은 부동산 대출에 투입되는 자금의 성격이 정책자금이 아닌 은행의 시장성 수신자금이라는 뜻이다. 다시 말해 부동산 시장을 정부가 관리하는 것이 아니라 은행이라는 민간에게 넘겨준 셈이다.

4

가계를 금융 위기의 희생양으로 삼은
정부와 금융기관

또 한 가지 짚어보아야 할 것은 예대금리의 차이다. 가계 입장에서 예금금리는 수익이고 대출금리는 비용이다. 그런데 은행들은 대출금리를 올리는 만큼 예금금리를 올리지 않았다. 즉 가계가 받아야 할 예금금리는 줄어들고 가계가 지불해야 할 대출금리만 늘어난 것이다. 가계 입장에서는 손실이요, 은행 입장에서는 이익이다. 실제 시중은행은 2009년 3/4분기에 이자수익으로 전기보다 6000억 원이 늘어난 7조 8000억 원을 벌어들였다.[18] 놀라운 사실은 이 기간 동안 은행의 가계대출이 8조 2000억 원에서 4조 7000억 원으로 거의 반토막이 났다는 점이다. 즉 대출 규모가 줄었는데도 이자로 더 많은 수익을 벌어들인 것이다. 이는 시중은행들이 대출 규모를 줄이는 대신 금리 차이를 높여서 이익을 본 것으로 추정할 수 있다.

그런데 올해 한국은행이 출구전략을 고민하면서 기준금리를 올릴 것으로 예상되어 금리상승은 계속될 것으로 보인다. 또한 정부가 은행의 예대율 규제를 강화하겠다고 밝힘에 따라 개별 은행 역시 대출금리를 더 올릴 것으로 예상된다. 예대율 100퍼센트를 맞추기 위해서는 예금수신을 늘려야 하고, 그러기 위해서는 예금금리를 올려야 하는데 손익을 맞추기 위해서는 대출금리 역시 올려야 하기 때문이다.

덕분에 가계가 부담해야 하는 이자비용은 더욱 증가할 것으로 보인다. 삼성경제연구소는 2010년 가계대출이 1/4분기에는 6조 원, 2/4분기에는 6조 3000억 원에 달할 것으로 보았다. 가계는 2010년 상반기에만 12조 원이 넘는 이자를 부담해야 한다.[19] 2009년보다 가계대출 규모가 1.2퍼센트 늘어나고 대출금리는 1/4분기에 5.80퍼센트, 3/4분기에 6.00퍼센트로 증가할 것을 예상해 계산한 결과이다. 상당히 보수적으로 산정한 예측이다.

결국 정부도 은행의 금리인상에 제재를 가하기 위해 나섰는데, 앞서 언급했던 예대율 규제 강화와 함께 가산금리 공시 제도를 도입하고 현재 CD금리를 대신하여 주택담보대출의 새로운 기준을 도입하는 것을 추진하고 있다.

하지만 이러한 조치들이 과연 제 역할을 할 수 있을지는 의문이다. 가산금리 공시의 경우 이제까지 은행 창구에서 상담을 받아야만 알 수 있던 가산금리를 공시하여 국민들이 이를 보고 은행을 선택할 수 있도록 한다는 것이다. 하지만 은행들이 눈치보기를 통해 담합 아닌 담합을 할 경우 실질적으로 금리를 인하하는 효과는 거의 없을 것이다. 주택담보대출 금리의 경우도 현재 은행의 평균 조달금리가 대체 기준으로 논의되고 있는데, 이 역시 기준을 무엇으로 정하든지 지금처럼 은행이 대출자의 신용에 따라 부과하는 가산금리를 높게 책정해버리면 소용이 없게 된다.

최근의 가계부채는 개별 가계들의 씀씀이가 헤퍼서 일어난 문제가 아니다. 지난해 말 세계 금융 위기를 지나오면서 정부와 금융기관이 가계를 희생시킨 결과다.

2008년 말부터 정부는 경기 부양이라는 이름으로 한편에서는 대폭적인 금리 인하와 유동성 공급을 단행했고, 다른 한편에서는 가계대출과 부동산 관련 규제를 대폭 완화했다. 정부가 앞장서서 부동산 시장을 띄운 셈이다. 부동산 가격 상승이 계속되자 여기에 투자하기 위해 주택담보대출을 받는 가계는 늘어났다. 그러다가 주택담보대출이 너무 증가하자 정부는 2009년 7월에 들어서야 LTV 규제를 강화하기 시작했다. 하지만 이미 가계는 대출이자 부담과 부동산 폭락을 우려해야만 하는 상황에 놓였다.

돈을 풀고 부동산 경기를 띄우는 방식으로는 근본적인 문제를 해결하기 어렵다. 가계에 도움이 되지 않는 것은 물론이다. 안정적인 일자리 창출을 통해 가계소득을 증가시키고 그것이 소비회복으로 이어지도록 하는 것이 더 현명한 방법이다.

금융기관은 금융 위기로 인해 자금난에 시달리는 등 타격을 입었다. 이는 그동안 예대율을 훨씬 뛰어넘는 무리한 투자, 파생상품에 대한 위험한 투자를 해온 결과다. 은행은 잃어버린 수익을 회복하기 위해 더욱 안전한 수익처를 찾았고 그것이 바로 가계였다. 가계가 은행으로부터 주택담보대출을 받은 것이 아니라 은행이 가계에 주택담보대출을 주었다고 표현하는 것이 맞을 정도로 은행은 가계대출 확대에 앞장섰다. 대신 위험이 높은 중소기업 대출은 줄였다.

은행의 이런 얄미운 행태 때문에 중소기업은 자금을 구하지 못해 쓰러져갔고, 가계는 결국 막대한 부채의 위협에 시달리고 있다. 앞서 보았던 CD금리의 상승 역시 은행이 무리한 대출 경쟁으로 발생한 손실을 메우기 위한 자금 조달 비용을 가계로 떠넘긴 것이었다.

따라서 현재의 가계부채 문제는 단순히 금리 책정 방식을 변경하는 식으로 해결되지 않는다. 이제까지 가계를 희생양으로 삼아왔던 정부와 금융기관의 경제 정책과 태도가 근본적으로 바뀌어야 한다. 가계를 중심으로 움직이고, 가계경제를 지원하는 방식으로 우리의 경제 구조

가 바뀌어야 하는 문제다.[20]

1997년 외환위기가 발생했을 때 국민들은 국가부도 상황에 직면한 정부를 위해 금반지를 빼주었고, 은행의 회생을 위해 공적자금을 지원해주었다. 그런데 정부와 금융기관은 가계를 위해 무엇을 해주었는가. 대출 받아서 집을 사야 돈을 벌 수 있다고, 펀드 가입해야 돈을 벌 수 있다고, 주식투자를 해야 한다고 부추긴 것은 누구인가. 경제 정책을 잘못 사용하거나 경영을 잘못한 것은 정부와 금융기관인데 왜 결국 책임은 가계의 몫으로 돌아오는가. 2010년 성장률 4~5퍼센트, G20정상회의 개최 등의 장밋빛 소식은 누구를 위한 것인가.

2010년 한해를 시작하기에 앞서 정부와 금융기관들은 이 모든 질문들에 답해야 한다.

주 석

1 한국은행, '2009년 3/4분기 자금순환 동향(잠정)', 2009.12.11.
   금융부채는 순수 가계 외에 소규모 개인기업이나 민간 비영리단체까지 포함하며,
   금융기관 외에 정부나 주변 친인척에게 빌린 돈까지 포함한다는 점에서 가계신용
   과 다르다.

2 2009년 통계청 추계 가구수 1691만 6966 가구 기준.

3 예금은행으로부터의 대출이 405조 원, 비은행 예금취급기관에서 빌린 돈이 133조
   원, 기타 금융기관에서 빌린 돈이 136조 원을 차지하고 있다.

4 상호저축은행, 신용협동조합, 새마을금고, 우체국예금, 신탁회사 등.

5 보험회사, 우체국보험, 국민주택기금, 한국주택금융공사, 여신전문업체.

6 LTV 규제 확대: 2009년 7월 7일 발표. 서울 강남 3구(강남, 서초, 송파)에만 적용되던 것
   을 서울과 수도권 전 지역으로 확대하여 강남 3구는 40퍼센트, 그 외 지역은 50퍼센트
   적용. LTV는 주택담보대출비율(대출/주택담보가치)로, 낮아질수록 대출금액 감소.
   DTI 규제 확대: 2009년 9월 9일 발표. 서울 강남 3구에만 적용되던 것을 서울과 수도
   권 전 지역으로 확대하여 강남 3구는 40~50퍼센트, 그 외 서울 지역은 50퍼센트,
   경기와 인천은 60퍼센트 적용. DTI는 총부채상환비율(부채/소득)로, 낮아질수록 대
   출금액 감소.

7 이 때문에 정부는 2009년 10월 12일부터 제2금융권에 대해서도 DTI 규제를 확대했
   다. 이후 제2금융권에서의 대출 규모도 전기 대비 20~40퍼센트 감소했다. 보험사
   의 경우 강남 3구 외의 서울 지역은 50퍼센트, 경기와 인천은 60퍼센트가 적용되고
   상호금융과 저축은행, 여신전문업은 강남 3구 외의 서울 지역 50~55퍼센트, 경기
   와 인천 60~65퍼센트가 적용된다.

8 한국은행이 2009년 12월에 발표한 '2009년 11월중 금융기관 가중평균금리 동향'에
   의하면 비은행 금융기관의 대출금리는 상호저축은행 11.73퍼센트, 신용협동조합이
   7.81퍼센트, 상호금융이 6.92퍼센트였다.

9 통계청의 '2009년 3/4분기 가계동향'에 의하면 가구당 월평균 소득 345만 6000원
   중 근로소득은 227만 6000원으로 65.9퍼센트의 비중을 차지한다.

10 3/4분기 가계동향에 대한 자세한 설명은 다음글 참조. 새로운사회를여는연구원,
    '가계 소득 줄고, 소비 늘고……경기회복은 먼 이야기', 2009.11.16.

11 하나금융경영연구소, '출구전략 논쟁: 과유불급', 2009.8.12.

12 한국은행, '2009년 11월중 금융기관 가중평균금리 동향', 2009.12.29.

13 연합뉴스, 2010.1.3.

14 한국은행, '금융안정보고서(14호)', 2009.11.19.

15 매경이코노미, 2009.12.16(1535호).

16 삼성경제연구소, '늘어나는 가계부채, 문제없나', 2009.8.19.

17 매경이코노미, 2009.12.16(1535호).

18 금융감독원, '국내은행의 09년 1~9월중 영업실적(잠정)', 2009.11.2.

19 한겨레, 2009.12.23.

20 새로운사회를여는연구원, '출구전략이 아닌 구조개혁이 필요한 2010년 한국경제',
    2010.1.5.

지혜로운 가정경제 운용을 위한 제언

새해에는 신용카드부터 없애라

제윤경_에듀머니 대표

1. 재테크를 통해 일확천금을 거머쥘 수 있는 것은 누군가가 지불하는 비용 덕이다. 일확천금의 승자와 비용을 지불하는 패자의 희비가 엇갈리는 머니게임인 셈이다. 문제는 보통의 사람들은 머니게임에서 적절한 시점에 털고 빠져나오는 승자의 기지를 발휘하기 어렵다는 데 있다.

2. 빚도 자산, 저축은 손해, 투자를 통한 자산 증식 등의 왜곡된 사회적 의식이 하나의 프레임이 되어버린 현실에 주목할 필요가 있다. 많은 사람들이 이 왜곡된 프레임 안에서 이유 없이 불안해하고 상대적 박탈감을 느끼고 있다. 돈에 대한 새로운 마인드 셋mind set이 절실하다.

3. 부동산 거품 붕괴에 대한 우려가 짙은 2010년, 모두 건전한 경제 마인드 셋으로 위기를 지혜롭게 대처해야 한다. 새해에 신용카드부터 없애는 것은 어떨까.

1

재테크 광풍의 위험한 결말

'빚도 자산이다', '저축은 손해 보는 것이다', '투자하지 않는 것은 뒤처지는 것이다'.

이것은 지난 몇 년간 재테크의 유행과 더불어 만들어진 새로운 사회적 코드였다. 이 새로운 코드는 그것을 따르지 않을 경우 자신보다 공부 못한 사람들에게조차 뒤처지게 될 것이란 엄포를 놓았다. 그 엄포는 효력이 있었다. 지난 몇 년간 많은 사람들이 있는 돈 없는 돈 모두 끌어다 어딘가에 투자하지 않으면 안 될 것 같은 불안증을 가졌다. 보통 사람들조차 빚을 끌어서라도 투자 대열에 동참했으며, 그나마 저축해 모은 현금자산 또한 돈을 놀리는 것 같은 불안함에 투자금액에 묻어버렸다.

미국의 경제학자 로버트 쉴러는 〈버블 경제학〉이라는 저서에서 '사고의 전염'이 자산시장의 가격 변동에 중요한 영향을 미친다고 기술하고 있다.

부동산 가격이 오를 것이란 논쟁들이 가열되기 시작하면 시장에 대한 낙관적인 믿음이 사회 전역에 전염병처럼 퍼진다. 그 믿음은 언론을 통해 부풀려지는데, 그것들은 보통 '새로운 시대', '새로운 기회'라는 이야기들을 쏟아낸다. 이런 이야기들은 사람들의 욕망을 자극하는 달콤한 것들이다. 미래에 대해 불안에 떠는 보통사람들에게 그야말로 '새로운 기회'이면서 잘만 하면 힘들이지 않고 공짜로 화려한 미래를 살 수 있으리라는 환타지를 안겨주는 것이다. 당연히 이 이야기들은 전염력이 강하다. 바로 이런 사회적 전염 때문에 자산의 가격은 실제 가치 이상으로 뛰어오르게 된다. 쉴러는 투기적 버블 시기에는 '가격 상승-이야기-가격 상승'이라는 순환고리가 형성되어 자산시장은 비이성적으로 과열된다고 주장한다.

그런데 이 과정에서 사람들은 시장에 대한 낙관적인 기대심으로 행복해지지 않는다. 오히려 과한 기대심으로 인해 소외감이나 상대적 박탈감이 더 커지는 경향이 있다. 부동산 자산가치가 커지면서 나를 제외한 알 수 없는 누군가는 앉은 자리에서 시세차익만으로 쉽게 돈을 번다고 생각하니 속이 상하는 것이다. 혹은 누군가 1000만 원을 투자해서 놀라운 수익률 100%로 1000만 원의 공돈을 벌었다 해도 상대적 박탈감은 그를 비껴가지 않을 것이다. 그는 공돈 1000만 원을 쥐는 순간 누군가 1억 원 이상의 더 큰 투자금액으로 그만큼 벌었을 것이란 생각이 들어 화가 날 가능성이 크다. 공돈을 벌었다는 기쁨과 누군가는 더 벌었을 것이란 박탈감이 묘하게 얽혀 그 사람은 빚을 끌어다 투자 규모를 늘려버릴 수도 있다.

이런 과정으로 투자를 통해 쉽게 돈을 버는 것은 자산시장에 참여했든 하지 않았든 커다란 위험을 무릅쓰게 만들어 폭탄으로 변해가는 경향이 있다.

로버트 쉴러의 이론에 하나 더 추가하자면 '가격 상승-이야기-가격 상승-박탈감-가격 폭등'으로 시장이 걷잡을 수 없을 만큼 비이성적 과열 국면을 맞는 것이다. 시장의 비이성적 과열은 나만 빼고 모두가 부자가 되는 것 같은 무언의 압력으로 멀쩡한 사람을 화나게 만들거나 결국은 재테크 대열에 뛰어들게 만들어 열풍을 이어간다. 그리고 이러한 비이성적 열풍의 결과 우리는 현재 가계부채 700조 원이라는 현실을 살게 되었다.

맞벌이를 하는 박씨 부부는 평범한 사람들이다. 남편은 중소기업 과장, 부인은 공무원이다. 평범한 그들은 남들과 다른 생각을 감히 하지 못한다. 10여 년 전만 해도 조그마한 빚에도 잠을 자지 못했고 저축을 하지 못하면 불안했으며 투자는 남의 일이라고 여겼다. 그러나 현재 그들은 4억 원의 빚을 갖고 있으며 최근까지도 그리 큰 빚이 아니라고 여기고 있었다. 이들은 매월 소득의 25퍼센트 이상, 연간 2000여만 원을 이자로만 지출하고 있다. 아파트 두 채를 갖고 있지만 이자를 내고 나면 평달에는 생활비도 부족하기 일쑤다. 결국 13억 원에 가까운 자산을 소유하고도 마이너스 통장으로 생활비를 충당한다.

재무 상담을 받기 전까지 그들은 빚도 자산이고, 저축은 손해 보는 짓이며 어떻게든 투자를 더 해야 한다는 10여 년 전과 전혀 다른 믿음을 갖고 있었다. 그리고 그 믿음이 남들과 같다는 것에 늘 위안을 받고 있었다.

2

머니게임에서 지는 보통 사람의 재테크

박씨 부부가 소유한 아파트 두 채는 처음 매입가에 비해 30퍼센트 이상 오른 가격이다. 현재의 자산가치만 놓고 보면 대단한 수익률임에 틀림없다. 그러나 여전히 만족하지 못하고 더 오를 것이란 기대심 때문에 팔아서 차익실현을 하지 못한다. 써보지도 못할 돈을 벌었다고 오해하면서 매월 생활비가 부족해 빚이 늘어나는 위험을 방치하고 있는 것이다.

결국 마이너스 통장이 바닥나버렸을 때 뭔가 문제가 있다 싶어 재무상담을 신청했다. 결론은 자산을 매각해서 부채를 없애고 현금흐름을 바로잡아야 하는 것으로 대단히 간단하다. 하지만 문제는 팔려고 내놓아도 팔리지 않는다는 것이다.

지난해 초만 해도 자산가치 상승에 대한 기대심이 팽배하면서 시장이 과열되고 상승 기조가 지속되는 듯 했다. 그러나 대출 규제에 발목이 잡힌 부동산 시장은 집을 내놓아도 보러 오는 사람조차 구경하기 힘든 상황이 되어 버렸다.

재테크로 성공하려면 기대심이 풍부해 상승 대열 분위기가 팽배할 때 남들과 다르게 팔아치울 수 있는 결단력이 있어야 한다. 더 오를 것이란 기대심이 남아 있을 때가 차익실현의 적기였던 셈이다. 그러나 이제는 빚 없이, 혹은 적은 빚으로 박씨 부부의 차익실현을 도울 또 다른 매수자가 나타날 가능성이 희박해졌다. 결국 10억 원이 넘는 돈은 그대로 깔고 앉은 숫자로만 존재하는 것이다.

찰스 킨들버그는 투기적 국면에서 많은 사람들이 자신보다 더한 바보가 나타날 것이란 믿음으로 맨 마지막에 남겨지는 불운을 겪는다고 지적한다. 박씨 부부가 처한 상황도 더한 빚을 끌어다 박씨 부부의 차익실현을 도울 사람이 없는 '맨 마지막'에 남겨진 불운한 상황이 아닐 수 없다. 결국 숫자로만 존재하는 자산가치를 구경만 하면서 힘들게 번 돈으로 자산에 딸린 빚을 갚으며 살아야 하는 상황에 직면한 것이다.

재테크를 통해 일확천금을 거머쥘 수 있는 것은 누군가가 지불하는 비용 덕이다. 일확천금의 승자와 비용을 지불하는 패자의 희비가 엇갈리는 머니게임인 셈이다. 문제는 보통의 사람들은 머니게임에서 적절한 시점에 털고 빠져나오는 승자의 기지를 발휘하기 어렵다는 데 있다. 더 오를 것이란 소문에 나약한 욕심으로 팔지 않고 머뭇거리다가 자신보다 더한 바보가 더 이상 없을 때에야 급하게 팔려고 서두른다. 그러나 결국에는 팔리지 않아 조급해지기 시작하고 바로 그제서야 비로소 자신이 맨 마지막에 남겨졌다는 공포심을 자각하는 패자가 되는 것이다.

3

머니게임을 멈추지 않으면 안 된다

'민스키 시점'이라는 것이 있다. 포스트 케인지언으로 불리는 경제학자 민스키의 금융 불안정성에 대한 가설을 이론화한 것이다. 이론의 핵심은 금융시장에서 과도한 부채를 진 채무자들이 부채의 상환을 위해 자신의 건전한 자산마저도 내다 팔지 않을 수 없게 되고 그에 따라 금융시장에서 자산가치가 폭락하면서 금융공황이 시작되는 시점을 설명한다.

지난해부터 우리는 부동산 시장을 둘러싼 폭락론과 폭등론을 오가는 양극단 논쟁을 접하고 있다. 리먼 브라더스의 파산 사태가 경제 위기설로 이어지면서 금리가 치솟고 그에 따라 부동산 시장에 큰 위기설이 나돌았다. 그러나 위기설은 현실로 이어지지 않았고 연초부터 강력하게 진행된 재정정책으로 금리는 금세 변덕스럽게 안정되었다. 위기설이 지나간 부동산 시장은 위험 경고에 내성이 생긴 듯 더 빠르고 가파르게 상승하기 시작했다.

사람들은 다시 불안해졌고 더욱 견고해진 부동산 불패신화로 뒤늦게 부동산 시장에 뛰어드는 사람들이 많아졌다. 문제는 가진 돈이 없다는 것이다. 우리나라 상위 소득 20퍼센트 안에 드는 사람들의 금융자산 평균액이 3000만 원 수준이다. 심지어 가계부채까지 안고 있는데 그 금액이 1억 원 가량이다(노동연구원 2007년 자료 참조). 올해 더 오를 것이란 믿음으로 부동산 시장에 참여한 사람들이 주로 상위 소득계층이라고 가정해보면 가진 돈으로 부동산 매입을 한 것이 아니라 빚을 추가로 냈

다는 이야기다. 그것 때문일까. 대출 규제가 시행되자마자 부동산 시장
은 급속하게 냉각되는 추세를 보이고 폭락론이 고개를 들기 시작했다.

재테크로 돈을 번다는 것은 누군가 내가 산 가격보다 비싼 가격으로
나의 자산을 사준다는 것을 의미한다. 즉 나의 수익은 너의 비용, 머니
게임에서 승자가 되어야 재테크 수익을 챙길 수 있다. 문제는 부동산
가격 상승과 부채 상승의 상관관계를 미루어 짐작컨대 누군가가 챙기
는 재테크 수익이 또 다른 누군가의 부채로 만들어진다는 점이다.

빚으로 남의 주머니를 채워주고 있는 사람들이 대다수의 평범한 중
산층, 서민계층이라는 것도 서글픈 대목이 아닐 수 없다. 이제 머니게
임을 멈추어야 한다. 평생을 금융 위기 연구에 바친 민스키는 머니게임
의 끝을 제로섬, 즉 공멸로 결론짓는다. 남보다 잘 살기 위한 어리석은
게임의 본질을 적나라하게 예언하고 있었던 것이 아닐까. 예언이 현실
이 되기 전에 머니게임을 멈추고 건전한 재정 관리 원칙을 되살려야 할
때다.

4
새로운 마인드 셋mind set이 필요하다

빚도 자산, 저축은 손해, 투자를 통한 자산 증식 등의 왜곡된 사회적 의식이 하나의 프레임이 되어버린 현실에 주목해볼 필요가 있다. 많은 사람들이 이 왜곡된 프레임 안에서 이유 없이 불안해하고 상대적 박탈감을 느끼고 있다. 돈에 대한 건전한 개념이 사라지고 무조건 다다익선이라는 풍요에 대한 잘못된 인식이 사회화 되었기 때문이다.

이런 인식부터 변화시켜야 한다. 아인슈타인은 "어떤 문제를 일으켰을 때와 똑같은 마인드로는 그 문제를 해결하기란 불가능하다"고 말했다. 풍요와 부에 대한 왜곡된 프레임, 즉 마인드 셋mind set으로부터 벗어나야 하는 것이다. 많은 돈을 쓰고 좀 더 여유 있게 사는 풍요로운 삶에 대한 본질을 뜯어봐야 할 때라는 이야기다.

하나를 가지면 그것과 관련된 다른 것도 소유하고 싶어지는 것을 디드로 효과라고 한다. 18세기 철학자 디드로라는 사람이 친구로부터 서재용 가운 하나를 선물받고는 그 가운의 색상에 맞춰 서재 전체의 가구를 바꿨다는 데서 유래한 경제용어다.

새 집을 장만하면 가구나 가전제품부터 혹 집에 문제가 생겼을 경우까지 세세하게 고려해 전동 드릴이 들어 있는 공구함까지 장만하게 된다. 냉장고 하나 바꾸면 칸칸이 설계된 수납 시스템이나 냉장·냉동 시스템을 십분 활용하기 위해 식재료를 채워 넣기 바쁘다. 새 차가 생기면 오디오 시스템부터 핸즈프리 도구들을, 자전거 하나를 사더라도 안장이나 패달까지 전부 연속적으로 구매하게 되는 것이다.

그런데 소비를 하면 할수록 우리는 심리적으로 풍요로워지기는커녕 오히려 더한 욕구불만에 시달린다. 심리학자들에 의하면 이런 현상은 쉽게 욕구를 충족시켜버리면 더한 욕구불만이 생겨 버리기 때문이라고 한다. 20평형대에 살면 30평형대에 사는 이가 부럽고 30평형대에 살면 40평형대에 사는 친구를 만나 밤새 한숨 짓게 된다는 얘기다.

소비에 있어 디드로 효과가 가중되는 것은 알고 보면 다른 사람과의 비교와 그 비교를 부추기는 기업들의 마케팅이 한몫을 한다. 얼음 나오는 정수기를 바라보는 아이의 간절한 눈망울이 화면 가득 클로즈업되며 '엄마, 우리 집은?'하는 한마디에 저소득층 가정에서조차 정수기가 필수품이 되어버리는 식이다. 오랜만에 만나 안부를 묻는 친구에게 자동차로 답해야 할 것 같은 강박증을 만들고, 살고 있는 아파트의 브랜드로 결혼 상대의 품격을 달리 평가해야 한다는 주문을 끝도 없이 쏟아내는 기업들의 광고가 문제다.

눈만 돌리면 광고 문구로 도배된 세상에 사는 탓에 우리는 명절 가족 모임에서도 서로의 아파트 가치를 자랑하거나 부러워하는 라이프스타일을 갖게 되었다. 이렇게 기업의 광고나 마케팅에 의해 조작된 욕구로 만들어지는 풍요는 오히려 끝도 없는 욕구로부터의 소외를 낳아 더한 빈곤에 갇히게 만든다.

또한 욕구를 자극하는 것에 쉽게 이끌려 신용카드와 마이너스통장과 같은 못 돼먹은 금융 도구로 충동적인 소비를 하고는 잡동사니에 시달린다. 일본의 인류학자 쓰지 신이치는 경제가 발전하면 할수록 풍요로워지기는커녕 창문도 없는 대형 쇼핑센터, 아스팔트, 스포츠클럽, 다이어트 지옥과 절대로 끝나지 않는 공사판에 갇히는 대신 품위 있는 자연환경과 멀어진다고 지적한다.

중산층들의 소비 구조를 분석해봐도 1년에 한두 번 쓸까 말까 한 전기 제품들을 소유하느라 적지 않은 전기세를 낭비하는가 하면 먹지도 못하고 버리는 음식들을 보관하느라 커다란 냉장고를 소유한다. 혹은 버릴 식재료들을 냉장고에 가득히 보관한 채 대형마트의 카트를 채우는 주말 이벤트에 어김없이 나서기도 한다.

맛집 나들이로 늘어난 몸무게를 줄이기 위해 유해성분이 가득한 다이어트 식품을 먹고, 집안일이 귀찮아 자동화 시스템을 좋아하면서 정작 스포츠센터에 가서 살 빼느라 고생한다. 가족의 수는 점점 적어지는데 넓은 집을 소유하려 하고, 그 집을 유지하기 위해 엄청난 주택담보대출 이자와 관리비에 허덕이고 청소 때문에 또 다른 비용을 감당한다. 수납공간들에는 무언가 가득해 있지만 거의 꺼내 쓸 일이 없다.

이렇게 잡동사니 소비를 하면서 정작 꼭 써야 하고 꼭 쓰고 싶은 곳에는 돈이 없어 빚을 낸다. 혹은 그런 미래를 살지 않기 위해 머니게임의 패자 대열에 혹시나 하고 참여하면서 아슬아슬하게 사는 것이다.

많은 돈을 쓰고 소유 자산이 늘어나는 것이 행복한 부자의 삶이라는 생각 자체가 잘못된 마인드 셋이다. 필요 이상의 돈을 생각 없이 쓰고 많은 것을 소유하는 것은 그 자체가 피곤한 삶일 수밖에 없다. 그런 소비와 소유 유지를 위해 많은 돈을 벌어야 하기 때문에 정작 돈 버느라 여유 있는 삶을 살지 못한다. 심지어 그렇게 치열하게 사는 과정에서 보람을 느끼고 정신적 여유나 충족감을 느끼는 것도 아니다. 오히려 미래에 대한 불안함, 즉 계속적으로 높은 고정비용을 감당하느라 많은 돈을 벌어야 할 것 같은 강박증에 공포심마저 느끼는 것이다.

불필요한 곳에 혹은 수동적인 소비 욕구를 채우는 것에 돈을 쓰지 않는 지혜로운 경제 생활이야말로 품위있고 여유 있는 삶을 만들어줄 수 있다. 이제 새해에는 새로운 마인드 셋을 형성할 필요가 있다. 돈을 많이 쓰면 삶이 구질구질해질 뿐이며, 빚이 있으면 나의 라이프스타일이 구속당할 뿐이다. 고정 지출이 적어야 돈으로부터 자유로워질 수 있다. 저축은 자산을 쌓기 위해 하는 것이 아니라 목돈을 쓰기 위함이다.

2010년 지혜로운 경제 생활을 위한 제언

'자기 인생에 투자하는 것이야말로 확실한 투자'라는 식의 마인드 셋을 스스로 가져보자. 이를 위해 가장 먼저 신용카드부터 없애보자. 신용카드는 우리를 일상적인 채무에 허덕이게 만든다. 우리는 모두 우리가 진심으로 원했던 욕구를 실현하느라 돈이 없는 것이 아니다. 조작된 욕망 때문에 신용카드를 긁고 그 결제금을 갚기 위해 다니기 싫은 직장도 절대 때려치우지 못할 만큼 채무 노예를 자처하고 있는 것이 아닐까.

특히나 새해부터는 신용카드보다 잔액 범위 내에서 카드 결제가 가능한 체크카드에 더 많은 소득공제 혜택을 준다고 한다. 포인트 혜택이니 할인 혜택같은 것들은 잊자. 어차피 포인트로 할 수 있는 쇼핑은 대부분 잡동사니들이며, 할인 혜택은 또 다른 소비를 유발하는 것에 지나지 않는다. 그런 뻔한 속임수에 공짜를 얻었다고 좋아하는 모습은 알고 보면 너무 순진하다 못해 무지한 것이다.

우리의 삶을 신용은커녕 외상과 가불 구조로 만들어버리는 신용카드 자르기, 생각보다 어려운 일이 아니다. 한 달만 고생하면 된다.

두 번째로 반드시 해야 할 것은 고정 지출을 줄이는 것이다. 각종 주거 관리비, 통신비와 식비 등의 일상적인 것은 물론이거니와 교육비와 사보험료, 금융비용 등의 비교적 커다란 고정 지출의 규모들을 조금씩이라도 줄여야 한다. 모든 항목에서 아주 조금씩이라도 줄이면 전체적인 고정 지출은 크게 줄어들 수 있다.

세 번째는 반드시 저축을 하는 것이다. 생활이 궁핍해도 행복한 사람은 저축이 있는 사람이다. 쓰지 신이치는 "저축이란 무슨 일이 있을 때 도움을 줄 수 있는 가족, 친척, 우인, 지인들과 가까운 지역이나 직장에서의 인간관계 속에서 자신의 몸과 마음의 건강을 지키고 나아가서는 자연계와 교감하는 시간을 갖는 등 살아가는 기술까지를 포함한 넓은 의미에서의 '사회안전망'을 의미한다"고 이야기하고 있다.

실제로 우리 사회가 폭넓은 사회안전망을 갖추고 공동체 가치관이 사람들에게 크게 자리잡고 있다면 그 자체가 사회적 저축이다. 그러나 현재 우리 사회에 이런 사회안전망은 크게 부재한 상황이다. 사회안전망 구축에 대한 사회적 활동이 필요하지만, 더 나아가 개인적으로 당장 부족한 사회안전망을 보충하고 심리적으로 안정되고 건강한 생활을 위해서라도 저축계좌를 늘리는 일은 대단히 중요하다.

정부 발표에 의하면 새해에는 우체국을 통해 서민 계층을 위해서는 10퍼센트짜리 서민 전용 보너스금리 예금을 만든다니 한번 적극적으로 활용해보는 것도 좋을 듯하다. 물론 언론 발표에서와 같은 내용과 달라 실망하게 될 우려가 없지는 않지만.

마지막으로 이 모든 것을 체계적으로 실천하기 위해서는 반드시 기록 관리가 필요하다. 금전출납부 식의 가계부가 아니라 자신의 재정 원칙을 기록하고 평가하는 자신만의 회계장부를 만들어보자.

돈의 종이 되지 않고 돈을 능동적으로 통제하는 자유로운 사람이 되기 위해서라도 위에서 열거한 것들은 반드시 실천해야 할 사안들이다.

부동산 거품 붕괴에 대한 우려가 짙은 새해 모두 건전한 경제 마인드셋으로 위기를 지혜롭게 대처해야 하지 않을까.

3 부

안개 속의 한국 사회와 전망

미룰 수 없는 교육개혁, 대안은 있는가

'수평적 다양화'를 통한 수월성 교육이 대안

최민선_새사연 연구원

1. 한국 교육은 양극화된 사회 속에서 살아남기 위한 방편으로 상대방보다 순위에서 밀리지 않기 위한 '경쟁'을 선택해 입시지옥에서 헤어나지 못하고 있다. 경쟁의 순위는 비용에 따라 질의 차이가 현격해지는 사교육이 결정하기에 이제는 학력이 아닌 재력의 싸움이 되고 있다.

2. 2009년 이명박정부가 '친서민'을 표방하며 발표한 학원 심야교습 금지나 학파라치제, 외고 입시제도 개선 등의 사교육비 경감 정책은 결과적으로 하나같이 '용두사미'에 그쳤다. 경쟁 위주의 교육 관점으로는 문제를 해결할 수 없다.

3. '모두를 위한 수월성 교육'은 모든 학교가 고르게 교육 여건을 갖춘 상태에서 각 학교가 교육 과정의 다양성, 자율성을 확보하는 교육이다. '수평적 다양화'를 통한 수월성 교육을 실현하여 경쟁 일변도의 신자유주의적 교육 정책을 멈추고 21세기 새로운 교육 개혁의 길을 모색해야 한다.

전 세계는 지금 교육 개혁이 한창이다. 지식정보사회에서 국가나 사회, 기업의 경쟁력을 결정하는 핵심 요소로 교육이 손꼽히기 때문이다. 21세기에는 보다 비판적이고 창의적인 인재를 양성하는 것이 국가경쟁력 향상을 위한 첫걸음이다. 각국은 그 기초 교육으로서 특히 초중등교육 개혁에 박차를 가하고 있다.

OECD를 필두로 한 교육 개혁 프로젝트는 '모두를 위한 수월성 교육 excellence for all'을 향해 나아간다. 여기서 '수월성 교육'이란 이명박정부가 입버릇처럼 부르대는 그것과 다르다. 학생 개개인이 자신의 잠재적 능력과 적성을 최대한 발휘할 수 있도록 하는 맞춤식 교육이다. 그러나 이명박정부의 교육 정책은 아직 영재 교육에 머물러 있거나 엘리트 교육으로 후퇴하려는 경향까지 보이고 있다.

1

'모두를 위한 수월성 교육'으로 향하는
세계의 교육 개혁

영재 교육과 수월성 교육은 엄연히 다르다. 인적자원 개발의 관점에서 봤을 때 세계 교육은 '엘리트 교육 → 영재 교육 → 수월성 교육'의 순으로 발전해왔다. 과거 신분제 사회에서는 소수의 특권층을 위한 '엘리트 교육'이 당연시됐다. 모든 국민이 평등하게 교육받을 권리를 누리게 된 것은 근대사회로 넘어오면서부터다. 혁명이라는 큰 지각변동을 거친 뒤에야 명실공히 교육은 국민의 천부적 인권으로 자리매김했다.

산업화 시대가 도래하고 지식기반사회 초기 단계를 거치며 각 나라는 소수의 영재를 발굴·육성하는 '영재 교육'에 초점을 뒀다. '한 명의 천재가 만 명을 먹여 살린다'는 삼성 이건희 전 회장의 유명한 말도 여기서 비롯되었다. 선천적으로 우수한 재능을 타고난 학생들을 집중적으로 키워 국가경쟁력을 확보하겠다는 심산이다.

하지만 21세기 지식기반사회에서 원하는 것은 몇몇 머리 좋은 사람이 아니다. 이제 창의성, 리더십, 전문성이 인재의 핵심 가치로 부각되고 있다. 사회가 급변하면서 개개인의 머릿속 지식을 뛰어넘어 전문적 네트워크를 통해 창의적 결과물을 생산하는 것이 중요해진 것이다. 이에 세계의 선진 기업들은 창의적 사고와 동료와의 협력을 통해 회사의 목표를 달성할 수 있는 인재를 영입하려 하고 있다. 우리나라의 대기업들 역시 명목상으로나마 대학졸업장으로 줄세우기에 앞서 그러한 능력을 검증해 채용하겠다는 입장이다. 선천적 '천재'만으로는 글로벌 경쟁에서 이길 수 없다는 사실을 인식한 결과다.

결국 현재는 모든 학생이 자신의 잠재적 능력과 적성을 끌어내 발전시킬 수 있도록 돕는 교육이 필요한 시점이다. 그럼에도 이명박정부는 과거의 낡은 사고를 버리지 못하고 있다. 정부는 국제중이나 자율형 사립고와 같은 특수형태의 고교를 증설해 우수한 인재를 따로 키우는 '엘리트 교육'으로의 회귀를 시도하고 있다. 일제고사나 학교별 성적 공개로 학교 간 경쟁을 촉발해 1등급 판정을 받은 인재에게 특혜를 주는 '영재 교육'이 해법이라 생각하고 있는 것이다.

2

낡은 영미식 교육 정책 따라 하는 이명박정부

현 정부 교육 정책의 뿌리는 문민정부 시절 '5.31 교육 개혁'에서 찾을 수 있다. 당시 문민정부는 교육에 경쟁과 시장주의 원리를 적용하면 성공할 것이라는 신자유주의적 발상으로 교육을 재편하기 시작했다. 이명박정부 역시 학교 간 경쟁을 통해 교육의 질을 끌어올리고 품질이 떨어지는 학교는 도태시키려 하고 있다.

새사연은 정부가 벤치마킹한 영미식 신자유주의 교육 모델은 이미 실패했음을 분석한 바 있다. 영국은 마거릿 대처 수상의 집권 이후 신자유주의 교육 정책을 추진했는데, △ 성적으로 경쟁하는 시스템 구축 △ '선택과 집중'의 예산지원 정책 △ 값비싼 소수의 명문학교 설립 등이 핵심을 이룬다. 일제고사, 성적 공개, 고교선택제, 자율형 사립고 설립 등 이명박정부의 정책은 우리가 얼마나 충실히 그들을 모방하고 있는가를 보여준다.

그런데 이러한 영국의 교육 정책은 학생들의 학력과 학교만족도를 떨어뜨리는 결과를 가져왔다. 공교육은 경쟁에서 살아남기 위한 편법·불법 행위가 횡행해 위기에 내몰렸고, 학생들은 강박증, 우울증 등 갖가지 정신장애에 시달렸다. 각 학교는 부모의 경제력에 의해 소수의 상류층이 다니는 일류 학교와 다수의 중하위층이 다니는 삼류 학교로 재편돼 학벌 세습 구조가 완성됐다. 저소득층 아이들은 교육에서 소외된 채로 방치됐다. 현재 이명박정부가 추진하는 시장주의적 교육 정책이 지속된다면 10년 뒤 우리 미래도 이와 같을 것이다.

따라서 신자유주의 교육에 대한 회의적 시각은 세계적으로 유세해졌다. 미국에서도 마찬가지다. 미국은 경쟁력 강화 방안으로 교육 개혁에 방점을 찍은 오바마가 대통령으로 당선되면서 교육 정책의 새로운 변화를 예고했다. 오바마 대통령은 지난 부시 정부의 일제고사와 같은 경쟁과 평가 중심의 교육 정책은 성공하지 못한다고 진단하고 NCLBno child left behind법 개혁을 최우선 과제로 선택했다.

NCLB를 지키라고 강요하기보다 필요한 자원을 제공하기 위해 교사를 우대하고 학생에 대한 평가 방식을 과정 중심으로 개선하는 식이다. 출생부터 대학에 이르기까지 교육 투자를 획기적으로 늘려 공평한 교육 기회를 주고, 낙후 지역부터 학교 운영을 재설계해 공교육을 내실화할 것을 천명하기도 했다.

일본 역시 "개별 학교가 성적 경쟁만 해서는 의미가 없다"며 4년 만에 일제고사를 폐지하고 표집평가로 전환했다. 성적을 높이기에 혈안이 된 각 학교의 주입식·암기식 교육은 폐해가 너무 크다는 이유다. 대신 일본은 일제고사에 배정된 예산을 고교 무상 교육과 육아 교육 등 교육 복지 차원으로 활용하겠다는 계획이다.

이와 같이 경쟁 일변도였던 신자유주의 국가들조차 새로운 교육 개혁에 부심하고 있는 지금, 이명박정부는 여전히 시장주의적 교육 재편에 '올인'하고 있다. 그렇다면 정부는 어떤 교육 정책을 추진해왔을까.

3

MB 교육 정책의 주요 내용과 과제

| 사교육비 경감 정책 |

교육 분야의 최대 쟁점은 단연 사교육비 경감 대책이다. 대선 시절, 이명박정부는 '학교 만족 두 배, 사교육비 절반'을 교육 공약으로 내걸었다. 그러나 현 정부 들어 사교육비는 여지없이 역대 최고치를 갱신하며 상승세를 유지했다. 글로벌 경제 위기로 경기 침체와 물가 폭등이 한창이었음에도 2008년 사교육비 전체 규모는 20조 9000억 원으로, 2007년에 비해 4.3퍼센트나 증가했다.

2008년 가구당 월평균 소비지출이 6.7퍼센트의 증가율을 보일 때, 사교육비는 15.2퍼센트로 소비지출의 두 배가 넘는 증가율을 보였다. 이어 지난해에도 도시근로자의 실질소득은 큰 폭의 감소세를 지속하고 있는 가운데 사교육비 지출은 여전하다. 지난해 상반기 교육비는 도시근로자 전체 가계지출 가운데 11.3퍼센트라는 엄청난 비중을 차지했다. 기본 생활비와 교육비를 빼면 실제로 가정에서 쓸 여윳돈이 거의 없는 상황이다. 이러한 전체 교육비 지출의 63퍼센트가 사교육비다. 각 가정의 사교육비에 대한 부담이 한계에 다다른 것이다.

교육에 대한 과도한 가계지출은 전체 국민경제 차원에서도 내수 진작에 큰 효과를 가져다주지 않는다. 한국은행은 다른 서비스 품목에 비해 타 산업에 미치는 전·후방 연쇄효과가 약하기 때문에 내수를 살리려면 가급적 교육과 의료 부문 지출을 줄이고 여타 부분의 소비지출을 늘리는 것이 좋다고 진단하기도 했다. 사교육 문제가 교육 문제를 넘어

<표 1> 이명박 정부의 교육정책과 그 문제점

구분	세부 정책	구체적인 내용	문제점
사교육비 절감	학원 심야교습 일괄 규제	• '전국의 학원 운영시간 밤 10시로 제한' 법제화 무산 • 학파라치제 실시	• 각 시도별 조례로 규제함으로써 실효성 의심됨 • '오피스텔 과외방' 등 불법 고액 과외 성행 • 학생들의 학습부담이나 사교육비 경감에 효과 없음
	외고입시제도 개선	• 외고 폐지 무산 • 설립 목적을 '외국어에 능숙한 인재 양성'으로 전환 • 입학사정관제 도입	• 일반 고교에서도 외국어교육 인재양성 할 수 있음 • 아직 대입에서도 검증되지 않은 입학사정관제 도입으로 '맞춤형 사교육' 팽창 우려 • 학교의 학생선발권 없애야 한다는 핵심문제는 비껴감 • 외고 입시경쟁으로 인한 '사교육 광풍' 해소 대책이 될 수 없음
공교육 정상화	일제고사, 학교별 성적 공개	• 2008년부터 시행 중 • 매년 7월 초, 중, 고교 전체 학생이 동일한 시험을 치름 • 2010년부터 개별 학교 단위로 학교알리미 사이트에 성적 공개	• 일제고사로 인해 초등학교부터 평균 시험횟수와 0교시 증가 • 학생의 정신건강상 문제 증가 • 전체 학교의 교육격차 확인 후 지원하겠다는 취지와 달리 지원 대책 부재 • 전국의 학교가 일제고사 성적 순위별로 서열화 • 학교 간, 학생 간 경쟁 가속화
	교원평가제 도입	• 교과부, 2010년 3월 교원평가제 강행 예고 • 동료교사, 학부모, 학생에 의한 평가 • 우수 교사에게 학습연구년, 부진 교사에게 필요 부분에 대한 집중연수 시킬 계획 • 현재 세부내용 협의를 위한 '6자 협의체 대표자 회의' 진행 중	• 교육의 질이 아닌 학생의 성적 순위를 중심으로 이뤄지는 평가, 교장과 교감 등 상급자가 매기는 점수에 좌우되는 평가가 되지 않도록 해야 함 • 영미식 교원정책처럼 성적이 낮은 교원을 퇴출하기 위한 수단으로 이용돼선 안 됨
	고교 다양화 300 프로젝트	• 2012년까지 프로젝트형 학교 300개 설립 계획 • 지난해 자율형사립고 25개 교, 기숙형고교 68개 교, 마이스터고, 21개 교 각각 지정	• '교육 과정의 자율권'을 '입시준비의 자율권'으로 악용해 설립 취지에 맞지 않는 획일적 교육 진행 • 학생에게 '학교선택권'을 주기보다 학교에 '학생선발권'을 주는 데 중심이 있음

구분	세부 정책	구체적인 내용	문제점
			• 특수형태의 학교가 전체 일반계 고교의 4분의 1을 차지해 성적 '최상위권'을 넘어 '중상위권' 해당 학생들까지 경쟁 확대
대학등록금 대출	취업 후 상환제	• 지난해 평균 등록금은 사립대 742만 원, 국공립대 419만 원 • 취업 후 일정 기준 이상 소득이 생기면 소득 수준에 따라 원리금을 상환하는 제도 • 국회 교과위 소속 여야 의원들, 취업 후 상환제 수정과 '등록금 상한제' 병행 실시 합의	• 고액의 등록금 인하를 위한 근본적인 방안 부재 • 대출금리가 기존과 같이 5퍼센트 대의 고금리 유지 • 소득 기준 낮고 상환율 20퍼센트로 미래의 빚쟁이 양산 가능성 큼

각 가정과 국가 전체의 경제 문제로까지 번진 실정인 것이다.

이런 면에서 정부의 사교육비 절감 대책은 국민들에게 크게 주목을 받았다. 당시 이명박정부는 노무현 전 대통령 서거와 남북 관계 악화, 미디어법 개악 강행 등으로 인한 정치적 위기를 모면하기 위해 '친서민 행보'를 시작하던 찰나였다. 교육 문제 해결로 급격한 지지도 추락 국면을 전환하겠다며 비장의 카드를 뽑아 든 것이다. 그러나 결과적으로 정부의 대책은 '용두사미'에 그쳤다.

정부가 제시한 첫 번째 카드는 '학원 심야교습 일괄 규제 방안'이었다. 대통령 직속 미래기획위원회 곽승준 위원장은 전국의 학원 운영시간을 밤 10시로 제한하도록 법제화하겠다고 밝혔다. 그러나 한나라당과 교과부가 이에 제동을 걸었다. 설왕설래 논란이 오가는 중에 첫 번째 카드는 학부모와 학생에게 혼란만 주고 결국 '일괄 규제'하는 법제화는 무산됐다.

대신 교과부는 지금처럼 각 시도별 조례에 따라 심야교습을 자율적으로 규제하되 교습시간을 밤 10시까지 단축하도록 유도하겠다는 계획을 밝혔다. 그러나 지금까지 지역별 조례가 있었음에도 심야교습이 규제되지 않은 것을 보면 큰 효과를 기대하기는 어렵다.

교과부는 일명 '학파라치' 제도도 도입했다. 교습시간과 수강료 기준을 지키지 않거나 허가받지 않은 학원이나 개인과외 교습자를 신고할 경우 포상을 주는 제도다. 그러나 학파라치제 역시 미등록 학원이나 개인과외 교습자를 음지에서 양지로 끌어내는 데 성공했을지 몰라도, 정작 학생들의 학습 부담을 줄이거나 사교육비를 경감하는 데는 큰 효과를 거두지 못했다. 대치동, 목동, 중계동 등 이른바 학원가 '빅3' 지역의 집중 단속도 공염불에 그쳤다. 오히려 정부의 규제를 피해 스타급 강사가 여는 '오피스텔 과외방'이 생겨 불법 고액 과외만 성행하게 했다는 비판에 직면했다.

현재는 과도한 학습 부담을 줄이고 학생의 건강권을 지키기 위한 방안 마련이 시급한 시점이다. 전국의 학원 심야교습을 일괄 규제하는 법을 제정하고 학생 1인당 '학습총량제'를 마련하는 등 강력한 사교육 규제 정책이 필요하다.

정부의 두 번째 카드는 '특목고 입시제도 개선'이었다. 특목고 중에서 가장 문제시되고 있는 외고를 손질하는 것이 핵심이다. 곽승준 위원장은 외고 입시에서 수학과 과학 과목에 대한 가중치를 없애고 외고의 본래 설립 취지와 달리 운영하는 외고는 없애겠다고 선포했다. 그러나 결과적으로 발표된 정부의 개선안은 수학과 과학 과목 가중치 '합리화', 중학교 교육과정 외 출제 금지를 위한 '모니터링 강화'라는 애매모호한 단어들로 채워졌을 뿐이다.

외고 문제 해결이 사교육비 경감 대책의 두 번째 카드가 된 것은 초등학생 때부터 시작되는 입시 교육 때문이다. 외고는 성적이 우수한 학생을 뽑아 입시 교육을 집중적으로 시키는 '명문대 진학 코스'로 인식돼왔다. 본래 외고의 설립취지인 '어학 영재'를 선별할 기준도 마련돼 있지 않거니와, '어학 영재 육성'이라는 목적도 상실한 것이다. 외고 졸업생이 어문계열로 진학하는 비율은 25퍼센트에 불과하다. 게다가 몇몇 주요 사립대는 외국어 과정의 이수 정도나 토플 점수 등에 가산점을 주거나 내신 비중을 줄이는 방식으로 입시에서 외고생에게 특혜를 줬다. 학생들이 외고로 몰릴 수밖에 없는 이유가 여기에 있다.

따라서 외고에 들어가려는 경쟁으로 인한 '사교육 광풍'은 전 사회적 문제가 되고 있다. 일반 중학교 교육만으로는 외고 입시를 통과하기 어렵기 때문이다. 외고가 연간 1000만 원에 육박하는 교육비를 감당할 수 있는 '있는 집 자녀'만 갈 수 있는 귀족 학교라는 문제도 심각하다.

이런 상황에서 정부의 개선안은 턱없이 부족했다. 외고 입시제도를 건드리기만 했지 정작 지속적으로 제기된 문제점은 전혀 해결하지 못한 것이다. 2009년 하반기에 진행된 국감에서 외고 폐지에 대한 목소리가 다시 높아진 것은 이 때문이다. 당시 외고 폐지 논란은 정두언 의원이 "사교육 과열의 근본적인 원흉은 외고"라며 외고를 자율형 사립고로 전환해야 한다고 주장한 것에서 시작됐다. 당연히 당사자인 외고 측은 반발했다. 야당과 시민사회단체는 정 의원의 주장을 반기며 외고를 일반고로 전환할 것을 촉구했다.

교과부의 미온적인 반응으로 또다시 설왕설래 혼란만 가중시키던 외고 논란은 처음 제기된 주장보다 훨씬 후퇴한 내용으로 마무리됐다. 선별 기준도 없는 '어학 영재'를 위한 학교는 불필요하며 외고에 학생 선발권을 주면 안 된다는 이번 외고 논란의 핵심을 모두 비껴간 것이다. 정부는 외고의 설립 목적을 '외국어에 능숙한 인재 양성'으로 바꾸고, 입학사정관제를 도입해 학생선발권을 그대로 주는 안을 최종적으로 발표했다.

그러나 '외국어에 능숙한 인재 양성'은 일반 고교에서도 추구하고 있는 목적이며, 입학사정관제는 아직 검증되지 않은 제도다. 더욱이 몇몇 대학에서 입학사정관제를 실시하면서 그에 대비하는 맞춤형 사교육이 팽창하고 있는 현실에서 외고 입시 개선이 오히려 '개악'이 되지 않을까 우려된다.

'명문대 진학 코스'의 상징으로 통용되는 외고는 폐지돼야 마땅하다. 사회적으로 부정적 영향을 광범위하게 미치고 있기 때문이다. 다년간 쌓인 외국어 교육에 대한 경험은 특성화고나 일반고로 전환한 뒤에도 충분히 살릴 수 있다. 다른 유형의 학교가 고교 서열의 피라미드 꼭대기를 차지하고 있는 외고를 대체할 가능성 역시 차단해야 한다. 이를 위해서는 일반고를 다양화, 특성화하는 것이 필수적이다.

| '학교 만족 두 배' 정책 |

이명박정부는 대선 시절 공약대로 공교육 내실화를 위한 정책을 주요하게 추진하고 있다. 정부는 공교육의 경쟁력 약화를 사교육비 지출의 주된 원인으로 본다. 학부모가 자녀를 학교에 믿고 맡길 수 없어 학원에 보낸다는 의미다. 따라서 정부는 공교육 내실화와 동시에 사교육비를 절감하기 위해 전체 학교의 학력을 상승시키고 교육의 질을 높여 학부모·학생의 학교 만족도를 높이고자 한다. 정부가 학생의 학력과 교육의 질을 높이기 위한 방법으로 선택한 것은 학교 간, 교사 간 경쟁을 강화하는 것이다. '학교 만족 두 배' 정책을 구체적으로 살펴보자.

첫째, 정부는 학생들의 학력 상승을 위한 정책의 일환으로 2008년부터 계속 일제고사를 강행하고 있다. 전국의 200만 명에 가까운 아이들이 한날한시에 똑같은 시험을 치른다. 학습이 부진한 학교와 학생에게 도움을 주기 위해 전체 학교의 교육 격차를 확인해야 한다는 것이 명목상의 이유다. 그러나 정작 정부가 일제고사 성적이 낮은 학교에 취한 조치라고는 약간의 예산을 편성해 각 학교에 성적 미달 학생을 줄이라는 압력을 넣은 것뿐이다. 이에 일선 학교는 성적이 미달된 학생을 방과후 학교에 억지로 남겨 보충수업을 한다.

교육 격차에 따른 지원이라는 본래 취지도 살리지 못하는 상황에서 일제고사는 교육 현장에서 더 큰 폐해만 낳고 있다. 시험성적을 공개하고 교육청과 학교장 등 교육 관료에게 그 책임을 묻기 때문이다. 2009년에는 지역별로 일제고사 성적이 공개됐다. 올해부터 일제고사 결과는 개별 학교 단위로 학교알리미 사이트에 공시된다. 수능성적 공개 이후의 상황과 마찬가지로 전국의 초·중·고등학교가 순위별로 서열화될 것임을 짐작할 수 있다. 학교 간 경쟁을 유도하는 것이다.

경쟁으로 인해 교육 관료에게 가해지는 압박감은 고스란히 현장 교사와 학생들의 몫으로 돌아온다. 지역 교육청별로 시험 결과를 내신성적에 반영하겠다는 공문을 보내거나 교장은 교사들에게 일제고사 성적을 높이라고 독촉해댄다. 교사들은 울며 겨자 먹기 식으로 보충수업을 하고 문제 풀이를 반복하도록 한다. 이에 평균 시험 횟수는 2008, 2009년에 꾸준히 증가해 2009년에는 한 달에 한 번씩 시험을 치르는 상황에 이르렀다. 0교시를 실시하는 학교도 20퍼센트 이상 늘었다.

상황이 이렇다 보니 학생들의 정신건강은 피폐해져갈 수밖에 없다. 학생 정신건강 선별검사를 실시한 결과, 정밀검진이 필요한 학생이

2007년 13퍼센트, 2008년 11.4퍼센트에서 2009년에는 18.2퍼센트로 크게 증가했다. 정신건강 선별검사 내용에는 주의력 결핍, 과잉행동장애 ADHD, 폭력성, 우울증, 자살 경향 등 주요 정서·행동 문제가 모두 포함된다.

일부 교사들은 정부의 일제고사 강행을 반대했다. 그러나 정부는 2008년 말 일제고사 대신 체험학습을 안내한 교사 12명에게 파면·해임 처분을 내렸다. 교사에게 파면·해임은 사형선고나 다름없다. 이명박정부의 소통 없는 일방적 독주를 단적으로 보여주는 예다. 그런데 1년 뒤인 2009년 말, 해임 교사 7명이 서울시교육청을 상대로 한 해임 처분취소 청구소송에서 승소했다. 서울시교육청이 항소 의사를 밝혀 대법원의 최종 판결이 남아 있지만, 이번 판결은 일제고사를 둘러싼 논란에 영향을 미칠 것으로 보인다.

일제고사는 사라져야 한다. 기존처럼 몇몇 학교를 무작위로 선정해 실시하는 표집평가로 전환해야 한다. 그리고 정부는 무엇보다 중요하지만 정작 후순위로 밀리고 있는 교육 격차 해소를 위한 방안 마련에 주력해야 한다. 같은 반이나 학교, 지역 내에서 성적 상위권과 하위권만 불어나 'M자형'을 이루는 양극화 현상이 갈수록 심각해지고 있다. 학생 개개인을 책임지는 교육 정책이 어느 때보다 절실히 요청되는 시점이다.

둘째, 정부가 학교 교육의 질을 높이기 위한 방안으로 내세운 것은 교원평가제 도입이다. 2000년 이래 정부에서 줄기차게 제기해온 교원평가제는 교사들의 반대 여론이 거세 계속 유보돼왔으나 교과부가 2009년부터 상당히 빠른 속도로 추진하고 있다.

2009년 4월에는 교과위 법안심사소위에서 교원평가제의 시행근거를 담은 초중등교육법 개정안이 통과돼 국회에 계류 중이다. 핵심 쟁점이 됐던 교원평가 결과의 '인사 반영'을 뺀 안이었다. 6월에는 교과부 장관이 2010년 3월부터 교원평가제를 모든 초·중·고교에 전면 시행하겠다고 밝혔다. 그리고 얼마 전 대통령 업무보고에서도 교과부는 초·중등교육법이 통과되지 않더라도 시도교육청에서 규칙을 제정해 교원평가제를 당초 입장대로 강행하겠다고 다시금 못 박았다.

이렇듯 정부가 교원평가를 서둘러 도입하는 이유는 부실해진 학교교육을 살리기 위해서는 교원의 질을 높이는 것이 선차적이라는 판단 때문이다. 교과부는 동료 교사의 평가와 학부모·학생의 만족도 조사를 통해 교사의 수업과 학생 지도를 평가하려는 계획이다. 그리고 평가 결과에 따라 교사 개인별로 맞춤형 연수를 지원할 방침이다. 우수 교사에게는 학습연구년의 기회를 주고, 전문성 신장이 필요한 교사에게는 필요 부분에 대해 집중적인 연수를 받을 수 있도록 시스템화하는 식이다.

남은 문제는 평가 기준과 방법이다. 지금껏 교사들이 교원평가를 반대한 이유는 교육의 질이 아닌 학생들의 성적 순위를 중심으로 이뤄지는 평가, 교장과 교감 등 상급자들이 매기는 점수에 좌우되는 평가가 될 가능성이 높기 때문이었다. 교사 간 경쟁이 교육의 발전에 도움을 주기 위해서는 교사를 학생 성적에 따라 한줄로 세우는 경쟁이 아닌 교사 간 협력적 경쟁을 만드는 것이 중요하다.

현재 교원평가법 제정을 위한 여야와 교원단체, 학부모단체 등이 참여하는 '6자 협의체 대표자 회의'가 진행되고 있다. 이들이 질 높은 교원 양성을 위해 교원평가의 기준과 방법을 함께 모색해 협의하는 것이 관건이다. 과거 영미식 교원 정책을 따라 교원에 대한 통제나 성적이 낮은 교원들을 퇴출하기 위한 수단으로 교원평가가 이용돼서는 안 될 것이다.

셋째, 정부는 고교 유형의 다양화와 학생의 학교선택권 확대를 위해 '고교 다양화 300 프로젝트'를 꾸준히 추진 중이다. 자율형사립고, 기숙형고교, 마이스터고를 2012년까지 모두 300개 설립하겠다는 계획이다. 지난해 정부는 자율형사립고 25개 교, 기숙형고교 68개 교, 마이스터고 21개 교를 각각 지정했다.

현재 우리나라에는 각 정부가 단기적인 정책 필요에 따라 만들어온 특수 형태의 고교가 다수 있다. 영재고, 특목고, 자립형사립고(자사고) 등이 그것이다. 이와 같은 프로젝트형·특수형태의 고교는 '교육 과정의 자율권'을 가진다. 각 학교별로 일정 수준의 수업시수나 과목 편성, 평가 등을 자유로이 구성할 수 있는 재량을 가지는 것이다. 그런데 기존의 특목고나 자사고가 수능성적 상위권을 싹쓸이하고 있는 형국을 통해서도 알 수 있듯, 특수 형태의 학교 중 다수는 각 학교의 설립 취지에 맞는 특성화 교육보다 입시에 치우친 교육을 실시한다. 다양한 교육을 위한 '교육 과정의 자율권'을 '입시 준비의 자율권'으로 악용해 오히려 획일적인 교육을 하고 있는 것이다.

또한 이들 고교에는 학생선발권이 주어진다. 입학사정관제를 도입하든 내신 성적이 높은 학생을 우대하든, 변화된 입시제도에는 학생의 '학교선택권'보다 학교에 '학생선발권'을 주는 데 중점이 실려 있다. 특수형태 고교의 입시 경쟁률을 보면 이러한 상황은 더욱 선명해진다. 지난해 처음 지정된 자율형사립고는 서울에서 최고 경쟁률이 9대 1에 이르렀다. '학교선택권 확대'라는 기본 취지가 무색한 실정인 것이다.

더욱이 중요한 것은 특수 형태의 학교가 〈그림 1〉과 같이 전체 일반계 고교의 4분의 1을 차지한다는 사실이다. 대학에 유리한 고교에 진학

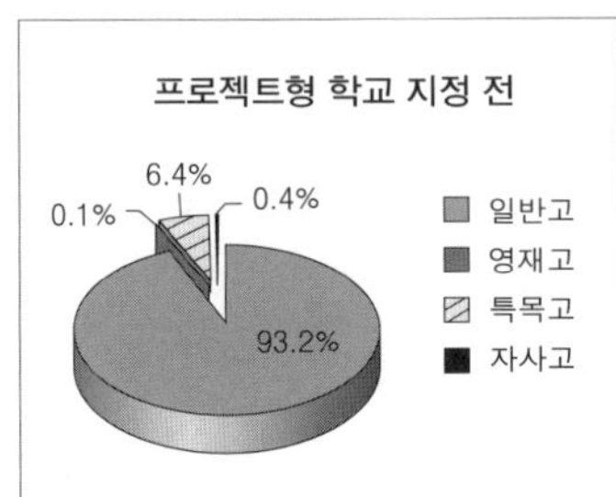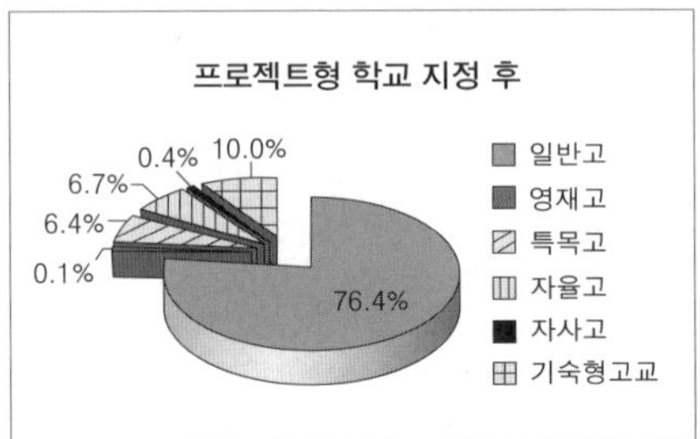

<그림 1> 일반계 고교 중 특수학교의 비중

* 정부의 계획대로 자율고 100개, 기숙형고교 150개 지정이 완료됐을 때를 가정함.

하기 위한 경쟁은 여기서 촉발된다. 특수 형태의 학교 졸업생 수가 소위 'SKY대서울대, 고려대, 연세대' 입학정원의 6배에 이르기 때문이다. '특수 형태의 학교를 나와야 명문대를 갈 수 있다'는 위기감은 입시 경쟁을 걷잡을 수 없이 키우게 된다. 게다가 본래 7퍼센트에 불과했던 특수 형태의 학교 비중은 이명박정부의 프로젝트형 학교로 인해 25퍼센트까지 늘어난다. 성적 '최상위권'을 넘어서 '중상위권'에 해당하는 학생들에게까지 경쟁이 확대될 가능성이 높다.

지난 외고 논란을 거치면서 정부는 고교 체제의 개편을 시도하고 있지만 그렇다고 특수 형태의 고교들이 사라지는 것은 아니다. 정부 안에 따르면 전체 고교 체제는 일반계고, 특성화고, 특목고, 자율고 네 가지 형태로 개편된다. 특목고의 4개 계열은 그대로 존속하고 새로운 유형인 자율고를 설정한다. 자율고에는 자율형사립고, 기숙형고교 등이 포함되며, 특목고에 마이스터고가 추가돼 프로젝트형 학교는 더욱 강화될 것이다.

이에 더해 이명박정부는 전·후기로 구분했던 기존의 학생선발 방식을 가/나/다 학교군으로 재편할 것을 검토 중이다. 각 학교군에 속해 있

〈표 2〉 학교군 운영 예시

가군	나군	다군
A고(특목고)	D고(자율형공립고)	G고(자율형공립고)
B고(자율형사립고)	E고(일반계고)	H고(일반계고)
C고(마이스터고)	F고(특성화고)	I고(특성화·전문계고)

* 출처 : 교과부, '고등학교 선진화를 위한 입학제도 및 체제 개편 방안'

는 학교 중에서 최대 3개 교까지 선택이 가능하다지만, '가'군에 몰려 있는 특수 형태의 학교에서 1차적으로 걸러진 학생들이 '나'군에서 일반계고를 가고, 2차로 걸러진 나머지 학생들이 '다'군에 갈 소지가 다분하다. 해마다 대학입시철에 벌어지는 '눈치작전'이 고교입시로 고스란히 옮겨오는 것과 같다.

| 반값 등록금 |

'사교육비 절반, 학교 만족 두 배'의 정책 외에 정부가 중점적으로 추진한 과제 중 하나는 '취업 후 학자금 상환제ICL'다. 사실 이명박 대통령은 대선 시절 공약으로 '반값 등록금'을 제시한 바 있다. 그러나 당선 이후 이명박 대통령은 이를 부정했다. 그러던 정부가 정작 등록금 문제에 관심을 가지게 된 것은 추락한 지지도를 끌어올리기 위한 정치적 이유 때문이었다.

정부는 '친서민'을 표방하며 우리나라 가계소비에서 가장 큰 비중을 차지하는 교육비 문제에 착목했다. 앞서 밝힌 사교육비 대책을 내세운 것과 같은 맥락이다. 사교육비와 함께 각 가정의 주머니를 비우는 주범으로 꼽히는 대학등록금을 낮추기 위한 방안을 모색하지 않고서는 교육비 문제를 해결하는 것은 불가능하다. 지속되는 경제 한파로 대학생

과 시민사회단체 등의 등록금 인하 요구가 어느 때보다 높아졌던 때이
기도 했다.

지난해 우리나라 대학의 평균 등록금은 사립대 742만 원, 국공립대
419만 원에 이르렀다. 경제 위기를 감안해 대다수 대학이 '동결'을 선언
했지만, 여전히 감당하기 힘든 고액이다. 이는 해마다 물자상승률을 훨
씬 웃돌았던 등록금 인상의 결과다. 2006년부터 사립대 등록금은 해마
다 6퍼센트 이상의 상승률을 보여 의대나 예체능계 대학의 경우에는
1000만 원을 넘어섰다. 국공립대는 2003년 이후 7~10퍼센트의 높은
인상률을 보여 최근에는 사립대 등록금 인상까지 주도하는 추세다.
이로써 대학생이 있는 각 가정의 등록금 부담은 최고조에 달하게 됐
다(〈그림 2〉).

정부가 내놓은 '취업 후 상환제'는 등록금을 인하하는 근본적인 방

〈그림 2〉 2003~2008년 국공립 · 사립대 등록금 및 물가 인상률

(단위 : 천 원, 퍼센트)

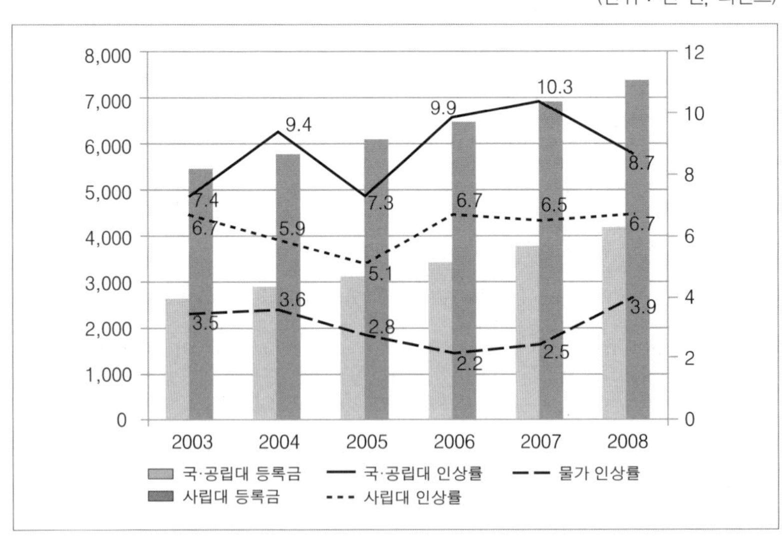

안은 아니다. 당장 돈이 없어 대학에 가지 못하는 학생에게 돈을 빌려주고 취업한 뒤에 갚으라는 대출 제도일 뿐이다. 따라서 등록금을 제자리로 돌려놓기 위한 근본적인 대책이 요구된다.

그러나 분명한 것은 취업 후 상환제가 기존의 대출 제도보다 진일보한 제도라는 사실이다. 기존의 '정부보증 학자금 대출제'는 학생이 졸업하면 소득이 없어도 바로 원금과 이자를 상환해야 하지만, 취업 후 상환제는 일정 기준 이상 소득이 생기면 소득 수준에 따라 원리금을 상환한다는 장점이 있다. 학자금 대출로 인한 신용불량자가 1만 명이 넘어선 상황에서 적어도 대학생 신분일 때는 신용불량자가 되지 않을 수 있는 것이다. 이는 지금까지 교수노조나 시민사회단체 그리고 새사연 등이 등록금 문제의 대안으로 제시한 '등록금 후불제'를 정부에서 받아들인 것으로 볼 수 있다.

하지만 2009년 11월 정부가 최종적으로 발표한 취업 후 상환제 시행 방안에는 여러 가지 문제가 눈에 띈다. 저소득층 자녀에 대한 무상장학금과 무이자 지원을 모두 폐지했고, 대출금리는 지금까지와 다를 바 없는 5퍼센트 대의 높은 수준으로 책정했다. 게다가 취업 후에 원금을 상환할 때 내는 이자는 당시의 시장금리에 따른다. 등록금 후불제를 실시하는 호주의 경우 무이자로 대출을 해주며 영국은 물가상승률만 반영하는 제로금리로 운영하는 것에 비하면 서민들에게 너무 과도한 금리다.

소득기준과 상환율에도 문제가 있다. 정부는 졸업 후 대출받은 학자금을 상환해야 하는 기준이 되는 소득을 4인 가족 최저생계비의 100퍼센트, 상환율은 20퍼센트로 정했다. 2009년을 기준으로 한다면 본인 소득이 연 1592만 원 이상이면 원리금 상환을 시작해야 한다는 뜻으로, 부담이 클 수밖에 없다. 당장의 신용불량자 수를 줄일 수는 있지만 결국 미래의 신용불량자를 양산하는 꼴이다.

이에 지난 연말에는 국회 교육과학기술위원회 소속 여야 의원들이 정부의 취업 후 상환제를 수정하고 '등록금 상한제'를 함께 실시할 것을 합의했다. 지난 1월 13일에는 상임위를 열어 '취업 후 학자금 상환 특별법안', '장학재단 설립에 관한 법률'을 논의했고 이제 18일 본회의 통과만 남아있다.

여야가 합의한 안에는 기존의 저소득층을 위한 장학금 혜택을 유지하는 등의 성과가 있지만, 그외 문제점은 여전하다. 특히 새로이 신설되는 '등록금 상한제'는 물가상승률의 1.5배를 통과하지 않도록 하는 내용으로 등록금의 상한액을 정해 고액의 등록금 부담을 줄이는데 도움이 되지 못할 것으로 보인다. 제대로 된 '등록금 상한제'와 '취업후 상한제' 실시로, 고액의 등록금이 '제자리'를 찾기 위한 방안이 요청된다.

4

MB 교육 정책 전환 없이 사교육비 경감 없다

이명박정부는 대선 시절 표방했던 공약과 관련된 여러 교육 정책을 추진해왔다. '사교육비 절감'을 위해 학원 심야교습 금지와 학파라치제가 거론됐고, 외고를 위시로 한 특목고 입시제도 개선안이 오갔다. '학교 만족'을 위해 일제고사, 교원 평가, 고교 다양화 300프로젝트도 추진했고, 사교육비와 함께 가계 교육비 부담의 주범인 대학등록금에 대한 정책으로 취업 후 상환제도 실시할 계획이다.

그러나 결과적으로 '사교육비 절감'을 위한 정책들은 용두사미에 그친 상태다. 학원 심야교습은 기존처럼 시도별 조례로 규제하도록 조치했고, 학파라치제는 사교육비 절감에 큰 영향을 주지 못했다. 특목고 입시제도 개선안은 외고에 학생선발권을 주면 안 된다는 핵심 논란을 비껴갔다.

게다가 정부가 '학교 만족'을 위한 것이라 내세운 정책은 오히려 사교육을 팽창시키고 있다. 그 대표적인 예가 일제고사와 그 성적을 공개하는 것이다. 정부는 각 학교의 평균성적이 높아지면 학부모와 학생이 학교 교육에 만족하게 될 것이라 믿고 있다. 전국적으로 일제고사를 실시하고 그 성적을 공개해 학교 간 경쟁을 촉발하려는 이유가 바로 여기에 있다. 그러나 이러한 경쟁 위주의 교육 정책은 학부모·학생의 학교 만족도를 높이기는커녕 학생과 학교를 점수로 서열화함으로써 사교육만 팽창시키고 있는 형국이다.

고교 다양화 300프로젝트 역시 마찬가지다. 학벌의 차이가 임금의 차별과 불안정한 일자리를 낳는 등 학벌 구조가 공고하고 사회안전망이 부재한 우리의 현실에서 소수의 프로젝트형 학교는 명문대 입학의 전제 조건이자 나아가 평생 삶의 질을 좌우할 기준이 될 수도 있다. 따라서 소수의 학교에만 특혜를 주는 방식은 다수의 일반고를 삼류 학교로 전락시켜 과열 경쟁의 폭을 확장시킬 뿐이다. 고교 서열 피라미드의 꼭대기를 차지하기 위한 경쟁은 차별화된 교육에 대한 열망을 부추겨 사교육을 수반하게 돼 있다.

결국 현재 정부의 '사교육비 절감' 정책과 '학교 만족' 정책은 기본적으로 충돌할 수밖에 없다. 사교육비를 줄이기 위해서는 사교육을 팽창시키는 요소를 개선하거나 규제해야 하는데, 정부는 학교만족도를 높인다는 이유로 이러한 요소를 더욱 키워나가고 있기 때문이다. 사교육 팽창 요소를 없애기 위해서는 무엇보다 교육의 공공성을 견지하는 것이 선차적이다.

우리나라 사교육은 대학이나 특목고 · 자사고 진학을 위한 '입시 산업'을 중심으로 광범위하게 발달해왔다. 입시전형이 바뀌면 사교육도 카멜레온처럼 그에 알맞은 모습으로 재편된다. 이러한 상황에서 각 학교에 교육의 내용과 방법에 대한 자율성이 아닌, 학생 선발에 대한 자율성을 준다면 그들이 만들어낼 새로운 선발 기준만큼 다양한 사교육이 난립할 것이다. 따라서 현재의 학벌 구조와 입시경쟁의 구도가 깨지지 않는 한 각 학교는 학생을 선발할 때 국민 대다수가 공정성과 형평성에 동의하는 가이드라인을 제시하고 정부는 이를 관리해 교육의 공공성을 지켜야 한다.

또한 20퍼센트의 엘리트 학교를 양산하고 80퍼센트의 일반 학교를 삼류 학교로 전락시키는 것은 수월성 교육의 방향에 반할 뿐 아니라 국

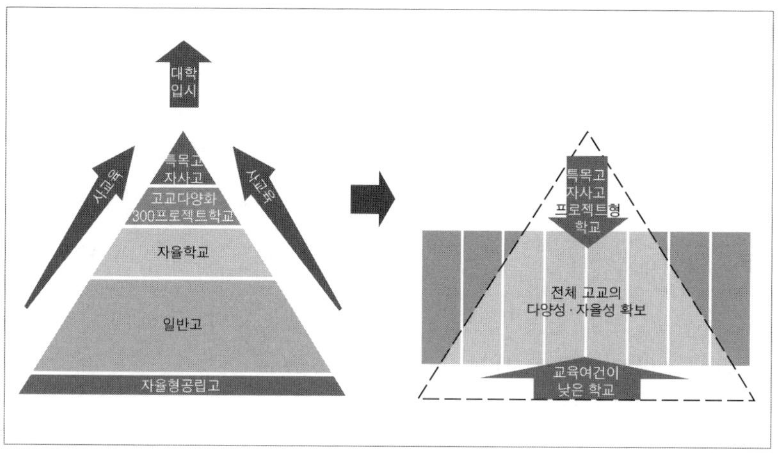

가적으로도 커다란 손실을 가져온다. 부모의 사회·경제적 지위에 의한 진로 선택이나 과도한 입시 경쟁은 자유로운 학교 선택을 가로막는다. 대학 이전의 과정에서는 당분간 '선지원 후추첨'의 방식을 통해 학교의 학생선발권보다 학생의 학교선택권에 더욱 힘을 실어줘야 함이 마땅하다. 우리의 교육 정책은 특권적 학교 형태와 교육 여건이 낮은 학교는 줄이고 일반 학교의 질을 높이는 방향으로 나아가야 한다. '수평적 다양화'를 실현해야 하는 것이다.

그런데 정부의 학교교육 정상화 정책은 학교도 학원과 같이 '맞춤형 입시 교육'을 전문적으로 하면 된다는 생각에 뿌리를 두고 있다. 하지만 학교는 학원과 다르다. 명문대 진학을 위한 주입식 교육만 탁월하게 하는 학교는 비정상적인 학교다. 중요한 것은 입시 과목의 성적이 낮더라도 학생 개개인이 자신이 가진 다양한 능력과 소질을 개발해나가도록 도와주는 시스템을 만드는 것이다. 다수의 학부모와 학생이 원하는 것도 바로 이러한 '수월성 교육'이다.

　　수월성 교육은 모든 학교가 고르게 교육 여건을 갖춘 상태에서 각 학교가 교육 과정의 다양성과 자율성을 확보하는 것에서 출발한다. '개천에서 용 나는' 사회가 아닌 '모두가 용이 될 수 있는' 사회로의 전환이 필요한 것이다. 이제 정부는 낡은 신자유주의 교육 정책을 버리고 21세기 전 세계가 나아가고자 하는 '모두를 위한 수월성 교육'을 실현하기 위해 매진해야 한다. 이를 위해 한국 교육의 새로운 개혁 방향을 근원적으로 모색하는 사회적 합의의 틀을 마련해야 한다. 온 국민이 대한민국 교육을 바로 세우기 위해 나서야 할 때다.

살 만한 세상을 향한 사회복지 개혁

살 만한 세상만들기 프로젝트

이은경_새사연 연구원

1. 경제성장을 우선으로 하는 사회 전략으로는 우리들의 삶이 개선되기 어렵다. 자살률 세계 1위, 출산율 세계 최저라는 구체적 수치는 우리의 삶이 결코 안전하지 못하다는 증거다. 생존과 출산은 인간의 기본적 본능이며 사회적 관계 속에서 일차적으로 충족되어야 할 가치다.

2. 삶의 질 개선은 복지에 돈을 쓰고 분배를 효율적으로 수행한다고 해서만 해결될 수 있는 문제가 아니다. 개인과 삶의 질을 높이는 데 초점을 맞추어야 하고 이는 사회를 구성하는 근본 원리, 가치관, 사회적 관계 등의 근본적 변화가 동시에 진행되어야 가능하다.

3. 현장의 목소리와 요구가 반영되지 못한 경제성장률, OECD 순위 등의 기존 사회지표들과는 달리 우리 사회의 질적 수준을 측정할 수 있으며 국민들도 쉽게 공감할 수 있는 지표 개발이 필요하다.

1

문제는 삶의 질이다

2010년에는 새로운 사회적 가치에 대한 고민을 시작할 필요가 있다. 우리 사회는 많은 역경 속에서도 지속적인 성장을 해왔고 적어도 외형적으로는 경제대국의 대열에 올라섰다. 이런 눈부신 성장을 하는 동안 우리 시대의 화두는 늘 경제였고 성장이었다. 1980년대에는 민주화라는 시대적 화두가 있었으나 1990년대 들어 민주정부를 경험한 뒤에는 오히려 부자 신드롬, 성장 지상주의, 경쟁 논리 등이 더욱 심해졌다. 그 정점은 현 이명박정부가 한국 사회의 경영 화두로 제시한 747전략이 아닐까 한다.

경제성장률, 국민소득, 세계 순위라는 양적 지표로 모든 가치를 측정하고 이들 지표를 끌어올리기 위해서라면 어떤 것도 감수해야 하는 사회인 것이다. 사람들의 삶과 직접적으로 연관된 행복과 다양한 삶의 가치, 생태와 환경 등은 모두 경제 성장을 통해 실현이 가능한 하위 문제로 간주되고 있다.

문제는 경제 성장을 최우선의 가치로 삼는 사회 전략으로는 우리들의 삶이 개선되지 못한다는 점이다. 자살률 세계 1위, 출산율 세계 최저라는 구체적 수치는 우리의 삶이 결코 안전하지 못하다는 증거다. 생존과 출산은 인간의 기본적 본능이며 사회적 관계 속에서 일차적으로 충족되어야 할 가치다. 아이 낳기 힘든 사회, 살기 힘든 사회 1위라는 수치가 747을 달성하면 과연 해결될까? 우리는 계속적으로 양적 성장만을 추구하며 살아가야 할까? 과연 그 사회의 삶은 안전하며 살 만하다고 말할 수 있을까?

단순한 양적 성장이나 민주적 절차의 확립만으로는 행복한 삶을 영위할 수 없다. 삶의 질을 개선하기 위한 문제를 제기하고 해법을 찾아볼 필요가 있다. 이 사회는 총체적 불신의 심화와 계층 간 포용성의 감소, 사회적 배제의 심화 그리고 구조적 역능성의 감소, 이로 인한 무기력의 증가 등의 현상이 두드러지게 나타나고 있다. 일각에서는 경제가 안정되고 성장률이 올라가면 문제가 해결될 것이라고 한다. 하지만 이러한 문제들은 경제 성장으로는 결코 해결될 수 없다.

한국의 경제는 여러 불안 요인이 상존하는 가운데서도 상당한 수준에 도달해 있는 것이 사실이다. 하지만 삶의 여건은 갈수록 힘들어지고 있다. 또한 삶의 질 개선은 복지에 돈을 쓰고 분배를 효율적으로 수행한다고 해결될 수 있는 문제가 아니다. 개개인의 삶의 질을 높이는 데 초점을 맞추어야 하고, 이는 사회를 구성하는 근본 원리, 가치관, 사회적 관계 등의 근본적 변화가 동시에 진행되어야 가능하다.

2 우리 사회의 지향점

우선적으로 우리 사회의 지향점을 검토해보아야 한다. 747전략, 부자아빠 신드롬 등은 모두 경제 성장과 양적 발전에 기초한 전망이다. 경제 성장 위주가 아닌 삶의 가치가 포함된 이 사회의 지향점이 필요하다. 정부에서는 아이 낳기 좋은 세상, 동반 성장 등의 구호를 제시하고 있으나 그 근본에는 747로 대표되는 경제 성장이라는 지향점이 있다.

민주노동당에서는 몇 해 전 대선에서 '살림살이 나아지셨습니까'라는 구호와 함께 무상의료, 무상교육, 부유세를 핵심적인 정책으로 주장하면서 많은 지지를 얻은 적이 있다. 하지만 우리 사회에 대한 구체적 연구가 부족한 상황에서 북유럽의 모델을 그대로 적용했다는 비판과 함께 현재는 구호로만 남아 현실 파급력은 많이 약해진 상황이다. 그 이후 서민경제, 복지국가 등의 슬로건들이 나오고는 있으나 여전히 국민 대다수가 긍정하는 진보적 아젠다를 형성해내지는 못하고 있다.

우리가 진정으로 원하는 사회, 살고 싶은 사회에 대한 전망을 만들어내고 이를 담아낼 지향점을 연구해야 한다. 그 출발은 살맛 나는 세상을 위해 사회 각 분야의 개선 방향을 모색하는 일이다.

새로운 사회 지표

한국 사회의 현실을 진단하고 핵심적 분야를 선정하기 위해 먼저 사회의 질적 측면을 측정할 수 있는 다양한 지표를 활용하여 한국 사회를 진단할 필요가 있다. 지금까지 개발된 사회관련 지표들은 다음과 같다.

GDP/GNP

사회지표Social Indicator

국민총행복Gross National Happiness

OECD 사회지표

인간개발지수HDI

삶의 질QOL

참발전지표GPI

여성권한척도/남녀평등지수GEM/GDI

새천년개발목표MDG

사회통합지표Social Cohension Indicator

환경발자국EF

지구행복지수HPI

흔히 사회지표라고 하면 복지 수준을 측정하는 지표를 뜻한다. 국민총생산GNP이 개인소비나 민간설비투자 등 경제 활동을 화폐량으로 집계하는 데 비해 사회지표는 GNP 계산에 직접 사용되지 않는 항목, 즉

<표 1> 복지체제 유형화를 위한 주요 지표

영 역		지 표
생산체제	경제성장률	GDP 수준, GDP의 수출의존도
	산업체계	제조업 대비 서비스업의 비중, 사회서비스업의 비중
	노동시장구조	경제활동 참가율, 총취업자 대비 임금근로자의 비율, 정규직 대비 비정규직 비율, 노동소득 분배율, 25~64세 여성의 취업률
	노동소득	노동소득 분배율, 평균임금 대비 최저임금의 비율
정치체제	정당구조	일당제·다당제, 좌파정당의 존재, 좌파정당(연합)에 의한 정권교체 경험
	노동운동	노조가입률, 비정규직노동자의 노조가입률, 단체협약의 포괄범위
	민주주의	양극화 지수, 소득불평등도
	행정구조	전체 취업자 대비 공무원 비중, 전체 공무원 대비 사회정책 부문 공무원 비중
복지체제	복지재원	GDP 대비 사회지출 비중, 사회지출 중 공공지출 및 보험료의 비중, 사회지출 중 공공부조지출의 비중
	보장성격	공적 이전소득의 소득계층별 점유율, 조세혜택의 소득계층별 점유율, 가처분소득 기준 빈곤율
	보장범위	연금의 포괄범위, 기타 사회보험의 포괄범위, 저소득층 대비 공공부조 수급자 비율, 인구학적집단 대비 아동·장애수당 수급자 비율
	보장수준	연금 및 실업급여의 소득대체율, 공공부조 생계급여의 평균소득대비 비율

건강·교육·학습 활동, 고용과 근로생활의 질, 여가, 물적 환경, 범죄와 법의 집행, 가족, 커뮤니티, 생활의 질, 계층과 사회 이동 등 국민 생활과 관계되는 통계로서 복지 수준을 나타내는 것이 특징이다.

이런 사회지표들은 다양한 사회의 영역과 생활에 관련된 통계를 활용해서 사회의 질적 수준을 측정할 수 있는 장점들을 지니고 있으며,

이런 지표들을 활용하여 한국 사회를 진단하는 연구들도 상당한 수준으로 진행되어왔다. 하지만 지나치게 개념적이고 학술적인 연구에 치우친 결과 실제 현장의 목소리와 요구가 반영되지 못한 채 자살률, 행복지수, 출산율 등 언론에 보도되는 구체적인 수치만 알려지는 상황이다. 따라서 우리 사회의 질적 수준을 측정할 수 있으며 국민들도 쉽게 공감할 수 있는 지표를 개발할 필요가 있다.

| 자살률 |

자살률은 그 사회의 가장 어두운 측면을 드러내는 수치다. 2009년에 수많은 죽음이 있었으나 우리 사회에 가장 큰 충격을 주었던 사건은 전 대통령의 자살이었다. '모든 자살은 타살이다' 라는 뒤르켐의 말을 빌리지 않더라도 우리 사회의 자살 증가는 명확한 사회적 병리현상을 대변하고 있다. 우리나라의 자살율은 세계 1위권을 달리고 있으며 특히 노인 자살의 증가와 더불어 20대 여성의 자살, 경제적 이유로 인한 자살이 증가하는 등의 특징을 보이고 있다.

〈표 2〉 주요 OECD 국가의 자살률 현황

자살률 상위	국가명	자살률	자살률 하위	국가명	자살률
1	대한민국(2007)	24.0	1	그리스(2006)	2.9
2	헝가리(2005)	21.0	2	멕시코(2005)	4.4
3	일본(2006)	19.1	3	이탈리아(2003)	5.5
4	핀란드(2006)	18.0	4	영국(2005)	6.0
5	프랑스(2004)	14.6	5	스페인(2005)	6.3
OECD 평균					11.2

* 자살률 : 인구 10만 명당 자살사망자수
* 연령구조차이가 제거된 국제간 비교를 위해서 OECD 기준인구로 표준화
* 자료원: OECD Health Data, 2008 벨기에, 덴마크, 터키 제외

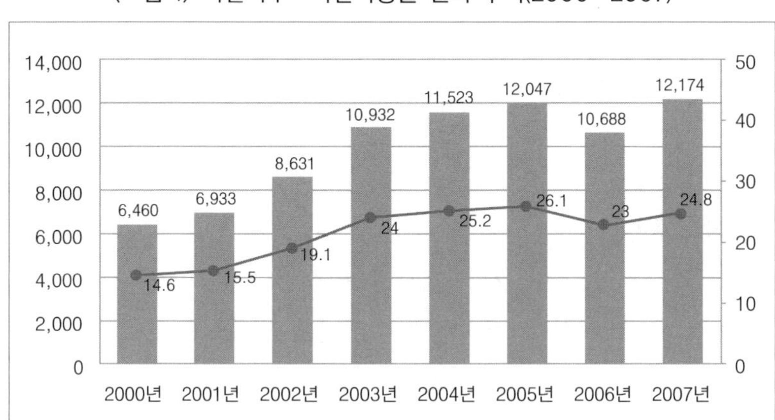

〈그림 1〉 자살자수 · 자살사망률 변화 추이(2000~2007)

* 자료원: 통계청

자살률은 실업률 변화와는 양陽의 관계로 작용하고 있어 소득의 감소와 실업의 증가 등은 빈곤·파산·부도 등의 문제를 겪는 사람들에게 자살 촉발 요인으로 작용하고 있다.

하지만 우리 사회에서 자살은 개인적 병리현상에 불과한 것으로 간주되고 있다. 자살률이 세계 1위를 고수하고 있고 전혀 회복되는 기미

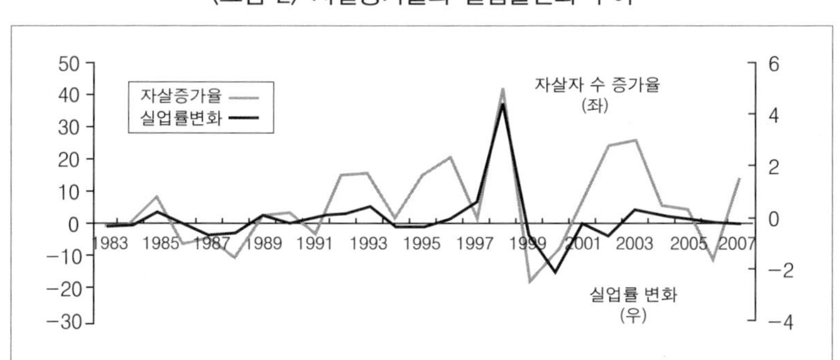

〈그림 2〉 자살증가율과 실업률변화 추이

* 자료원: 통계청, 2009

가 보이지 않는다는 점은 우리 사회의 상황을 단적으로 보여주지만 자살률에 대한 연구와 해결 노력은 매우 미미한 수준이다. 따라서 구체적 연구와 개선을 위한 사회적 노력이 필요하다.

| 출산율 |

우리나라의 출산율은 세계 최저 수준이다. 출산율이 저하되는 속도는 매우 빠르고 사회·경제적 상황과 밀접한 연관을 맺고 있다. 고령화 역시 빠르게 진행되어 한국 사회가 그 충격을 감당할 수 있을지에 대한 의문이 제기되고 있다.

<그림 3> 우리나라 출산율 추이

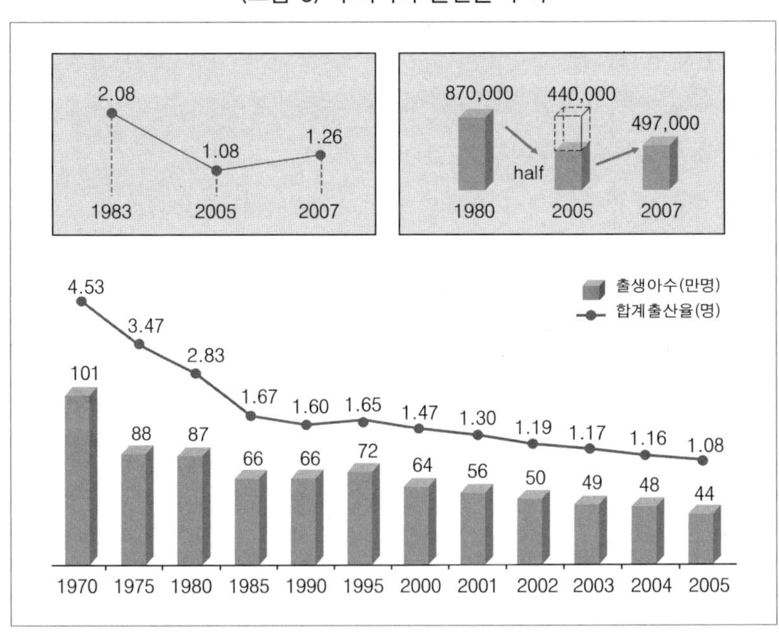

| 사회 양극화 지수 |

우리 사회의 양극화는 지난 외환위기 이후 지속적으로 악화되고 있
다. 경제 성장과 부동산, 주식시장 호황의 그늘에는 양극화로 인한 삶
의 불안정성의 증가와 사회적 불안이 가중되고 있는 현실이 존재한다.
2006년 한국의 소득재분배 효과는 0.03으로 OECD 국가들의 평균인
0.14의 5분의 1에 불과해 최하위를 기록한 것으로 조사되었다. 경제성
장률과 눈에 보이는 수치를 중심으로 정책을 집행하는 것이 아니라 국
민들의 삶에 직접적 연관성이 있는 분배, 빈곤, 사회안전망의 개선을
위한 정책이 필요하며 그를 위해 사회 양극화 지수는 꾸준히 연구되어
야 한다.

| 고용률/실업률 |

외환위기 당시 한국의 고용 구조는 큰 충격을 겪었다. 국민경제의 주

〈그림 4〉 지니계수, 상대적빈곤율, 5분위배율의 시계열적 변화 추이

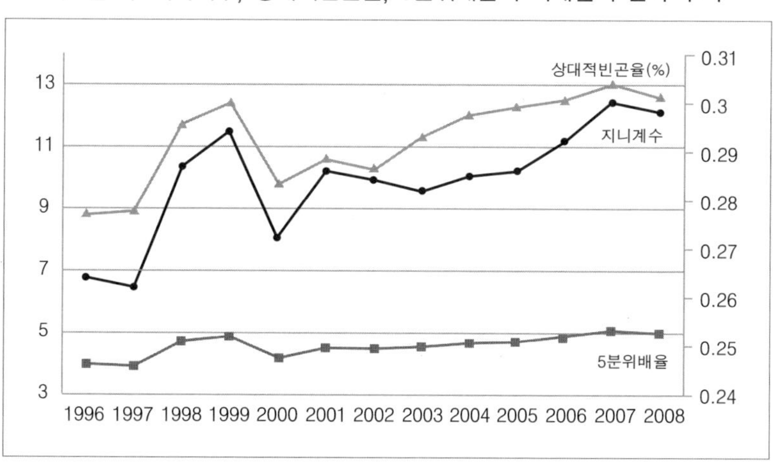

* 자료: 통계청, 2009년 자료를 재구성

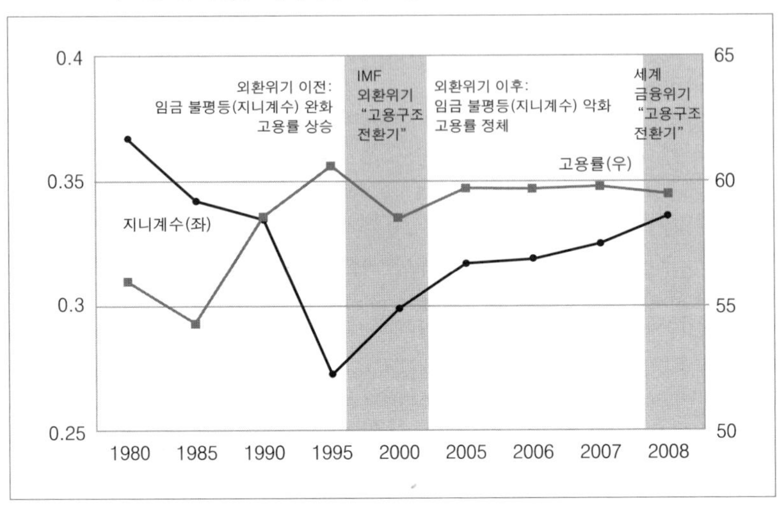

〈그림 5〉 임금 지니계수와 고용률의 시계열적 변화 추이

력 부문인 대기업과 금융 부문 등이 대규모 인력을 방출하면서 시작된 고용 위기로 실업률이 상승하고 비정규직과 자영업자가 대폭 증가하였다. 이는 한국 경제의 구조적 문제점으로 작용하고 있다. 노동유연화가 본격화되면서 비정규직을 대량으로 양산했고 자영업자들은 영세화의 길을 겪었다. 2000년대 들어서면서 임금과 노동 조건이 전반적으로 악화되었고 청년실업과 양극화라는 새로운 노동 현안이 등장하고 있다

| 가계 소득지표(사교육비/의료비/주거비/보장성 지출) |

우리 사회 경제 부문에서 큰 문제로 지적되고 있는 것은 바로 '지표경기와 체감경기의 격차'다. 빠른 회복세를 보이는 경제성장률과 더불어 수출과 민간소비도 회복세를 보이는 상황에서 여전히 마이너스의 늪에서 벗어나지 못하고 있는 지표가 바로 가계소득 지표다. 더욱 심각한 것은 이런 현상이 단지 최근 몇 년 사이의 추세가 아니라 한국 사회

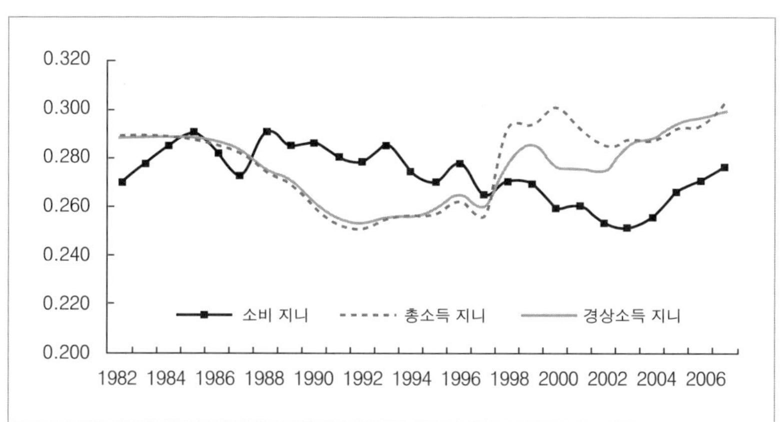

* 출처: 국회예산처, '가계의 소비구조, 소비불평등, 한계소비성향의 변화와 정책시사점'

의 구조적 한계에서 비롯된 근원적 문제라는 사실이다. 〈그림 6〉을 보면 소비와 소득 지니계수가 외환위기 이후로 지속적 악화추세를 보이고 있음을 알 수 있다. 한국 경제가 GDP성장이나 주가 상승 등의 외형적 지표 위주의 경영을 해오는 동안 체감경기는 갈수록 어려워지고 있고 이는 다시 경제의 불안요소로 작용하게 되는 것이다. 이를 확인하기 위해 이책 102페이지에 소개된 두 개의 그래프를 다시 한 번 인용한다(〈그림 7〉과 〈그림 8〉).

이상의 지표를 통해 일정한 경향성을 찾을 수 있다. 대체적으로 외환위기와 2003년 카드대란을 기점으로 큰 변화를 보이고 그 이후에도 큰 개선의 여지 없이 추세적인 악화 경향을 나타내고 있다는 점이다. 이러한 지표들은 우리 사회의 삶의 질을 보여주는 잣대로서 지속적인 추적과 개선을 위한 연구가 필요하다.

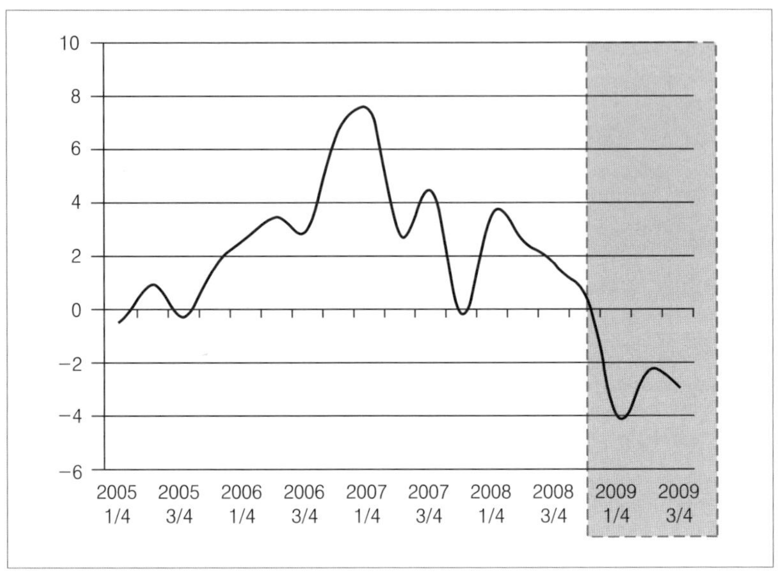

〈그림 7〉 근로자 가구 실질 근로소득 증가율

* 출처: 통계청 국가통계포럼 http://kosis.kr

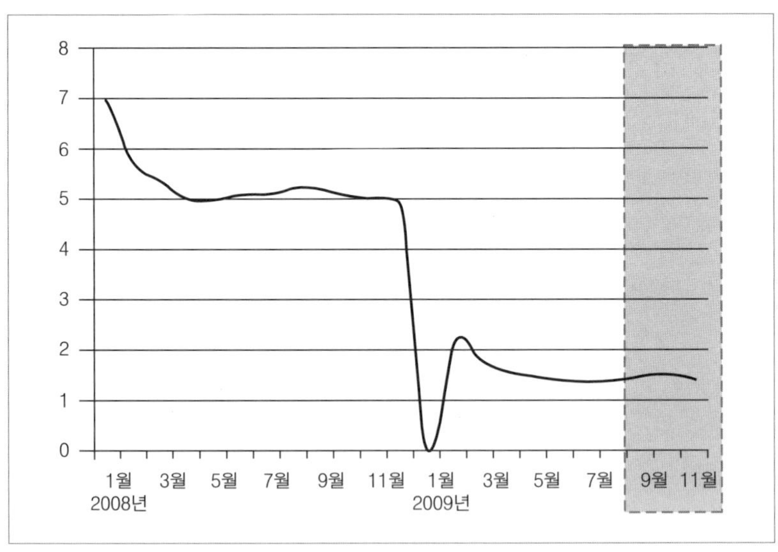

〈그림 8〉 협약임금 인상률 월별 변화 추이

* 출처: 노동부 e-나라지표 http://index.go.kr

사회정책, 이런 연구가 필요하다

| 여성고용과 아동보육 |

여성 고용과 보육은 출산율과 깊은 연관을 갖는 요인들이다. 낮은 출산율이 문제가 되는 이유는 단지 생산인구의 부족이나 부양인구의 증가라는 경제적 측면보다 현재 사람들의 삶이 그만큼 각박하다는 증거가 되기 때문이다. 출산과 양육은 인간의 기본적 본성임에도 그 욕구가 사회적으로 억눌리고 있다는 데에 이 사회의 근본적 문제가 있다. 아이 낳기 좋은 세상은 곧 살기 좋은 세상이고 그런 사회야말로 건강하고 안전한 사회다. 아이를 낳아 기르는 일이 너무 힘든 우리 사회의 현실을 개혁하기 위한 가장 중요한 고리가 바로 여성고용과 보육이다.

〈그림 9〉 출산율과 여성경제활동 참가율(20~39세)

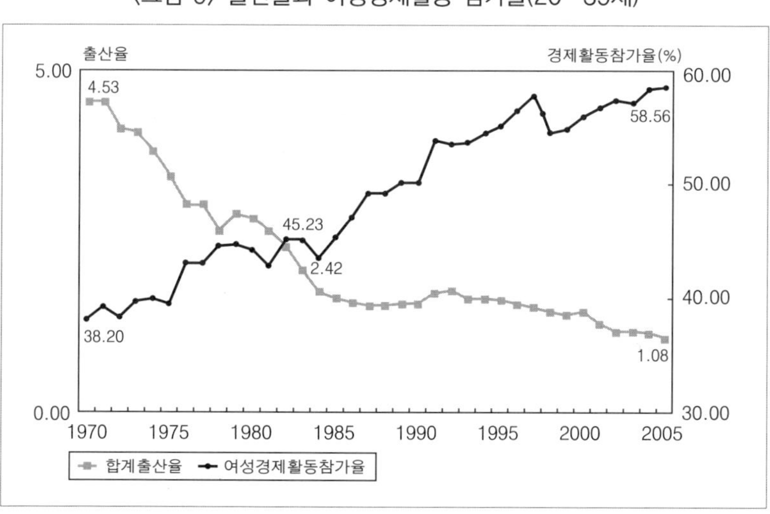

흔히 출산파업이라 부를 만큼 한국 여성들의 출산 포기는 매우 빠르게 증가하고 있다. 가장 큰 이유는 결혼·출산·양육과 직장일을 병행할 수 없기 때문이다. 이는 소득 수준과 상관없이 대부분의 직장 여성들이 겪는 어려움이다. 특히 고학력 여성의 경우 출산과 양육으로 인한 경력 단절과 사회적 지위 하락은 더욱 큰 문제로 다가온다.

여성 고용은 정부 및 기업에서 주장하는 고용유연화 정책만으로 풀어서는 안 된다. 경력 단절, 비정규직화로 대표되는 안전망 없는 고용유연화는 가족의 삶을 더욱 피폐하게 만들 뿐이다. 현재도 60~70만 원 수준의 일자리로 대표되는 질 낮은 여성 일자리는 많다. 아이를 낳아 키우느라고 몇 년 집에 있다 보면 60~70만 원의 파트잡 정도만이 가능한 상황에서 어쩌면 출산 포기가 현명한 경제적 선택일 수 있다는 연구 결과도 있다.

저출산 문제를 해결하기 위한 여성 고용 정책의 핵심은 일과 가정의 양립이 가능한 사회를 만드는 것이다. 우리나라 저출산 정책의 문제점 중 대표적인 것은 지나치게 저소득계층에만 집중된 잔여적 지원 정책 위주라는 점과, 큰 그림 속에서 연관성을 갖고 추진되지 못한 채 개별적이고 실적 위주로 추진되고 있다는 점이다.

실제 소득 수준이 매우 높은 계층을 제외하고는 일자리와 양육 모두에 큰 부담을 느끼고 있으나 중산층, 전문직 여성의 어려움에 대한 해결책은 전무한 상황이다. 따라서 전 계층을 포괄하는 정책이 연구되어야 한다. 또한 여성의 고용 문제는 정부 차원의 지원 정책만으로 해결될 수 없다. 기업-사회-가족-국가 모두의 변화가 공동으로 이루어져야 한다. 고용 문제를 해결하는 핵심은 기업의 동참이고 정부 정책은 어떻게 기업의 태도 변화를 유도할 것인가에 맞춰져야 한다.

여성 고용 문제와 짝을 이루는 정책은 보육 정책이다. 일과 가정의 양립을 위해서는 우리나라의 보육 문화가 근본적으로 변할 필요가 있다. 현 정부의 보육 정책은 저소득계층에게 보육비를 지원하는 것에 머물러 있고 보육시설의 질, 일하는 부부의 탁아 문제, 보육 시간 등은 개선되지 못하고 있다. 그 결과 대부분의 맞벌이 부모들은 보육시설 외에도 따로 친척, 육아도우미 등의 도움을 받지 않고는 아이를 양육할 수 없어 두 배의 지출을 감수해야 하는 상황이다. 더구나 지나치게 시장화되어 있는 보육 여건은 조기교육의 열풍으로 영유아 시절부터의 양극화를 낳고 있다. 이러한 여성 고용과 아동 보육의 문제에 대한 대안이 필요하다.

| 교육비 |

출산율에 가장 큰 영향을 미치는 것은 자녀의 양육 부담과 교육비라고 조사되고 있다. 우리나라 교육비는 2005년 기준으로 GDP의 7.4퍼센트 규모로 OECD 평균(5.8퍼센트)에 비해 지나치게 높다. 또한 그중에서 가계가 직접 부담하는 비중도 매우 높아 2009년 현재 전체 교육비(76조 4000억 원)의 56.6퍼센트인 43조 2000억 원 규모라고 한다. 2009년 상반기 교육비는 도시 근로자 전체 가계 지출 가운데 11.3퍼센트라는 엄청난 비중을 차지하고 있으며 증가폭도 매우 빨라 2008년 소비지출에서 15.2퍼센트의 증가율을 보이고 있다.

이는 유럽 국가들인 프랑스 0.8퍼센트, 독일의 0.8퍼센트는 물론이고 일본의 2.2퍼센트, 미국의 2.6퍼센트에 비해서도 턱없이 높은 수준으로 중고등학생이 있는 가정에서는 중산층이라 할지라도 식비를 줄이거나 투잡, 마이너스통장 등을 이용해야 간신히 아이들의 교육비를 감당할 수 있는 것이 공공연한 사실이다.

이러한 교육비, 특히 사교육비의 증가는 우리 사회에 큰 부담이 되고 있다. 가계경제에 심각한 부담이 되고 있는 것은 말할 필요도 없고 고등교육 지향으로 인한 일자리와의 미스매칭, 청년실업의 문제, 아이들의 심각한 불건강 등을 낳고 있다. 교육비의 증가는 단순한 경제 문제가 아니라 우리 사회가 지향하는 삶의 방식이 지나치게 경쟁적으로 흐르고 승자독식의 방식으로 치우쳐가고 있다는 데 문제의 심각성이 있다. 또한 이러한 교육비의 증가가 지나치게 비효율적이며 개인에게도, 사회에게도 불행한 결과를 초래하고 있는 것이다.

| 사회안전망 |

우리 사회의 사회안전망은 빈곤선 아래로 추락한, 기초적 생활이 불가능한 사람을 대상으로 한 부조 수준에 머물러 있다. 문제는 우리 사회의 고용, 자산 수준 등이 지극히 불안정해지고 있다는 데 있다. 정규직-비정규직 여부에 따른 소득 격차, 교육 양극화에 따른 생애 전반의 양극화, 사교육비와 주택자금 등으로 여유가 거의 없는 가계경제, 실업·질병 등으로 인한 생활 수준 추락 가능성 등 현재의 삶을 유지하지 못하거나 기준 아래로 떨어질 수 있다는 불안감은 우리의 삶을 끊임없이 압박하고 있다.

출산율이 가장 낮은 층은 300~400만 원 정도의 수입을 가진 중산층이라고 한다. 이는 지극히 안정적으로 보이는 중산층마저 사회적 계층 하락에 대한 공포감을 갖고 있다는 뜻으로 우리 사회의 안전망이 극히 취약한 수준임을 보여주고 있다.

사회안전망은 빈곤선 아래의 소수 계층을 위한 것이 아니다. 누구라도 생애를 살아가면서 겪을 수 있는 불안 요인들—실업, 건강 수준 저하, 임신 및 출산, 장애, 노화 등—에 대한 사회적 대처 방식이다. 이러한 불안 요인은 개인적으로 대처하기 어려우며, 한번 기준 아래로 떨어지면 개인적인 힘으로 회복하기 어려운 특징을 지닌다. 그러나 우리 사회는 이런 불안 요인에 대해 개인이나 가족 수준에서 대처하고 있을 뿐이다. 그 결과 가계는 기본 생활비와 교육비 등을 넘어 노후 대비와 부양 의무에 대한 부담까지 짊어져야 하는 현실이다.

| 보건의료 개혁 |

우리나라 의료에 대한 전반적 재검토와 더불어 우리나라의 현실에 맞는 장기적 전망을 고민할 필요가 있다. 물론 내년 역시 의료민영화는 지속적으로 추진될 전망이다. 다른 공기업의 민영화가 경제 위기로 인한 자금 압박으로 지연될 가능성이 높은 상황에서 교육과 의료 등 서비스 분야의 민영화는 더욱 탄력을 받을 것이다. 더구나 각 지자체에서 의료 관련 산업들을 경쟁적으로 유치하려고 하는 조건에서 지방선거를 앞두고 지역개발론이 더욱 확산될 가능성이 높다. 따라서 지역에서 먼저 영리병원 도입을 요구하는 상황에 대한 대비가 필요하다.

또한 의료기관의 무한경쟁과 투자 경쟁, 그로 인한 의료기관의 영리화는 더욱 강화될 것이 명확하다. 즉 의료민영화 법안 통과만이 아니라 전반적인 영리화의 흐름은 더욱 강화될 것이다. 정부에서도 시장논리로 의료 문제를 해결하려는 시도를 하는 한편, 의료기관에 대한 통제, 지불제도 개선 등 의료 영역에 대한 규제 방안 마련을 위해 노력하고 있는 상황은 의료의 영리화 경향으로 인한 문제점이 점차 심각해질 것임을 보여준다.

이런 상황에서 단지 의료민영화 반대만이 아닌 의료의 공공성 확대, 일차의료 강화, 의료기관의 무분별한 경쟁 규제 등이 핵심적으로 논의되어야 한다. 이는 몇 가지 정책 도입으로 그칠 것이 아니라 한국 의료의 체질을 변화시켜야 하는 문제다. 아직 우리나라의 의료는 장단점이 섞여 있는 것으로 보이나 이런 상황이 지속되면 미국처럼 돌이키기 어려운 상황으로 고착화될 가능성이 높아 보인다.

지금까지의 보건의료 정책과 활동에 대한 평가가 필요한 시점이다. 보건의료 영역은 상당히 우수한 수준의 정책 생산가와 활동가 조직, 정책적 참여 기회 등이 있었음에도 민간의료시장에 대한 장악력은 거의 확보하지 못한 원인을 평가해야 한다. 현재도 좋은 정책과 대안들은 생산되고 있으나 현실에 아무런 힘을 발휘하지 못하고 있다. 현재까지의 보건의료 운동은 보장성, 형평성이 핵심 주제였다. 보장성과 형평성은 대정부 운동의 방식으로 전개해왔고, 구조 개혁을 위해서는 건강보험 통합운동, 의약분업 등을 정부와 함께 진행해왔다. 보장성과 형평성은 어느 정도의 수준에 도달한 것으로 평가되나 구조 개혁에 대해서는 절반의 성공, 절반의 실패라는 평가가 많은 듯하다.

하지만 의료비 상승으로 인한 경제 부담, 고령화-저출산으로 인한 재정 압박, 지나치게 영리적인 의료 체계, 의료에 대한 요구도 증가 등 향후 보건의료의 핵심 이슈는 많이 달라질 전망이다. 그러나 보건의료 운동은 이러한 시대적 요구에 조응하지 못하고 있다. 현재 보건의료계의 대응은 민영화로 대표되는 영리적 흐름에 대한 반대 외에 장기적 전망은 그다지 존재하지 않는다. 의료민영화가 구체적 법률로 제기되는 과정에서 진보진영의 법안, 예산안을 대안으로 하자는 논의가 이루어지는 수준이다.

　그래서 보건의료 영역의 장기적 전망이 필요하며 그 과정에서 우리나라 의료 체계가 구축해온 의료 시스템의 장단점도 냉정히 볼 필요가 있다. 그동안 진보진영에서는 한국 의료 시스템의 문제점만을 부각시켜왔다. 분명 가시적·정책적 성과가 많았는데도 제대로 된 평가를 하지 못하면서 현실의 의료인, 정책 담당자 등과의 괴리가 생기고 있다. 과거에 대한 평가, 현실에 대한 진단, 현실에서 발생하는 문제에 대한 해결 방안이라는 기본에서 한국 의료 시스템에 대한 전망을 준비해야 한다.

　이상으로 여성 고용, 아동 보육, 교육비, 사회안전망, 보건의료 개혁 등 우리 사회에서 가장 먼저 개혁되어야 할 분야들을 간단하게 짚어보았다. 앞서도 밝혔듯이 우리나라 국민들의 삶과 행복에 가장 밀접한 영향을 미치고 있는 내용들이기 때문이다. 사회 정책을 연구하고 고민하는 이유는 우리의 삶을 개선할 수 있는 방향을 모색하기 위함이다. 이러한 삶의 영역에 대해 경제 성장을 하면 좋아지는 문제라느니, 집권세력이 바뀌면 해결되는 문제라느니 하면서 보수-진보 모두 관심을 기울이지 않았던 것이 사실이다. 삶의 문제에 기반을 둔 연구와 운동이야말로 국민들의 지지를 얻을 수 있는 근본이라는 점을 기억할 필요가 있다.

2010년 지방선거는 한국정치를 바꿀 수 있을까

2010년 지방선거, 선거연합을 위한 몇 가지 기준

엄관용_새사연 객원연구원

　1. 정당 간 묻지마 선거연합이 아니라 의제 중심의 선거연합이 되어야 한다. 각 정당이 지방선거를 통해 정책적으로 현실화시키고자 하는 의제가 상당부분 일치하거나 수렴하고 상호 타협의 가능성이 높다면 선거연합을 하지 않을 이유가 없다.

　2. 갈라진 진보세력의 내부적 통일성을 공고히 한 이후 개혁적 자유주의 세력과의 선거연합을 모색해야 한다. 민주노동당과 진보신당 간 지방선거 공동대응에 대한 논의가 선행되지 않은 상황에서 민주당을 비롯한 개혁적 자유주의 세력과의 선거연합에 대한 논의가 선행되는 것은 바람직하지 않다.

　3. 진보 양당 간 지방선거 공동대응의 원칙이 세워진 이후 민주당을 포함한 선거연합 논의를 진행하는 과정에서 민주당이 진보세력의 몇몇 주요 의제를 받아들이고, 진보세력의 일정한 지분을 인정해주는 전향적인 태도 변화가 있을 때, 최대다수 선거연합의 형성은 충분히 가능하다.

2009년은 용산참사로 시작해 다수당의 예산 날치기 통과로 끝을 맺었다. 절차적 민주주의의 위기와 사회 경제적 민주주의의 위기가 겹치면서 제반 민주주의의 위기로 점철된 한 해였다. 2008년과 비교할 때 2009년은 더욱 암담했다. 2008년에는 5~6월 촛불집회를 통한 대중들의 직접참여 민주주의가 분출하면서 새로운 운동의 흐름이 제도정치의 파행을 막아줄 수도 있다는 자신감을 불어넣어주었고, 이것이 정부 여당의 정책에 일정한 변화를 가하기도 하였다.

이명박 대통령의 사과, 대운하 포기, 악어의 눈물에 가깝지만 일정한 친서민 정책(대학생 학자금대출, 미소금융, 보금자리주택)의 추진 등은 2008년의 대중운동이 제도정치에 가한 충격이 있었기에 가능했다.

그러나 2009년은 행정권력과 입법권력, 지방권력을 장악한 보수 우위의 제도정치를 흔들 수 있는 이렇다 할 징후가 없었다. 4월 재·보궐선거에서 한나라당이 패배하기는 했으나, 이명박정부의 불도저식 정책을 제어하기에는 역부족이었다. 2009년 한 해 동안 벌어진 용산참사와 쌍용차사태를 비롯한 억압적 계급 정책, 미디어법 강행 처리와 언론사 장악 기도, 세종시 수정 추진, 4대강 사업 추진, 집회·시위·결사의 자유 침해, 노무현·김대중 전 대통령의 서거, 노동법 및 예산안 날치기 처리 등 제반 사건들은 더 많은 민주주의를 위한 조건들이 급속도로 붕괴하고 있음을 여실히 보여주고 있다.

진보세력의 입장에서는 우리나라 민주주의가 급속하게 후퇴하고 있다고 진단할 수밖에 없는 상황임에도 정작 이명박 대통령의 지지율은 40~50퍼센트까지 치솟고 있고, 한나라당 지지율 역시 나머지 야당 전체의 지지율을 합친 것보다 높게 나오는 현재의 상황은 그야말로 당혹스러운 역설이다. 민주주의의 위기를 조장한 세력이 민주사회의 주권자인 우리 국민들에게 가장 높은 지지를 받는 역설을 어떻게 이해해야 할까?

답은 비교적 간단하다. 우리 국민들, 특히 부동층 유권자들에게는 별다른 대안적 선택지가 없기 때문이다. 이명박 정부나 한나라당이 민주적 의식이 불철저하다는 점은 알고 있으나 민주당이나 여타 진보정당을 대안적 선택지로 받아들이지 않고 있는 것이다.

정치 과정의 기본 요소는 정당, 유권자, 선거제도다. 2010년에 치러질 지방선거의 선거제도가 변경되지 않고 현재 유권자의 지지도 추이가 그대로 유지된다고 가정한다면, 정치 과정에 변화를 가져올 유인은 정당에 있다.

통상적으로 대통령 임기 중반에 치러지는 선거에서 여당이 패배하는 것이 민주화 이후 한국 정치의 관행이므로 한나라당으로서는 광역과 기초단체장 선거에서 각각 40퍼센트 정도만 승리해도 크게 선전하는 셈이다. 2008년 미국산 쇠고기 수입에 따른 광범위한 대중 저항과 같은 우발적 사태가 발생하지 않는다면 정당, 유권자, 선거제도가 고정된 상황에서 한나라당은 충분히 40퍼센트 이상의 지역에서 승리할 가능성이 높다.

민주주의 사회에서 주권자는 기본적으로 선거를 통해 통치자에게 정통성을 부여하고 주권자의 명령을 하달한다. 2010년 지방선거를 통해 이명박정부와 한나라당에 민주주의 후퇴의 책임을 물을 수 없다면 2008, 2009년의 우울한 정치는 2010년에는 더욱 암울하게 전개될 수밖에 없다. 그러므로 2010년 지방선거 결과에 따라 신보수주의 우파 정치가 더욱 심화될 것인지, 아니면 일정하게 제동이 걸릴지가 결정될 것이다. 현재의 여러 가지 상황을 고려해 볼 때 결과를 좌우할 수 있는 주요 변수는 한나라당을 제외한 각 정당의 선택이다.

지방선거에 어떻게 대응할지를 둘러싸고 다양한 입장들이 제기되고 있다. 이러한 입장은 거칠게 표현해서 크게 두 가지로 분기된다. 하나는 반反한나라당 선거연합을 염두에 둔 '민주대연합론'이고, 다른 하나는 개혁적 자유주의 세력(민주당)을 제외한 '진보대연합론'이다. 전자가 정권 교체와 집권 가능성을 염두에 둔 최소강령의 최대연합 전략이라면, 후자는 진보세력의 독자적인 역량을 강화하기 위한 최대강령의 최소연합 전략이라 할 수 있다.

지난 2009년 재·보궐 선거가 진보세력의 최소연합 전략이 부분적 성공(울산 북구)과 부분적 실패(안산 상록을)를 한 사례였다면, 다가오는 2010년 지방선거에서 진보세력이 어떠한 방식의 선거 전략을 채택할 것인가가 초미의 관심사가 되고 있다. 이와 관련해서는 정치권과 학계, 시민사회단체를 중심으로 다양한 논의가 전개되고 있다.

한나라당을 제외한 모든 정당들(민주당＋민주노동당＋창조한국당＋진보신당＋국민참여당)과 개혁과 진보의 기치를 내건 시민사회단체가 연대하여 최대다수연합을 구성한다면 2010년 지방선거에서 한나라당이 패배할 가능성이 있다. 지방선거에서 한나라당을 패배시킴으로써 폭주하는 신보수주의 정치에 일정한 제동을 거는 것이 목적이라면 민주대연합론이 가장 확실한 처방이다.

그러나 단기적인 성공의 대가가 중장기적으로 민주노동당이나 진보신당으로 대변되는 진보세력의 역량을 강화시킬 수 있을지는 장담할 수 없다. 김대중·노무현정권 집권 10년 동안 그들 정권의 신자유주의 정책의 본질을 드러내면서 개혁적 자유주의의 허구성을 내내 비판해온 진보세력이 민주당과의 선거연합을 정당화하기 어려울 뿐만 아니라,

극소수파 정당이 대정당과 선거연합을 하는 과정에서 역량이 오히려 축소될 수 있는 위험도 감수해야 한다. 민주대연합론은 선거에 가장 능동적으로 대응해야 하는 진보세력이 사실상 관망자로 전락할 위험성이 크다.

반대로 개혁적 자유주의 세력(민주당, 창조한국당, 국민참여당)을 제외한 진보세력만의 독자적인 선거연합(민주노동당+진보신당)을 통해 최소연합을 구성할 경우, 한나라당은 지방선거에서 선전할 가능성이 높다. 물론 진보세력은 이명박정부와 한나라당의 비민주성과 신자유주의 정책의 폐해를 여지없이 비판할 수 있을 뿐만 아니라, 진보세력의 반反신자유주의적 정책 프로그램을 제시함으로써 독자적인 역량을 강화할 수도 있다.

그러나 선명성에 기댄 단기적인 자기만족은 한나라당 정권이 선전할 수 있는 기회를 부여함으로써 신보수주의 정권의 안정적인 정국 운영을 방치했다는 비판을 감수해야 한다. 개혁적 자유주의 세력으로서는 선거에서 박빙의 승부를 통해 패배하더라도 모든 책임을 진보세력에게 돌릴 수 있는 명분이 주어진다. 진보대연합론은 진보세력이 선거에 가장 능동적으로 참여할 수 있는 전략이지만 그 결과에 따른 비판을 감당하기는 매우 버거운 전략인 셈이다.

민주대연합론과 진보대연합론은 이러한 장단점이 있으므로 어떠한 전략이 더 타당한지를 결정하기는 매우 어렵다. 필자는 여기에서 진보세력이 어떠한 방식으로 선거에 대응하는 것이 바람직한가에 대한 결론을 미리 내리지 않을 것이다. 민주대연합론이든 진보대연합론이든 특정한 선거 전략을 미리 정해놓고 논의를 전개하는 현재의 상황은 본말이 전도된 것이기 때문이다. 민주당을 포함하느냐 포함하지 않느냐를 미리 정해놓기보다는 논의 대상으로 열어놓고 유연하게 대처해야 한다. 그런 뜻에서 2010년 지방선거를 앞두고 진보세력이 염두에 뒀으면 하는 선거연합의 몇 가지 기준들을 제시해보고자 한다.

첫째, 정당 간 묻지마 선거연합이 아니라 의제 중심의 선거연합이 되어야 한다. 각 정당이 지방선거를 통해 정책적으로 현실화하고자 하는 의제가 상당 부분 일치하거나 수렴하고 상호 타협의 가능성이 높다면 선거연합을 하지 않을 이유가 없다. 선거연합을 염두에 둔 의제 설정은 특정한 세력의 입장이 배타적으로 고수될 수는 없다. 거기에는 일정한 양보를 전제로 할 수밖에 없다.

예를 들어 진보신당은 지방선거의 원칙으로 노동시장 유연화 반대, 한미FTA 저지, 고교 및 대학 평준화, 무상의료 확대, 대선 결선투표제, 국회의원 선거 비례대표제 전면 도입 등의 의제를 제시한 바 있다. 동일한 진보적 지평에서 본다면 민주노동당은 진보신당의 이러한 의제에 전적으로 동의할 것이다. 여기에 더해 경색된 남북관계를 호전시키고 한반도 평화 체제를 구축할 수 있는 의제 정도가 추가될 수 있다.

이들 의제들은 진보세력이 독자적인 정치 세력화를 추구한 이래 변함없이 지켜왔던 원칙적인 내용들이다. 문제는 이들 의제들을 개혁적 자유주의 세력들이 그대로 받아들일 수 없다는 데 있다.

김대중·노무현정권을 거치면서 능동적으로 추진한 신자유주의 정책에 의해 노동시장이 지속적으로 유연화되었고, 한미FTA는 노무현 정권의 최대 성과(?)로 꼽힌다. 진보세력은 개혁적 자유주의 정권 내내 이 문제를 두고 치열한 투쟁을 벌였고 이들 세력과 날카롭게 대립해왔다. 전직 대통령들의 연이은 서거를 계기로 민주당은 이들 대통령들의 유지를 잇는다는 명목으로 유권자의 표심을 자극하는 전략을 사용할 것이다.

따라서 민주당의 선거 전략과 진보세력의 의제 중심의 선거 전략은 많은 부분 충돌할 수밖에 없다. 그런 점에서 민주당이 과거 집권 시기 신자유주의 정책의 문제점과 오류를 적극 혹은 부분적으로 인정하거나, 진보세력이 과거부터 지켜왔던 원칙적인 의제들을 상당 부분 양보하지 않는다면 선거연합은 불가능하다.

둘째, 갈라진 진보세력의 내부적 통일성을 공고히 한 이후 개혁적 자유주의 세력과의 선거연합을 모색해야 한다. 민주노동당과 진보신당 간 지방선거 공동 대응에 대한 논의가 이루어지지 않은 상황에서 민주당을 비롯한 개혁적 자유주의 세력과의 선거연합에 대한 논의가 선행되는 것은 바람직하지 않다.

진보정당의 분당을 낳은 몇 가지 요인들로 인해 진보 양당은 정책적 거리는 크지 않은 반면 심리적 거리는 무한히 크다. 진보세력의 전체적인 역량을 강화해야 한다는 대의에는 동의하면서 상대 정당의 역량이 강화되는 것은 원하지 않는 상황을 타개해나갈 수 있는 건설적인 논의 테이블이 마련되어야 한다. 정당의 지도부 간, 당원들 간에 형성된 적대에 가까울 정도의 심리적 거리감을 극복하지 않은 상황에서 지방선거에서의 공동 대응은 각종 파열음을 낼 수밖에 없고, 그 결과는 대정당인 민주당이 진보정당의 분열상황을 적극 이용하는 최악의 상황으로 치달을 가능성이 높다.

지방선거 전 진보 양당의 합당을 주문하는 논의들이 있으나 현실적인 정치 역학상 합당은 불가능하다. 합당은 지방선거에서 공동 대응의 성과가 성공적이라는 전제 아래 탄력을 받을 수 있다. 지금까지 누적된 심리적 거리감을 극복할 수 있는 계기가 지방선거를 통해서 양당 지도

부와 일반 당원들에게까지 부여된다면 합당 논의는 지방선거 이후 아주 자연스럽게 진행될 수 있을 것이다.

셋째, 개혁적 자유주의 세력까지 포함한 최대다수 선거연합을 구성하기 위한 열쇠는 민주당이 쥐고 있다. 민주당이 진보세력의 선거연합 논의에 미온적인 상황에서 진보세력이 먼저 러브콜을 보내는 모양새는 바람직하지 않다.

또한 민주당이 과거 집권 기간 동안 행했던 각종 반민주적, 반민중적 정책에 대한 어떠한 반성도 없이 국민들의 반 한나라당 정서에 기대어 추상적인 민주주의 회복의 구호에만 매달려 지방선거를 돌파하고자 한다면 선거연합의 이유는 없다. 또한 대정당이 소수정당에 일정하게 양보를 한다는 기본 전제가 있어야 선거연합은 가능하다. 민주당이 대승적인 차원에서 진보세력이 독자적으로 선거정치에 임할 수 있도록 배려하지 않고 진보세력의 일정한 지분까지 모두 다 챙기려 한다면 이 역시도 선거연합의 이유가 없다.

민주당이 어떠한 선택을 할지는 미지수다. 때문에 미리부터 민주당을 선거연합의 대상으로 가정하거나 아예 처음부터 배제할 수는 없다. 진보 양당 간 지방선거 공동대응의 원칙이 세워진 이후 민주당을 포함한 선거연합 논의를 진행하는 과정에서 민주당이 진보세력의 몇몇 주요 의제를 받아들이고, 진보세력의 일정한 지분을 인정해주는 전향적인 태도 변화가 있을 때 최대다수 선거연합의 형성은 충분히 가능하다.

여러 가지로 진보세력은 딜레마에 처해 있다. 이명박정권과 한나라당의 무차별적인 신보수주의적 정책에 제동을 걸어야 하는 동시에 민주당의 헤게모니에 종속되지 않기 위해 독자적인 역량을 강화해야 한다. 또한 갈라진 진보 양당의 통일성도 강화해나가야 한다. 갈라진 진보세력의 역량을 강화하면서 딜레마 상황을 극복하기 위해서는 의제 중심의 논의 테이블 구성, 진보세력 내부의 통일성 강화, 민주당의 전향적 태도가 순차적으로 결합되어야 한다.

이러한 전제 조건을 해결해나가는 과정에서 최적의 선거연합 전략이 도출될 수 있을 것이다. 선거연합의 수준은 지금 이 시점에서 미리 결정되어야 하는 것이 아니라 다양한 고려 사항들이 어느 정도 해결된 이후에 최종적으로 선택해야 할 문제다.

전환기의 한반도, 새로운 10년이 시작되나

새로운 10년 앞둔 남북미중의 선택

정영철_서강대학교 공공정책대학원 교수

1. 2010년은 현재 교착상태에 있는 6자회담과 더불어 다양한 형식의 양자회담이 벌어지고, 이를 둘러싼 각국의 치열한 전략과 전술이 부딪치는 숨 가쁜 해가 될 전망이다.

2. 2012년 경제강국을 건설하겠다는 신년 포부를 밝힌 북한에 올해는 2012년을 향한 중요한 징검다리이자 결정적인 전환의 해가 될 것이다. 지난 20여 년 동안의 기나긴 여정에 마침표를 찍을 수 있을 것인지의 여부가 올해의 성과로 크게 좌우될 것이다.

3. 북미관계에서 한반도 평화 및 비핵화, 관계 정상화의 적극적인 논의가 진행될 예정이고 남북관계에서도 북한의 적극적인 유화공세에 맞춰 이명박정부의 대북정책 전환이 이루어진다면 3차 정상회담 개최 가능성도 있다.

1

'전환의 해'를 맞이하며

극적인 반전을 보여주었던 2009년이 지나고, 2010년이 밝았다. 지난해 8월 클린턴 전 대통령의 방북으로 마련된 극적인 반전은 12월 보즈워스 특별대표의 방북으로 새로운 전환을 예고하면서 끝을 맺었다. 이제 2010년은 이러한 반전의 계기가 이어져서 새로운 한반도가 만들어지거나, 그러지 못하면 또 다른 우여곡절을 맞이하게 될 변곡점의 해로 기록될 것이다. 그것은 올해 신년사설에서 북한이 적극적이고 전향적인 대화와 협상의 자세를 보여주었으며, 한반도의 비핵화와 평화체제의 구축을 위한 관련국들의 논의가 점차 더 구체화되고 있기 때문이다. 아직 그 전모가 드러나지 않고 있지만 미국, 중국을 비롯해 일본 그리고 우리 정부까지 여러 가지 다양한 협상과 새로운 사태 전개를 예고하고 있는 데서 중요한 '전환의 해'가 될 것만은 틀림없어 보인다.

'전환의 해'의 내용은 한반도의 평화체제 구축, 6자회담 등 다자회담을 통한 한반도 비핵화 그리고 북미관계 정상화 등으로 채워질 것이다. 이미 지난해 보즈워스 특별대표는 한반도 비핵화와 더불어 평화 체제 문제가 향후 핵심적인 협상 내용이 될 것임을 분명히 했고, 클린턴 국무장관은 나아가 북미관계 정상화를 위한 논의까지도 예고한 바 있다. 이렇게 보았을 때 올해는 현재 교착 상태에 놓인 6자회담의 재개와 더불어 다양한 형식의 양자회담이 벌어지고, 이를 둘러싼 각국의 치열한 전략과 전술이 부딪치는 숨 가쁜 해가 될 전망이다.

이는 지금까지 남북관계에서 비공식 접촉 외에 이렇다 할 성과를 보여주지 못했던 우리 정부의 대북 정책이 커다란 도전을 맞이하게 됨을 의미한다. 한반도 평화 체제, 비핵화 그리고 관계 정상화 그 어느 하나 쉽지 않은 과제이며, 이를 두고 우리 정부가 어떠한 정책적 지향성을 보여주느냐에 따라 향후 남북관계도 요동칠 것이 분명하기 때문이다.

한편, 북미관계 역시 올해 5월에 앞두고 있는 NPT검토회의, 미국의 중간선거 그리고 이란을 비롯한 중동 정세 등의 변수에 따라 현재의 변화를 지속하여 새로운 관계 형성으로 나아가게 될지, 아니면 또 다른 걸림돌을 만나게 될지 불확실하다. 하지만 적어도 현재의 추세가 이어진다면 고위급 회담을 비롯한 관계 정상화를 향한 중요한 일보를 딛게 될 것으로 예상된다. 이미 일각에서는 북미 연락사무소 설치가 논의되고 있다는 보도가 나오고 있으며, 현실적으로도 북미 간 직접 협상이 이어지면서 결국에는 관계 정상화를 위한 중요한 진전을 이룰 것이라는 전망이 힘을 얻고 있다.

일본 역시 하토야마 총리의 방북 의향 표명이 지난해 말에 이어 올 초부터 이어지고 있으며, 이미 상당한 수준의 비공식 접촉이 이어지고 있음이 확인되고 있다. 지난해부터 밀접한 협력 관계를 보여주고 있는 북중관계는 올해도 지속될 것으로 예상되며, 오히려 중국의 적극적인 중재자의 역할과 평화 체제 구축에서의 주도적 역할이 강화될 것으로 예상된다. 김정일 위원장의 방중이 가까운 시일 내에 성사될 것으로 예상되며, 이는 현재의 변화에 대한 북한과 중국의 보다 긴밀한 협조와 경제 협력의 강화로 이어질 것이다.

결국 올해는 평화 체제 구축을 위한 일련의 협상, 한반도 비핵화를 위한 6자회담(혹은 다자회담) 그리고 북미관계 정상화라는 세 개의 키워드를 둘러싸고 다양한 양자회담과 다자회담이 교차하는 해가 될 것이

다. 비록 미국의 중간선거, 일본의 참의원선거 그리고 우리의 지방선거
가 변수로 작용하겠지만 현재의 국면에서 심각한 경색과 충돌로 반전
될 가능성은 높지 않아 보인다.

이러한 상황에서 결국 중요한 것은 우리 정부의 선택이다. 우리 정부
역시 올해에 들어와 정상회담 추진 등의 전향적인 자세가 엿보이지만
아직까지 정책 전환의 조짐이 분명해 보이지는 않는다. 그런 의미에서
2010년은 우리 정부에도 도전과 선택의 해가 될 전망이다.

2
북미관계
- 한반도 평화 및 비핵화 그리고 관계 정상화

2010년의 최대 관심사는 과연 북미관계가 어떤 형태로 전개될 것인가다. 물론 그 이전에도 그리고 앞으로도 북미관계의 향방은 현재의 정세를 규정하는 1차적 요인임에는 틀림없다. 그럼에도 2010년의 북미관계를 더 주목하는 이유는 지난해 보즈워스의 방북과 협상의 내용이 올해 어떠한 모습으로 나타날 것인가가 2010년의 한반도 정세를 규정할 것이기 때문이다. 사실 보즈워스의 방북은 북미 간 대결의 악순환을 협상의 국면으로 확고하게 전환시켰으며, 이는 한반도를 둘러싼 정세의 근본적인 변화를 보여주는 상징적 사건이라고 할 수 있다.

보즈워스 방북 이후 북미 모두 한반도 비핵화에 대한 목표를 공유했고(이는 곧 9.19 공동성명의 존중을 의미), 나아가 한반도 평화 체제 구축의 필요성에도 공감했음이 밝혀졌다. 문제는 한반도 비핵화와 평화 체제 구축을 위한 의제의 우선 순위를 정하고 이의 실행을 어떠한 방식으로, 어떠한 협의틀을 통해 진행할 것인가에 있다. 지난해 방북 직후 보즈워스 특별대표의 기자회견이나 북한 외무성의 발표에서 동시에 지적된 양자 사이의 차이점은 바로 이를 의미하는 것으로 보인다.

북한은 이미 양자회담과 다자회담을 병행할 뜻을 밝혔고, 부분적으로 이는 북미 직접 협상, 북중 회담 등을 통해서 진행되고 있다. 따라서 앞으로도 북미 직접 협상이 실질적인 협상의 축으로 진행되면서 북중, 북러, 북일 간의 양자 협상이 이루어질 가능성이 높고, 여기에 남북 협상이 이들 회담과 공통성과 독자성을 가지면서 진행될 것으로 보인다. 물론 여기에는 우리 정부가 어떤 정책적 선택을 하느냐가 중요한 변수가 될 것이다.

올해의 북미관계에 영향을 미칠 변수로서 몇 가지를 고려해야 한다. 우선은 5월의 NPT검토회의다. 비록 후퇴하고 있지만, '핵 없는 세상'을 주장한 오바마 행정부의 정책 지향을 살펴보았을 때 북한과 핵문제의 성과를 내는 것은 매우 중요한 일임에 틀림없다. 갈수록 꼬이고 있는 이란 핵문제와 달리 북한의 핵문제는 협상을 통해, 그것도 북미 간의 협상을 통해 해결될 수 있는 사안이며 양자의 이해관계에 따라 '주고받기'를 통해 해결할 수 있는 문제다.

〈조선신보〉의 보도에서 추측할 수 있는 바와 같이 북한은 이미 핵 포기에 대한 결단을 내부적으로 내린 것으로 보이며, 미국의 협상 여하에 따라 이를 공식적으로 선언하고 단계적인 폐기에 나설 수 있음을 시사하고 있다. 따라서 미국으로서는 5월의 NPT회의에서 성과를 내기 위해서도 북한 핵문제의 가시적인 결과물을 얻고자 할 가능성이 높고, 이에 따라 상반기 중으로 북미 간의 직접 협상이 이루어지고 고위급 대화로 이어질 가능성이 높다.

북미 간 고위급회담은 두 번째로 눈여겨보아야 할 지점이다. 이미 북미 간에 놓인 문제는 6자회담의 틀과 수석대표의 위상으로는 해결하기 어려운 의제로 이동하고 있다. 한반도 비핵화 및 핵 포기, 평화 체제 그리고 관계 정상화의 문제는 현재의 협상틀로는 담아내기 어렵고, 따라서 고위급의 정치회담이 필연적으로 요청된다. 이러한 의제의 무게감에 비추어보았을 때, 힐러리 클린턴 국무장관의 방북이 예상되며, 이렇게 본다면 2000년 당시 조명록 특사와 올브라이트 국무장관의 교차 방문과 그해 10월에 발표한 '조미공동코뮤니케'가 재등장할 가능성이 높다. 여기에 지난 2007년 '10.4 정상선언'에서 남북이 합의한 3자 혹은 4자 회담을 상기한다면 한반도 평화 체제는 남북미중의 4자에 의해 우선적으로 '종전선언'으로 이루어지고, 핵 폐기 과정도 병행하여 평화 체제 구축으로 이어질 것이다. 그러기 위해서는 결국 4자 정상 혹은 최소한 외무장관급의 회담이 요구된다.

올해 이 과정이 이루어질 수 있을지는 아직 확정하기 어렵지만 상반기 중 클린턴 국무장관의 방북이 이루어진다면 올해 안에 베이징 등에서 4자 간 '종전선언'이 이루어질 가능성은 커질 것으로 보인다.

마지막으로 북미관계 정상화는 일정한 시간이 요구되며 미국 내 법적인 문제 등으로 전격적으로 이루어질 가능성은 높지 않다. 다만 이와 관련해 북미 양국의 연락대표부(혹은 연락사무소) 설치 등의 수교 전단계 과정이 이루어질 가능성은 배제하기 힘들다. 일부의 보도에 의하면 보즈워스 특별대표의 방북 시에 전달된 오바마 대통령의 친서에는 북미 관계 정상화의 의지와 연락사무소 설치 등의 내용이 포함된 것으로 알려지고 있다. 또한, 북한의 경우 관계 정상화보다는 미국의 대북 적대 정책 철회와 평화 체제 구축을 우선적으로 논의하자고 요구하고 있는 것으로 알려지고 있다.

우선순위 문제가 지난해 양측의 회담에서 차이점으로 지적될 수 있지만 현실적으로는 북한의 6자회담 복귀와 평화 체제 구축, 관계 정상화가 맞물리면서 진행될 가능성이 높다. 현재 북미 간의 신뢰 수준으로 보았을 때 협상은 포괄적으로 진행하되 이행은 단계적으로 '행동대 행동'의 원칙에 따라 진행하는 것이 합리적일 것이다. 따라서 대북 적대 정책 철회와 북한의 핵 포기 선언, 평화 체제 구축과 단계적 핵 폐기 등이 서로 맞물리면서 그 결과물로서 한반도 비핵화와 평화 체제 구축 그리고 북미 간 관계 정상화의 진전이 이루어질 것이다.

그러나 이러한 전망에는 몇 가지 부정적인 변수를 고려해야 한다. 즉 위의 과정은 모두 북한과 미국이 협상을 통해 문제를 풀려는 의지가 확고하게 지속되는 것과 더불어 국내 정치적인 변수에 의해 흔들리지 않을 때만이 실현 가능하다. 특히 미국의 경우 올해 중간선거가 예정되어 있으며, 중동의 정세―특히 파키스탄 및 아프가니스탄에서의 대 테러 전쟁, 이란 핵문제 등―역시 중요한 변수로 작용할 것으로 보인다.

지금까지 남북관계에 별다른 전향적인 조치를 취하지 않았던 우리 정부의 태도도 중요하게 작용할 것이다. 더욱이 오바마 행정부의 경우 과거 부시 행정부와 달리 동맹국들과의 협력을 중시하는 외교 정책을 전개하고 있는 조건에서 우리 정부의 자세는 중요한 고려 사항이다.

이러한 변수가 비록 중요한 것임에는 틀림없지만 지금의 대화와 협상의 국면을 대결의 국면으로 후퇴시킬 가능성은 높아 보이지 않는다. 결국 올해의 북미관계는 한반도 비핵화와 평화 체제 구축을 중심으로―몇 가지 걸림돌이 있겠지만―고위급회담으로까지 이어질 가능성이 높고, 이는 남북관계에도 지대한 영향을 미치게 될 것으로 보인다. 그리고 이 과정은 비교적 빠른 시간에, 즉 상반기 중에 시작될 것으로 예상된다.

이미 북한은 정초부터 평화 체제 구축을 위한 회담을 제의하고 있다. 그리고 그 협상의 틀도 과거의 북미 간 직접 회담이 아닌 6자회담과 같은 틀도 수용할 수 있음을 밝히고 있다. 한반도 평화 체제 문제를 우선적으로 해결해야 한다는 북한이 협상의 틀에 있어서도 상당한 유연성을 보여주고 있는 셈이다. 북한과 미국이 보즈워스 특별대표의 방북을 전후하여 한반도 평화 체제에 대한 의견을 활발하게 주고받았음을 상기하면, 그리고 힐러리 클린턴 국무장관의 평화조약 체결도 가능하다는 발언을 상기하면 북한의 이번 제안은 이를 공식화하겠다는 것을 의미한다.

교착된 6자회담의 재개가 한반도 비핵화 과정의 재시작을 의미한다면 평화 체제 구축을 위한 회담은 평화-비핵화라는 두 개의 수레바퀴를 동시에 굴리겠다는 북한의 의도라 할 수 있다. 일각에서 주장하는 것처럼 비핵화를 지연시키려는 의도가 아니라 비핵화와 평화의 병행 추진을 통해 한반도 문제의 본질적인 의제로 들어가겠다는 의도인 것이다. 그리고 이 역시 북미 직접 협상 및 다양한 양자회담 그리고 다자회담의 틀을 통해 진행될 것으로 전망된다. 그러나 그 어느 것 하나 북미 간 협의를 배제하고는 실현되기 어려운 것이 사실이다. 결국 북미 간 고위급회담이 올해의 북미관계를 가늠하는 열쇠가 될 것이다.

3

남북관계
─북한의 적극적인 유화공세와 주저하는 MB

2010년 북한의 신년사설은 남북관계 개선에 대한 적극적인 의지를 담고 있다. 〈조선신보〉는 더 나아가 '극적 사변'이라는 용어를 사용하면서까지 남북관계에 대한 북한의 의지를 전하고 있다. 특히 이들 표현의 전후 맥락을 통해 지난 정상회담의 과정을 언급함으로써 올해 북한이 남북 정상회담에 적극적인 의지를 가지고 있음을 암시하고 있다. 여기에 우리 정부 또한 지난해 말부터 대북 인도적 지원에 적극성을 띠고 올 초에는 남북관계에 새로운 전기를 마련해야 한다는 점을 강조하고 있다.

남북 간에 '이심전심'의 정상회담 분위기 조성이 이루어지고 있는 셈이다. 이 정도의 수사라면 남북 간 정상회담에 대한 어느 정도의 공감대 및 일정한 협의가 이루어지고 있음을 짐작케 한다. 지난해 3차례에 걸친 정상회담을 위한 비공식 접촉이 서로간의 입장 차이로 결렬된 것에 비추어보면 그 이후에도 이러한 비공식 접촉과 접점을 형성했을 가능성이 높다.

북한의 경우 2012년을 바라보면서 대미관계와 남북관계의 획기적인 진전─되돌릴 수 없는 북미관계 정상화와 남북관계의 안정적인 진전─을 목표로 하고 있고, 이는 한반도 평화 체제 구축과 비핵화, 나아가서 남북 협력 관계가 새로운 단계로 발전한다는 것을 의미한다. 북한의 이러한 목표는 2012년 '강성대국의 대문을 여는 해'를 위한 전략적 판단에 기초하고 있으며, 따라서 쉽게 변하지 않을 것으로 보인다.

사실 지금까지의 남북관계의 교착과 경색은 우리 정부의 '6.15' 및 '10.4' 양 선언의 불이행 및 대북 강경책에 보다 큰 책임이 있다고 할 수 있다. 지난해 상반기까지만 해도 쉽게 풀릴 것 같지 않던 남북관계가 급격하게 유화 국면으로 전환할 수 있었던 힘은 현정은 회장의 방북과 김정일 위원장의 면담 그리고 고 김대중 대통령의 서거를 계기로 한 특사조의사절단의 방문이었다. 이를 계기로 남북 간에는 비공식접촉이 이어졌고 이산가족 상봉 등 부분적인 협력 사업도 이루어졌다. 그럼에도 우리 정부는 '비핵개방 3000'에 기초한 대북 정책을 고수하였고 북한의 적극적인 유화 정책에 주저하는 모습을 보여주기도 했다.

지난해 말부터 우리 정부의 대북 정책에 약간의 변화가 보이기 시작한 데는 몇 가지 요인이 자리하고 있다. 우선은 북미 간의 직접 협상에 따른 압력을 들 수 있다. 여기에는 원자바오 중국 총리의 방북 이후 변화된 정세도 자리하고 있다. 일본 역시 북한에의 접근이 가시화되고 있는 상황에서 우리 정부가 기존의 대북 정책을 지속하기는 힘들 것으로 보인다. 자칫하면 뒤처질지 모르는 상황에서 우리 정부 역시 남북 정상회담을 통한 주도권 및 당사자 입장을 주장할 수밖에 없을 것이다.

다음으로는 국내 정치적 상황을 들 수 있다. 세종시 문제, 4대강 문제 등 국내 정치적 현안의 복잡함과 지방선거를 앞둔 정부 및 여당의 선택이다. 특히 지방선거를 앞두고 정치적 반전을 꾀하려는 정부의 입장에서 정상회담 카드는 여전히 유효할 것이다.

남북의 정상회담은 지금까지의 남북 경색 국면을 전환하는 계기가 될 것이며, 북미관계의 개선 및 한반도 평화 체제 그리고 비핵화에 중요한 진전을 제공할 것이다. 특히 현재 끊어진 금강산 관광과 개성 관광 등의 남북 협력 사업이 제자리를 찾을 수 있는 중요한 계기가 될 것이다. 이는 지금까지의 정부 대북 정책이 결국에는 화해와 협력의 정책으로 돌아가지 않으면 안 되는 상황을 의미한다. 그리고 이를 둘러싼 우리 사회 내의 갈등이 보수의 분열이라는 새로운 현상으로 나타날 가능성이 높다. 따라서 정상회담을 둘러싼 정치적 역학 관계의 문제는 매우 중요한 변수가 된다. 지난 정상회담을 위한 비공식 접촉이 무원칙적으로 언론에 흘러나온 이유 중의 하나가 여권 내 반대 세력에 의한 것이라면 정상회담을 반대하는 정치 세력의 움직임은 가장 중요한 변수로 고려되어야 한다.

또한, 지난 정상회담의 역사를 보더라도 선거를 앞두고 이를 발표하는 것은 오히려 여론의 역풍을 맞았던 경험이 있다. 이는 정상회담이 지방선거를 전후로 어느 시점에서 결정되느냐에 중요한 고려 사항이 될 것이다. 1월 중으로 김정일 위원장의 방중과 상반기 북미 간 직접 협상 및 고위급회담 등이 예상된다면 남북 정상회담 역시 상반기 중으로 열릴 가능성이 높다. 최근 남북 모두에게서 보이는 적극적인 수사를 보면 정상회담에 대한 조율이 이미 상당한 수준에서 이루어지고 있는 것이 아닌가 생각된다.

결국 2010년의 남북관계는 지금까지 주저했던 북한의 유화 공세에 남한이 호응하지 않을 수 없는 구조를 띠게 될 것이며 우리 정부로서는 수동적이고 미온적인 대북 정책에 어쩔 수 없는 변화를 강요받을 가능성이 높다. 따라서 2010년은 우리 정부에는 지금의 대북 정책에서 탈피하여 적극적인 화해·협력의 길을 갈 것인지, 아니면 수동적으로 끌려갈 것인지에 대한 도전과 맞닥뜨리는 해가 될 것이다.

4

2010년의 북한 - 경제 강국 건설

2010년 북한의 신년사설은 가히 유례가 없을 정도로 경제 분야를 강조하고 있는 점이 돋보인다. 제목부터가 농업과 경공업에 방점을 찍고 있고, 인민 생활의 향상을 위한 전 국가적 힘을 집중할 것을 다짐하고 있다. 북한으로서는 2012년 '강성대국의 대문을 여는 해'를 앞두고 경제 분야에서의 성과가 절실히 요구되고 있는 상황이다. 지난해 김정일 위원장의 '6.25 담화'에서 보듯이 이미 모든 힘을 경제 건설에 쏟고 있는 상황에서 올해는 특히 대외적인 여건 변화와 더불어 이러한 전략이 본격적으로 전개될 것으로 예상된다. 이미 북한은 2007년부터 시장에 대한 통제를 부쩍 강화한 데 이어 지난해에는 전격적으로 화폐 개혁을 단행해 경제에 대한 국가의 장악과 지도를 강화하였다.

아직 화폐 개혁에 대한 구체적인 평가를 하기는 어렵지만 일부 언론의 부정적 보도와는 달리 이번 조치가 차분하게 실행되고 있고 주민들도 큰 동요 없이 이를 받아들이고 있는 듯이 보인다. 이번 화폐 개혁의 핵심 목표가 경제에 대한 국가의 지도 강화 및 나아가서는 계획 정상화에 있지만, 그 이면에는 오히려 적극적인 대외 개방의 의도도 숨어 있다. 그것은 지난해 9월 김정일 위원장의 대외 개방 및 투자 활성화에 대한 교시가 내려졌고, 이를 위해서는 내부 경제에 대한 국가의 통제력 강화가 요구되고 있었다는 점에서 그렇다.

사실 북한은 이미 오래 전부터 화폐 개혁을 구상했던 것으로 보인다. 북미관계의 경색 등으로 인해 시기를 연기했던 북한이 이를 전격적으로 실시한 것은 화폐 개혁이 가지고 있는 경제적인 의미 못지않게 국제 정치적 의미도 눈여겨보도록 하고 있다. 즉 북한의 화폐 개혁은 대외적으로는 개방과 외부 투자의 유인 효과를 높이는 조치의 일환이며, 이는 대외 관계가 안정화될 때만이 가능하다. 구체적으로는 북중 협력 관계의 강화 및 북미관계의 진전과 남북관계의 발전이라 하겠다.

따라서 북한이 전격적으로 화폐 개혁을 실시한 배경에는 이러한 대외 관계에 대한 전망과 더불어 이를 위한 북한의 적극적인 의지가 자리하고 있는 것으로 보인다. 사실 화폐 개혁의 성패는 국가의 공급 능력이 얼마나 회복되는가에 따라 결정되겠지만, 이미 지난해 '150일 전투'와 '100일 전투'를 통해 단기적으로 필요한 일정한 수준의 공급 능력은 마련한 것으로 보인다. 더 중요한 것은 향후 중국과의 협력 강화 및 미국과의 관계 개선 등을 통해 대외적 투자 여건을 마련하는 것이라고 할 수 있다.

지난해 리근 외무성 국장의 방문 당시, 북한 대표단의 입에서 미국과의 현안 이외에도 북한에 대한 적극적인 투자 설명 등이 있었다는 것을 감안하면 외부 투자를 받아들이고자 하는 북한의 적극적이고 본격적인 움직임이 이미 시작되었다고 할 수 있다. 이를 위한 법제 정비 등도 내부적으로 이루어졌으며, 또한 최근 라선시를 특별시로 변경한 것 등도 이러한 외부 투자의 유치와 관련된 것으로 보인다.

다른 한편, 북한에 2010년은 2012년을 위한 확실한 징검다리가 되어야 한다. 2012년으로 예상되는 당대회 및 안정적인 후계 구도의 마련 등이 올해의 성과에 따라 크게 좌우될 수 있기 때문이다. 앞서 말한 북미관계의 개선, 평화 체제 및 한반도 비핵화 등은 다른 의미로 북한의 국제사회에서의 참여 및 경제적 협력의 안정적 추진 등을 의미하며, 이는 북한 내부의 현안 등을 큰 어려움 없이 추진할 수 있는 대외적 환경의 마련을 의미한다. 특히 최근 북한이 국제사회에의 참여를 강력하게 요청했다는 보도를 보면 북한이 앞으로 경제 건설을 위한 외부 자본의 유입에 적극적으로 나설 것임이 예상된다.

최근 북한을 둘러싼 세간의 가장 큰 관심은 김정일 위원장 이후의 후계 구도라 할 수 있다. 여러 가지 보도가 엇갈리고 있지만 김정은으로의 후계는 확정적인 것으로 알려지고 있으며, 그를 중심으로 한 여러 가지 일들이 벌어지고 있는 것으로 보인다. 북한식 검증과 교육이 이루어지고 있는 셈이다. 이러한 후계 구도는 시간이 흐를수록 수면 위로 드러나게 되며, 그런 점에서 올해는 후계 구도에 따른 북한의 움직임이 보다 빨라질 것으로 보인다.

100일 전투의 결속 및 화폐 개혁의 성과 그리고 당 조직 등에 대한 사상 교양과 조직적 결속의 강화 등은 모두 후계 구도의 안정적 구축으로 모아질 가능성이 높다. 특히 올해 신년사설에서 보이는 당 조직과 사상교양에 대한 강조는 후계자를 중심으로 한 당 조직의 재편이 가속화될 것을 암시한다.

그러나 어느 시점에 이를 공식화할 것인지는 섣부르게 판단하기 어렵다. 북한으로서는 2012년 '강성대국의 대문을 여는 해'를 성과적으로 마무리 지으면서 그 성과를 바탕으로 지금까지 열리지 못했던 당대회를 개최하고 후계 문제를 마무리하려 할 가능성이 높아 보인다. 따라서 2012년까지 후계 체제의 안정적 구축을 위한 내부 정비에 힘쓰는 한편 대외적인 여건을 마련하기 위해 총력을 기울이고자 할 것이다. 그리고 그 중요한 징검다리로서 2010년 역시 북한에게는 결정적인 '전환의 해'가 되어야 할 것이다.

결국 북한에 올해는 2012년을 향한 중요한 징검다리이며 결정적인
전환의 해가 될 것이다. 지난 20여 년 동안의 기나긴 여정에 마침표를
찍을 수 있을 것인지의 여부가 올해의 성과로 크게 좌우될 것이다. 그
런 점에서 올해 북한은 다양한 양자회담과 다자회담을 적극적으로 추
진하여 대외 여건을 정비하고, 내부적으로는 화폐 개혁으로 촉발된 경
제 정비와 재건설 그리고 대외 투자를 위한 본격적인 움직임을 보여줄
것이다. 그리고 이러한 성과는 후계 구도의 안정적인 구축으로 모아질
것이다.

5
 새로운 10년을 준비해야

올해 2010년은 2000년대 첫 10년의 마지막이자 새로운 10년을 준비하는 첫 해다. 내외적으로 커다란 변화가 다가오고 있으며 이에 어떻게 대처하느냐에 따라 한반도의 상황을 우리의 요구에 맞게 변화시킬 수 있을지, 그러지 못할지가 결정될 것이다. 결국 문제는 우리 정부의 대북 정책과 남북관계의 개선 여부에 있다. 현재 주저하는 우리 정부의 모습은 결코 바람직하지 않다.

다행스럽게도 지난해 말부터 변화의 조짐이 보이고 있기는 하다. 이러한 변화가 외부 환경에 의한 수동적 변화로 끝나서는 안 된다. 적극적인 남북관계 개선을 위한 정책이 새롭게 짜여야 할 것이며, 나아가서는 한반도의 정세 변화, 동북아시아 질서 변화에 대처하는 정책 지향을 시야에 포함해야 한다.

역사적으로 남북 간 승패 논리에 집착한 정책은 한 번도 성공하지 못했다. 설사 성공했더라도 그것은 냉전의 방정식에 의한 것이었다. 이미 세계는 탈냉전으로 접어든 지 20여 년의 시간이 흘렀다. 이제는 냉전의 방정식에 의한 승리가 아니라 공동의 승리를 추구해야 할 때다. 남북 모두가 승리하는 것이 곧 통일의 길이며 지금의 복잡한 상황을 지혜롭게 극복할 수 있는 유일한 길이라 하겠다.

2010년은 이미 다가왔다. 그리고 우리에게 새로운 도전장을 내밀고 있으며 선택을 강요하고 있다. 새로운 10년을 준비해야 하는 시점에서 2010년은 새로운 출발을 다짐하는 해가 되어야 한다. 그리고 이미 한반도 비핵화와 평화라는 두 개의 수레바퀴에 의해 굴러가기 시작했다. 여기에 남북관계의 개선과 발전이라는 우리만의 동력이 추가되어야 한다.

'비핵화'만을 앞세워 우리가 정작 추진해야 할 남북관계의 발전을 도외시한다면 비핵화와 평화의 과정에서도 우리의 몫을 다하지 못할 것이다. 우리가 우리 몫을 제대로 수행하기 위해서도 남북의 협력과 발전이라는 든든한 배경을 마련해놓아야 한다. 더 이상 냉전의 방정식에 의한 대북 정책이 지속되어서는 안 된다. 평화와 통일의 방정식에 의한 대북정책으로의 전환을 기대한다.

한국 사회의 진보를 위해 무엇을 할 것인가

김병권_새사연 부원장

전대미문의 경제 위기를 겪은 세계와 한국 경제의 오늘을 돌아볼 때, 위기를 제대로 극복하고 안정적인 2010년대를 열어가자면 적어도 이번 위기에서 드러난 세 가지 구조적 문제를 해결해야 한다.

최우선 과제는 위기를 불러일으킨 주범인 금융 자유화를 규제로 전환하는 것이다. 특히 금융 신흥국인 한국은 금융시장에서 가장 중요한 역할을 하고 있는 은행의 공공성을 강화하는 개혁을 단행해야 한다. 수익성만을 보고 대출상품을 남발하거나 갑자기 대출을 회수하는 관행을 근본적으로 수술해야 한다. 아울러 외국자본의 급격한 유출입에 의한 한국 금융시장의 불안정성에 대해 충분히 학습한 만큼 자본시장 자유화가 경제 발전의 필수조건이 아니라 독이 될 수 있음을 인식하고 이에 대한 규제 마련에 착수해야 한다.

두 번째 과제는 지금까지 절대 진리인 것처럼 여겨온 노동시장의 유연화에 대한 규제다. 이번 금융 위기에서 얻어야 할 중요한 교훈 가운데 하나는 미국식 금융 시스템과 복지 시스템의 파산에 이어 고용 시스템도 사실상 파산 선고를 받았다는 점이다. 노동 유연화의 정당성을 뒷받침하던 근거가 무너진 것이다.

마지막 과제는 시장 영역으로 편입되던 의료, 교육과 같은 사회서비스를 공적인 서비스로 전환하는 것이다. 우리 정부는 여전히 의료와 교육 같은 사회서비스의 시장화를 '선진화'라는 이름으로 강행하고 있다.

공적 의료보험체계를 도입하기 위해 사활을 걸고 있는 현재의 미국 상황에서 교훈을 얻을 필요가 있다.

경기 침체와 느린 회복기에 공적 사회서비스 체계가 와해된다면 심각한 양극화와 사회 불안을 낳을 것이다. 반대로 공적 사회서비스 체계를 강화하는 것은 고용과 복지를 동시에 충족시킬 수 있는 유일한 길이다.

그렇다면 이러한 세 가지의 구조 개혁을 단행하기 위한 구체적 방안은 무엇인가. 이미 앞서 여러 글들을 통해 세부적인 진단에 기초한 방향을 모색해보았으므로, 이번 글에서는 특히 중요하다고 여겨지는 금융시장과 고용시장 개혁 과제를 중심으로 다시 한 번 정리해보도록 하겠다. 금융 개혁과 고용 개혁은 신자유주의를 뛰어넘어 새로운 대안 사회로 가는 가장 중요한 디딤돌이라 믿기 때문이다.

| 한국 금융시장 안정화의 필수 조건, 자본 통제 |

32조와 54조.

2009년 한 해 동안 외국인이 우리나라 유가증권시장에서 순매수한 주식의 총액이 32조 원이며, 순매수한 채권 총액이 54조 원이다. 가히 엄청난 규모의 외국 금융자본, 더 정확하게는 절반 이상이 월가에 뿌리를 둔 달러 자금이 비교적 짧은 시간에 국내 자본시장으로 유입된 것이다.

43조 2000억과 22조 3000억.

글로벌 금융 위기가 발발한 2008년 한 해 동안 외국인이 우리나라 유가증권시장에서 순매도한 주식 총액이 43조 2000억 원, 그리고 순매수한 채권 총액은 22조 3000억 원이다. 여기서 채권의 경우는 2008년 한 해 전체로는 매수 우위로 마무리됐지만 금융 위기가 정점에 오른 10월

한 달 사이에는 무려 4조 원 이상을 순매도한 바 있다. 월가의 달러 자금이 한국 자본시장에서 급격하게 유출된 것이다.

이처럼 외국인이 우리 자본시장에서 자금을 유입하고 유출할 때마다 주가는 큰 폭의 상승과 하락을 반복하며 요동쳤다. 동시에 외환시장의 불안정성도 매우 높아져 외환 유동성 위기의 경계를 수없이 넘나들어야 했다. 급격한 환율 변동이 이를 말해준다.

앞서 소개한 54조, 43조, 32조 원 정도의 규모는 아시아에서 일본을 제외한 최고 수준의 자본 이동이다. 예를 들어 2008년 외국인이 한국에서 팔아치운 주식 총액은 달러로 환산해 366억 달러를 넘어서는데 이는 대만, 인도, 태국의 경우를 모두 합한 것보다도 큰 규모다. 2009년 들어 외국인이 다시 우리나라에 달러를 싸들고 와서 사들인 주식 총액 역시 대만과 인도, 태국에서 사들인 주식 총액보다 훨씬 많다. 금융 위기를 겪은 지난 2년 사이 한국 자본시장에서 외국 자본의 영향력이 얼마나 막강했는지를 보여주는 지표다.

신자유주의 금융화가 세계적으로 확산되면서 이제 자본시장이 금융의 중심으로 자리잡았다. 전통적 금융 중개 기능을 담당하던 은행들마저 지금은 자본시장의 플레이어일 뿐이다. 그 결과 자본시장이 극도로 불안정해지면 전체 금융시장과 함께 은행도 위험해지게 되고, 이는 곧바로 기업의 자금 조달 여건을 악화시키는 것은 물론 주식과 펀드를 보유한 가계에까지 악영향을 미친다. 그뿐이 아니다. 수많은 국민의 이해관계가 걸린 부동산시장도 결국 금융시장에 의해 움직일 수밖에 없다. 무엇보다 심각한 문제는 자본시장이 외국자본, 즉 달러에 의해 좌지우지되면 그로 인한 불안정성이 곧바로 외환시장 교란으로 이어진다는 사실이다.

2009년을 돌아보면, 한때 제2의 외환위기를 걱정해야 할 정도로 외환시장이 심하게 요동치는가 하면 주식과 펀드 손실로 우리 가정의 시름은 나날이 깊어갔다. 순식간에 대출금리가 폭등하는 바람에 기업들도 운영자금을 구하지 못해 발을 동동 굴러야 했고 급격한 환율 변동으로 수입물가와 수출단가는 하늘과 땅을 오가야 했다. 이 모든 그 충격의 진원지는 바로 자본시장이었다.

상황이 이러함에도 한국의 자본시장에는 자본의 대규모 유출입에 따른 불안정성과 위험성에 대한 아무런 통제 장치가 없다. 오직 '자유'만이 존재할 뿐이다. 노동소득에 대해 예외 없이 부과되는 세금도 자본시장에서는 미미한 거래세 외에는 찾아보기 어렵다. 기업을 설립하고 경영할 때는 으레 존재하기 마련인 내국인과 외국인에 대한 차별도 없다. 상품이 국경을 넘을 때면 당연히 물어야 할 관세도 없다. 국경도 세관도 없는 전산망을 따라 수십 척 컨테이너 선박의 가치보다 더 큰 규모의 자본이 소리도 없이, 그것도 하룻밤 새 국경을 넘나들고 있는 것이다. 대체 왜 이런 일이 가능할까.

그 해답은 외환위기 이후 지난 10년의 세월에서 찾을 수 있다. 1997년 외환위기를 겪은 이후 외자 유치가 우리 경제 회생을 위한 지상과제로 인식되면서 '자본 이동의 자유화'가 절대선의 지위를 차지했기 때문이다.

2009년 11월 9일 파이낸셜타임즈를 통해 IMF의 칸Kahn 총재는 "자본 통제가 지옥에서 온 것이 아니다capital controls were not something that come from hell"라고 발언했다. 토빈세와 같은 적극적인 금융 규제를 찬성하지 않는, 대체로 금융 중심지인 월가와 이해를 같이하는 그조차도 자본시장에 대한 규제를 마치 지옥에서 온 것인 양 기피해선 안 된다는 취지의 말을 한 것이다.

그런데 한국은 지난 2년 동안 자본시장에 대한 '통제'가 아니라 '자유' 때문에 지옥과 천당을 수차례 오가면서도 여전히 자본 통제를 '지옥에서 온 제도'쯤으로 여기고 있다. 정부당국자들과 상당수의 주류 학자들이 그렇다. 그런 점에서 한국 경제의 구조를 개혁할 절박한 대안은 바로 자본 시장에 대한 통제에서 만들어져야 한다.

| 지금 부상하는 글로벌 이슈는 '자본 자유'가 아니라 '자본 통제'다 |

글로벌 금융 위기가 각국 정부의 구제금융으로 소강상태를 보이고 유례없는 경기 부양책 덕에 실물경기도 지표상으로나마 회복되고는 있지만 금융 시스템만은 쉽게 복원되지 못하고 있다. 물론 골드만삭스처럼 위기에서 살아남은 몇몇 금융회사들은 정부 덕에 손실을 털고 구조조정으로 비용을 줄여 불과 1년 만에 다시금 놀라운 수익을 올리고 있기는 하다. 하지만 이들 역시 예전처럼 가계와 기업을 상대로 무리하게 대출상품을 팔 형편은 못 된다. 각종 파생상품을 개발해 세계적으로 유통시킬 수도 없다.

상황이 이렇다 보니 이들 금융회사들은 국가의 세금과 직원의 해고를 대가로 쌓은 자금으로 아시아와 같은 신흥시장에서 주식과 부동산, 채권을 공격적으로 사들이고 있다. 다시금 시세차익과 금리차익은 물론 환차익까지 노린 공격적 투자를 감행하고 있는 것이다. 미국의 달러 약세와 제로 금리를 배경으로 한 달러 캐리 트레이드 열풍도 더해졌다. 한국의 주식과 채권에 대한 대대적인 외국인 매수세 역시 정확히 어디까지가 캐리 트레이드 자금이고 어디까지가 정상적 투자인지 구분하기는 어렵지만 기본적으로는 이 연장선 위에 있다고 하겠다.

이같은 움직임은 신흥국들에서 지난해의 통화가치와 주가 폭락과는 정반대로 통화가치 절상과 수출 가격 인상으로 인한 수출 감소, 그리고 국내 자산시장 거품 형성이라는 심각한 문제점을 낳으며 신흥국 금융 시장을 또 다시 위험에 빠뜨리고 있다. 이런 점은 기업연구소들도 인정하고 있다. 다음은 엘지경제연구원의 경고다.

"캐리 자금의 유입은 우리나라 주식이나 채권 등에 대해 환차익까지 염두에 둔 투기적 수요가 가세하는 현상으로 볼 수 있다. 이 경우 자산 시장에서 외국인의 매수세가 강화되면서 자산가격의 상승폭도 확대되는 요인으로 작용한다. 이 경우 캐리 청산, 또는 조달통화의 급격한 교체 과정에서는 반대로 금융시장의 불안 양상을 경험할 수도 있다."

자본의 유입은 점진적일 수 있지만 유출은 순식간에 이루어져 충격에 대처하기가 어렵다는 지적도 하고 있다. 엘지경제연구원의 분석에 따르면, 1990년대 후반 엔 캐리 트레이드는 약 3년에 걸쳐 유입되었지만 청산에 걸린 시간은 그 절반인 1년 반 남짓이었다고 한다. 2000년대 중반에 다시 시작된 엔 캐리 트레이드 역시 2007년 금융 위기 이후 급격한 청산 과정을 보였다고 덧붙인다. 그런 점에 비추어 현재의 달러 캐리 트레이드 역시 예외일 수 없다.

금융 위기가 온전하게 극복되지도 않은 마당에 그 주범이던 금융자본이 보이는 이같은 퇴행적 행태에 대해 미국과 한국을 제외한 대부분의 나라들은 구체적인 대응을 시작했다. 아직 검토 단계이긴 하지만 유럽 선진국들은 국제적 단기 자본 이동을 규제하기 위해 30년 전에 제안된 토빈세Tobin's Tax를 정부 차원에서 공식적으로 검토하기 시작했다. 잘 알려진 것처럼 토빈세는 1981년 노벨상을 수상한 제임스 토빈이 국제 금융거래에 세금을 부과해 단기적 투기자금의 이동을 제한하자는 취지를 담고 있다.

주요 신흥국가들은 이보다 훨씬 적극적으로 외국의 단기자금 유입을 통제하려 하고 있다. 신흥 대국들인 BRICs 국가들과 침체 정도가 약한 아시아 신흥국들이 이러한 흐름을 주도하고 있다. 이미 오래 전부터 상당 수준의 자본 통제와 환율 관리를 해온 중국을 제외하면 브라질과 인도, 러시아가 적극 나서는 모양새다.

브라질은 자국 통화의 급격한 절상을 막고자 지난 2009년 10월 19일 외국인들이 주식과 채권을 매입할 때에 2퍼센트의 금융거래세를 부과하겠다고 선언했고, 국외에서 발행되는 브라질 기업의 주식예탁증서에 대해서도 1.5퍼센트의 거래세를 부과하기로 결정했다. 이어 아시아에서 대만, 인도, 인도네시아 등 신흥국가들이 속속 유사한 조치를 이미 취해나가고 있어 자본 통제는 세계적 이슈로 떠오르고 있다.

특이한 점은 예전 같으면 이같은 통제 조치에 대해 앞 다퉈 비난을 퍼부었을 주요 선진국과 국제기구, 특히 금융투자회사들이 놀라울 정도로 담담하게 현실을 받아들이고 있다는 사실이다. 오히려 노리타카 아카마쓰 아시아개발은행ADB 수석 이코노미스트는 "정부나 정책 당국자들이 단기적이고 유동적인 시장에서 (외국)자본 유입을 제한하려고 하는 것은 당연한 것"이라고 평가할 정도다.

물론 지금까지 자본 이동의 자유화를 선도해왔던 국제통화기금IMF은 앞서 언급한 것처럼, 자본 통제를 그렇게 나쁘게만 볼 것은 아니라면서도 "실제 효과가 있을지 의문"이라는 식으로 우회적인 반대 입장을 표명하기는 했다. 그러나 마땅히 대안이 없는 상황에서 IMF도 적극적으로 반대하지는 못할 것으로 보인다.

이제 대안은 자본 통제를 주장하는 쪽이 아닌, 자본 자유를 원하는 쪽에서 찾아야 하는 상황이다. 자본의 자유를 주장하기 위해서는 자본의 급격한 이동과 유출입으로 인한 피해를 막을 대안을 내놓아야 한다는 것이다. "자유시장에서 자본 통제는 생각도 할 수 없다"(이창용 금융위원회 부위원장 2009.3.13 런던 발언)는 식의 낡은 사고를 고집해서는 안 된다.

| 소규모 개방 경제이기 때문에 자본 통제가 필요하다 |

국제적으로 단기 투기자본의 유출입에 대한 우려가 높아지면서 자본 통제가 빠른 속도로 공론화되고 있음에도 유독 한국만은 요지부동이다. 통제를 거부하는 논리는 단순하다. 한국과 같은 소규모 개방경제 small open economy에서 자본시장 통제는 절대 받아들여서는 안 된다는 이른바 '숙명론'이 그것이다. 이미 개방된 외환시장, 자본시장을 다시 뒤로 돌리는 것은 힘들다는 식의 주장도 있다. BRICs는 차치하더라도 대만과 태국, 말레시아, 인도네시아 등은 대체 한국과 다른 특별한 그 무엇이 있기에 자본 통제를 단행할 수 있다는 것인지 묻지 않을 수 없다.

이런 분위기 속에서 2009년 자본시장연구원은 지금까지의 자유화 정책에 대해 면밀하게 손익 분석을 해볼 필요가 있다고 조심스럽게 언급해 신선한 충격을 주었다.

"더 이상 전면적인 외환 자유화와 완전한 금융시장 개방만이 경제 개혁의 절대적인 모범답안으로 간주되지 않는다면, 이제는 우리 역시 지금까지 추구해온 외환 자유화에 따른 편익과 대규모 자본 유출입이 초래하는 비용을 엄밀히 따져봐야 한다."

진보와 보수를 떠나서 적어도 합리적인 정책담당자나 학자들이라면 이 정도 수준에서 '손해와 이익'을 다시 엄밀하게 따질 때가 되었다고 판단하는 것이 지극히 상식적인 태도다.

최근의 경험을 보면 정책 당국자들과는 정반대의 결론을 내는 것이

맞다. "(아담 스미스의) 보이지 않는 손이 안 보이는 것은 그것이 없기 때문"이라며 시장지상주의를 통박했던 스티글리츠 교수는 "소규모 개방 경제에서는 금융시장 안정을 위해 특히 '자본 통제'가 필요하다"고 강조했다. 이는 이미 국가부도 사태 이후 뒤늦게 자본 통제에 들어간 아이슬란드 사례가 생생하게 보여주고 있다.

소규모 개방 경제이기 때문에 거대한 외국자본의 유출입이 전체 자본시장을 뒤흔들어놓을 수 있는 것이며, 그들의 행동 하나하나가 국민경제 전체에 엄청난 영향을 미치게 되는 것이다. 스티글리츠 교수는 특히 "금융 규제가 외자 유치의 걸림돌이 아니라 규제를 잘해서 금융이 안정된 나라에 오히려 외국자본이 들어온다는 사실을 명심해야 한다"고 덧붙였다. 새겨들어야 할 말이다.

일부 학자들은 이렇게 말하기도 한다. 우리나라가 세계 14위의 경제 규모에 비해 외환시장 규모는 18위로 작기 때문에 금융시장 규모를 키워 변동성에 대처해야 한다고 말이다. 하지만 하루 평균 4조 달러가 움직이는 국제 외환시장에서 비중이 1퍼센트도 안 되는 한국 외환시장 규모를 설사 두 배로 키운들 변동성이 줄어들 리 만무하다. 더구나 한국 주식시장은 시가총액 기준으로는 세계 14위 규모로서 경제 규모와 비슷하다. 그럼에도 외국자본의 유출입에 힘없이 휘둘리고 있는 것이 엄연한 현실이다. 대체 얼마나 주식시장 규모를 키워야 변동성이 줄어든단 말인가. 이런 주장을 하는 이들이 가진 독특한 계산식이 궁금할 뿐이다.

'소규모 개방경제인 데다가 이미 개방한 자본시장을 되돌릴 수 없다'는 숙명론자들이 자주 들먹이는 또 하나의 변명을 덧붙이자면, 바로 '외자 유치 절대명제론'이다. 착각하지 말아야 할 것은 지금은 10년 전처럼 달러가 절대적으로 부족한 시기가 아니다. 국내에서 조성된 펀드들의 해외 투자 열풍이 불면서 한국자본 역시 동남아시아에서 투자처를 찾아 움직인 지 이미 오래다. 대기업의 보수적 경영 결과 1000퍼센트가 넘는 내부 유보자금이 축적되어 있고, 은행을 비롯한 금융권도 자금의 수요처를 찾지 못하고 있다. 우리나라 국민연금이 해외에서 HSBC빌딩을 사들이는 시대가 된 것이다.

지금은 외자 유치를 내걸고 외국 금융자본 유인책을 세우는 것이 급한 것이 아니라, 너무 서둘러 추진한 자본시장의 왜곡 현상을 바로잡아 국민경제의 불안정성을 해소하는 것이 시급하다. 또한 국내자본의 국내투자 유인 정책을 세우는 것이 필요하다. 노동 유연화의 신화만큼 자본시장 자유화의 신화도 허망한 것임을 알아야 한다.

| 외환보유고 확대가 근본 해결책이 될 수는 없다 |

자본 통제를 해야 하는 필요성이 이처럼 명백한데도 한국의 정책 당국자들은 여전히 자본의 자유화를 고집하고 있다. 이로 인해 파생될 문제점은 도대체 어떤 대안으로 해결하려는 것일까. 이른바 '그들의 대안'을 추적해보자.

사실 자본시장 자유화를 고집하기 위해 내세우는 대안은 특별하지 않다. 첫째는 외환보유고를 활용해 외환시장에 적절히 개입함으로써 그들 표현대로 'Smoothing Operation미세조정'으로 외환시장을 안정시키면 된다는 것이다. 외환 시장에 통화당국이 일 주체로 참여해 달러를 매수하거나 매도하는 것은 민간이 아닌 정부가 시장의 주요한 행위자로 나선다는 것이다. 이는 민간의 자유로운 거래 행위에 변형을 가한다는 점에서 일종의 시장 개입일지는 모르겠으나 엄연히 '시장적 개입'이며 '시장 규제'와는 아무런 상관이 없다. 2008년 '환율 주권'이라는 고차원적 개념을 들먹이며 대기업 수출을 측면 지원하고자 구두 개입과 직접 개입으로 환율을 올렸던 강만수 전 장관의 행동이 그러했으며 지금까지 통화당국의 조치 역시 그 범주를 벗어나지 않는다.

그러나 이런 방법은 외환시장이 거시적으로 상당한 안정성을 보이는 동안에 미시적으로 환율 조정을 할 때 가능한 이야기고 지금처럼 시장 상황이 급변동하는 시기에는 결코 실효성이 있을 수 없다. 2008년 10월 정부가 하루에도 10~20억 달러를 동원해 환율 방어에 나섰지만 번번이 실패한 데서 이는 여실히 드러난다. 또한 대개의 경우 국가재산인 외환보유고를 헐어서 환투기 세력들의 환차익 실현을 도와주는 꼴이 되기 십상이다. 대안이라고 말하기에는 '격'이 맞지 않는다는 뜻이다.

두 번째 대안은 시장 개입을 하기 위한 실탄 준비든, 아니면 국가적 외환 지불 능력에 대한 신뢰도를 높이려는 차원이든 외환보유고를 '충분히' 쌓아야 한다는 것이다. 이런 주장은 특히 국가 금고에 달러가 바닥나는 통에 환란을 겪었던 우리 경험에 의해 강력한 지지를 얻고 있다. 재정부 관계자가 "대외 의존도가 높은 우리로서는 직접 규제를 도입하기 힘들다"면서 "지금으로서는 외환보유고를 많이 쌓는 수밖에 없다"고 고백한 것도 같은 논리다.

그러나 이러한 논리는 지난해 금융 위기로 사실상 무너졌다. 한국에 금융 위기의 파고가 덮쳤던 2008년 10월에도 우리나라의 외환보유고는 2400억 달러를 넘기면서 전 세계 5위를 기록하고 있었지만 급격한 외환시장의 불안과 환율 폭등을 막기에는 역부족이었다. 결국 미국과 300억 달러의 통화스왑을 맺어야 했다. 세계적으로 금융 불안이 수그러들던 2009년 3월이 지나서야 비로소 위기는 잠잠해질 수 있었다. 외환보유고의 규모가 외환 불안을 완화시킬 핵심 변수가 아님을 보여주는 사례다.

그런 점에서 "최후 지불수단이 2400억 달러나 있고 세계에서 손꼽히는 (외환보유고) 수준임을 아무리 강조해도 별로 효과를 보지 못한 것이 최근 몇 달 동안의 경험이었다"는 금융연구원의 평가는 당연하다(금융연구원, "외환 보유액과 원화의 위상", 2009.3).

고려대 박영철 교수도 "외환보유액이 많으면 금융위기를 비켜가는데 도움을 주기는 하지만, 투기 세력의 공격을 완벽하게 막아낼 수 없다"고 지적하고 있다(박영철, "Global Economic Recession and East Asia: How Has Korea Managed the Crisis and What Has It Learned?", 2009.11).

그런데 그 이후에 좀 더 황당한 주장으로 확대된다. 2009년 5월 28일 김태준 한국금융연구원장이 "경상수입액과 유동외채, 외국인 주식자금 유입액 등을 감안해볼 때 외환보유액은 3000억 달러 정도 돼야 위기에 대비할 수 있을 것"이라고 운을 떼면서 필요 외환보유액을 1000억 달러 이상 늘리자는 주장으로 이어진 것이다. 주요 논지는 3개월분 수입결재 대금과 1년 안에 돌아오는 외채를 상환할 수 있는 금액 외에, 추가로 외국인들이 투자한 주식투자와 채권투자를 대량 회수할 것까지 감안한 외환보유고를 쌓아야 한다는 것이다.

자본시장이 개방되고 자유화되어 외국 자본의 유출입이 심해져 외환시장이 흔들렸으니 그에 대비한 외환보유고도 대폭 확대해야 한다는 논리다. 이런 논리라면 자본시장이 더 자유화되면 될수록 필요 외환보유액도 그만큼 더 늘어나게 된다.

하지만 외환보유고란 단지 쌓기만 하면 되는 것이 아니다. 쌓아놓아 발생하는 기회비용 상실은 차치하더라도 외평채 발행 등으로 인해 치러야 할 이자비용 등이 막대하다. 그렇다면 정말 자본시장 자유화로 외국 자금이 들어오면서 기대되는 한국 경제의 이익이 외환보유고를 더 쌓으면서 치러야 할 비용을 상쇄하고도 남을까.

새사연이 외환보유고 다다익선 논리가 왜 허망한지를 지적한 이유가 여기에 있다. 자본의 유출입을 어느 정도 통제할 수 있다면 그만큼 쌓아두어야 할 외환보유고도 줄어들게 되고, 따라서 그만큼 비용도 줄일 수 있다. 부디 발상의 전환을 당부한다.

| 국내 은행만 건드린 외환시장 대책 |

문제의 심각성이 워낙 큰 데다 최근의 국제적인 자본 통제 움직임을 외면할 수는 없었던지 이명박정부도 지난 2009년 9월과 11월 두 차례에 걸쳐 이른바 '외환 건전성 제고 및 감독 강화 방안'이라는 것을 내놓았다. 금융 위기가 터지고 나서 1년 만에 처음으로 내놓은 공식 대책인데 그마저도 실제 시행은 2010년 7월부터 하기로 했다. 국회에서 예산안이 통과되기도 전에 첫 삽을 뜬 4대강 사업 때의 민첩함과 순발력은 찾아볼 수 없다.

어쨌든 강화 방안의 내용을 살펴보기로 하자. 정부는 외환 건전성이 주로 은행의 차입으로부터 비롯되었다는 진단 아래 대략 다음과 같은 대책을 내놓았다.

① 은행이 가지고 있는 외화자산을 모두 회수 가능하다고 가정하여 외화유동성비율을 산정했던 것을 수정해서 외화자산 유형별로 가중치를 두겠다는 것(예를 들어, BBB 미만 등급의 회사채를 외화자산으로 보유하고 있다면 종전에 100퍼센트 회수 가능한 자산으로 산정했던 것을 50퍼센트만 인정하겠다는 것 등)

② 은행이 보유한 외화 자산 가운데 A등급 이상의 채권을 최소 2퍼

센트 이상 보유하게 하겠다는 것

③ 과도한 환 헤지를 방지하기 위해 실제 필요한 실물거래비용 대비 환 헤지 비율을 1.2배 이하로 억제하겠다는 것

④ 중장기 외화 대출을 해준 것 가운데 중장기로 조달한 재원을 현행 80퍼센트에서 90퍼센트까지 올리겠다는 것

나머지는 대체로 관리 기준이나 감독 기준 등을 정하는 것에 불과하다.

그런데 위의 대책들을 보면, 국내 은행들의 외화 차입과 대출 불일치를 다소 완화하고 과도한 환 헤지를 완화하는 것 말고 사실 특별한 것이 없다. 특히 외국계 은행과 외국은행 국내지점들이 대규모 외화 단기 차입으로 국내 채권 매수 등 캐리 트레이드를 초래한 장본인임에도 이들에 대한 별도의 규제책을 찾아볼 수도 없다. 또한 건전성 감독 대상을 국내 은행에 맞추다 보니 외국자본의 국내 증권시장 유출입에 대한 거래 제한과 관련된 특별한 조치 역시 없다. 그런 점에서 브라질 등에서 취한 대책과는 상당한 차이가 있음을 어렵지 않게 발견하게 된다.

더 나아가 사실상 환투기의 표적이 되고 있는 역외차액결재선물환시장NDF에 대한 어떠한 언급도 없고 문제가 심각했던 외환파생상품에 대한 규제책도 환 헤지 비율을 정한 것 말고는 없다. 말하자면 그 동안 너무 엉성하게 되어 있어서 평소에도 문제가 많았던 은행의 외환 건전성 관리를 조금 손질하여 국내 은행들의 해외 차입과 외화 대출 사이의 불균형성을 다소 개선하려는 것이 전부라 하겠다. 이쯤 되면 '대책'이라고 부르기도 민망하다. 이번 조치로 은행들이 새로운 변화를 모색할 것으로 기대하기도 어렵다.

안타깝게도 한국에서의 금융 규제 움직임은 이렇듯 뒤늦은 한 번의 요식행위를 끝으로 영원히 막을 내릴 가능성이 커지고 있다.

| 한국 금융시장의 안정을 위한 자본 통제 6대 정책 과제 |

글로벌 금융 위기가 폭발하던 2008년 10월 새사연은 다음과 같이 주장한 바 있다.

"현재 우리 금융시장은 외국 발 금융 변동에 대한 어떤 완충 기제도 없이 거의 실시간으로 영향을 받고 있다. 밤사이 뉴욕증시가 폭락하면 바로 다음날 우리 증시에서 외국인의 순매도가 폭증하고 환율이 치솟는 일이 몇 달째 끊이지 않고 있다. 이런 와중에 주식시장과 외환시장에 투기세력마저 제한 없이 들어와 혼란을 가중시키고 있다. 특히 국내외 자본 이동에 아무런 제동 장치도 없어 환율이 세계에서 가장 심하게 요동치고 있으며 기업들이 도대체 수출입대금 결제 시점을 잡기도 어려운 지경이다."(〈신자유주의 이후의 한국경제〉, 186~187쪽)

또한 제2의 금융 위기가 우려되던 2009년 2월에는 이렇게 주장했다.

"외환보유고 축적 자체가 투기적 공격을 억제하고 주권국가의 통화 및 환율 정책에서 자율적 영역을 확대하는 데 기여한 바는 크지 않다. 외환위기 방지는 자본 통제를 통해 자본수지를 적절히 관리할 때만 가능하다."("달러 기축통화체제의 불안정과 불공평", 8쪽)

2009년 들어 경상수지 흑자가 이어지고 대규모 해외 자금이 재유입되면서 외환보유고가 늘고 유동외채 규모도 줄어들면서 외환 건전성에 대한 우려가 잠시 사라진 듯 보였지만 대규모 달러 캐리 트레이드로 근심은 다시 커지고 있다. 두바이의 모라토리엄 선언 소식에 세계 경제가 다시 불안한 모습을 보이고 있다. 이러한 상황은 제도적 개혁이 이루어지지 않는 한 어떤 계기로든 언제까지고 되풀이될 것이다.

이제 상황은 명확하다. 이미 아이슬란드에 이어 두바이에서 악몽으로 되살아나고 있는 '금융허브의 꿈'은 한국에서도 결코 이루어질 수 없다. 금융허브를 주창하며 이어온 자본시장 자유화, 개방화 기조를 원점에서 재검토하고 근본적으로 자본 통제를 위한 대안을 모색해야 한다. 금융 자유가 아니라 금융 규제를 정책 기조로 삼아야 하며 금융허브가 아니라 금융 주권의 실현을 정책 입안의 출발점으로 삼아야 한다.

① 외국자본의 단기 유출입에 대한 거래세 도입

국내 자본시장이 거의 전적으로 외국인의 움직임에 따라 좌우된다는 것은 명확하다. 때문에 자본시장의 불안정성은 언제나 외환시장의 불안정성을 동반한다. 외환보유고 축적은 결정적 시점에 대안으로서 기능할 수 없다. 지금 한국 경제에 필요한 것은 경상수지 관리뿐 아니라 엄격한 '자본수지 관리'다.

자본수지를 관리하기 위해서는 우선 '과세'를 통해 외국자본의 단기 유출입을 통제해야 한다. '일국적 토빈세'라고 할 수 있는 외국자본에 대한 금융거래세 도입을 적극 추진하자는 것이다. 이는 브라질을 포함해 이미 많은 나라들이 도입했거나 도입하려는 방식이다. 자본시장 자유화 정도가 매우 높고 외국인 자금의 영향력이 높은 우리 상황에서 꼭 필요한 최소한의 자본 통제 장치라고 할 수 있다.

② 국내 자산에 대한 외국인 지분율 제한 부활

한국은 자본 자유화 정도가 매우 높아 과세를 통한 유출입 통제만으로는 부족하다. 주식과 채권, 부동산 등 자산에 대한 외국인 비중의 '절대 규모'를 제도적으로 제한하는 조치가 동시에 요구된다.

현재는 거의 대부분의 유가증권에 대해 외국인 지분율의 제한선이 사실상 사라졌다. 붕괴 직전에 놓인 개방의 나라 두바이도 49퍼센트라는 제한선을 고수하고 있음을 직시할 필요가 있다. 외국인 지분율이 가히 세계 최고라고 할 수 있는 한국은 은행에 대한 지분율 규제를 시작으로 주요 기간산업에 대한 제한을 부활할 필요가 있다. 동시에 무분별한 캐리 트레이드에 대한 방어를 위해 단기 채권에 대한 외국인 거래 규모 제한도 서둘러야 한다.

③ 외환 파생상품에 대한 엄격한 규제 도입

한국에서 문제가 된 금융 파생상품은 미국과 같은 부동산 관련 파생상품이 아니라 전체 파생상품의 절반에 육박하는 '외환 파생상품'이었다. KIKO로 상징되는 각종 환 헤지 파생상품에 대한 손실이 눈덩이처럼 불어나 수출 중소기업들이 심각한 위기에 몰린 바 있다. 2009년 말까지 KIKO로 인한 실현손실액만 2조 1000억 원이었다. 대기업인 GM대우도 2008년 자동차 판매로 상당한 이익을 보았음에도 이를 훨씬 뛰어넘는 대규모 환 헤지 손실로 결국 1조 원이 넘는 어마어마한 적자를 기록했다. 2009년 상반기에는 자기자본의 50배 이상을 투자할 수 있는 전형적 외환 투기상품인 외환마진거래의 부작용이 심각해 금융위원회가 뒤늦게 규제에 나선 경우도 있었다.

전체 외환 거래 금액의 1.5퍼센트만이 실물 거래와 연결되어 있고 나머지 98.5퍼센트는 순수하게 금융 부문 안에서 투자(투기) 수익을 좇아 움직이는 자금으로, 대부분 선진국의 대형 금융회사들에 의해 좌우되고 있다. 이런 환경에서 우리나라는 단순한 환 헤지 비율 제한을 넘어서 실수요 증빙 규제, 환 투기에 대한 조사와 규제 등을 통해 철저히 '실수요자 중심의 거래'를 하도록 외환 파생상품 거래를 규제해야 한다. 환 투기의 온상이 되고 있고 외환 파생상품 거래의 영향이 큰 NDF시장에 대해서도 적극적으로 규제해야 한다. 이로써 외환시장이 불안하면 할수록 환 헤지 수요가 커지고 이것이 다시 불안정성을 키우는 악순환을 막아야 한다.

④ 외국계 은행에 대한 추가적 규제 강화

국내 시중은행들의 무분별한 외화 차입도 문제지만 외국계 은행과 외국은행의 국내 지점들이 환차익과 금리차익을 노리고 운영하는 달러 차입이 더 큰 문제다. 정부가 발표한 외환건전성 대책 외에 이들에 대한 별도의 규제책을 강구해야 한다.

⑤ 국제 사회의 토빈세 논의 적극 참여

투기적 수익을 노리고 움직이는 국제 금융자본의 피해를 막는 일은 이제 전 지구적 과제가 되고 있다. 미국을 제외한 대부분의 국가들이 국제적 공조가 필요한 토빈세 논의를 공식화하는 이유가 여기에 있다. 자본의 국제적 이동을 규제하는 일은 한두 나라의 힘만으로는 큰 효과를 기대할 수 없다. 신흥 개방국인 한국이야말로 국제적인 토빈세 논의에 적극적으로 참여해 국제적 흐름에 발을 맞춰나가며 국익을 도모해야 한다.

⑥ 아시아의 대안적 통화 체제 논의 참여

불안정한 달러 기축통화 체제를 대신할 대안적 통화 체제에 대한 논의가 전 세계적으로 활발하게 이루어지고 있다. 지금처럼 불안정한 국제 통화 체제에서 우리의 자유변동 환율체제는 심각한 고비용 저효율 체제일 뿐 아니라 환 투기 세력에게 무방비 상태로 노출된 체제이기도

하다. 싱가폴대 신장섭 교수도 "자유변동 환율제에 대해 확립된 사실이 하나 있다면 환 투기하는 세력에게 가장 편리한 제도"라고 주장하고 있다. 고려대 박영철 교수도 "이번 글로벌 금융 위기로 한국은 시장 상황에 따라 환율이 움직이는 자유변동 환율제가 소규모 개방 경제에서는 반드시 통화 정책의 효율성을 높이는 정책이 아니라는 교훈"을 얻었다고 밝히고 있다. 한국에서 통화 체제 개혁이 절실한 이유다.

물론 세계화가 이미 상당히 진전된 글로벌 경제 여건은 개별 국가들이 고정환율제나 외환통제로 대응하기가 쉽지 않은 것도 사실이다. 그러나 자국 통화를 국제 결재통화로 쓸 수 없는 신흥국들에게 비상시 유동성을 공급해줄 세계 중앙은행, 즉 '글로벌 최종 대부기관'은 현재 존재하지 않는다. 이와 관련하여 국제통화기금IMF의 역할이나 지배 구조 개편에 대한 논의가 진행 중이고 글로벌 특별인출권SDR 확대도 논의되고 있다. 하지만 미국을 포함한 선진국들의 미온적 반응으로 그 속도는 매우 더디다.

주요 국가들과의 '통화 스왑' 체결도 제한적 해결책에 지나지 않는다. 이런 상황에서 아시아 통화 바스켓 논의와 같은 지역적 대안 통화 체제 등에 대해 국가 차원에서 대책을 세우고 지역적 협력에 나서야 한다.

우리 정부는 2010년 11월 G20정상회의를 유치하고 이를 위한 국가적 준비에 돌입했다. 이것 자체를 막을 이유는 없다. 문제는 G20정상회의 주최국으로서 어떤 의제를 제시하는 것이 국제적 흐름과 국가적 이익에 부합하는지를 따져보는 일이다. 당연히 한국은 신흥국 입장을 대변해 통화 체제의 개편과 자본 통제라는 의제를 제시해야 한다.

그런데 정부는 자본 통제를 고려하는 것은 적절치 않다는 말만 되풀이 하고 있다. 재정부 관계자는 2009년 10월 26일, "우리나라는 내년 주요 20개국 의장국"이라면서 "자본 통제를 하는 나라가 금융 정상 모임인 G20의 의장국 노릇을 할 수 있겠느냐"고 주장하는 실정이다. 이는 정당한 주장이 아니다. 글로벌 국가의 핵심 축으로 부상한 중국은 왜 여전히 자본 통제를 풀지 않고 있는가. 진정 국제적으로 칭찬받는 G20 회의를 개최하고 싶다면 기존 G7 국가들의 대변인 노릇을 하려 들지 말고 다수의 신흥국 입장을 대표해서 자본 통제를 적극적으로 주장해야 한다.

| 2010년 경제의 최대 이슈는 고용 개혁 |

자유낙하를 거듭하던 세계 경제는 각국 정부의 개입 덕에 극적으로 멈춰섰다. 금융회사의 부실을 국가가 끌어안으면서 경제성장률 지표를 회복하는 데는 일단 성공한 것으로 보인다. 하지만 국가의 힘으로도 어쩌지 못하는 문제가 있다. 바로 악화되고 있는 고용 상황이다. 경제 위기의 진원지 미국에서도 월가의 연쇄 파산을 가까스로 막아내면서 2009년 3분기 성장률을 3.5퍼센트(연율 기준)로 끌어올리는 데 성공했지만 치솟는 실업률만은 막지 못했다. 2009년 12월까지도 실업률은 10퍼센트 밑으로 내려오지 않았다.

비단 미국만이 아니다. 한국을 포함한 대다수 국가들의 고용 전망은 여전히 매우 비관적이다. 이 때문에 2010년 위기 극복을 위한 최대 과제가 바로 고용 문제라는 주장에 힘이 실리고 있다. 경기지표가 바닥을 찍고 회복되기 시작하던 2009년 2분기 이후에도 새사연이 경기 회복에 비관적이었던 주된 이유도 고용 상황이 나아질 기미를 보이지 않았기 때문이었다. 고용은 이제 글로벌 경제의 가장 첨예한 문제이자 2010년의 핵심 화두가 되었다.

| 임계점에 이른 고용의 '일회성 단기 대응' |

물론 경기 추락을 막기 위해 각국 정부가 한 일이 금융 부실에 대한 구제만은 아니었다. 대규모 재정적자를 감수하면서 재정을 동원해 대규모 투자를 감행하고, 민간소비 촉진을 지원했다. 동시에 실업률 해소를 위해 재정을 투입하기도 했다. 우리나라 역시 2009년에 1조 3000억 원의 재정지출을 통해 '희망근로'라는 이름으로 25만 개의 6개월짜리 일자리를 만들었고, 정부와 공기업, 중소기업들에 청년인턴제 채용을 독려했다. 그 결과 마이너스 40만 명대로 추락할 것 같던 신규취업자수가 2009년 하반기 들어 플러스로 반전되었다.

그러나 정부의 일자리 대책의 만료 시한이 끝났음에도 민간 부문에서 이를 이어받아 고용을 창출할 기미는 전혀 보이지 않고 있다. 결국 정부가 나서서 단기 일자리 시한을 연장해야만 하는 딜레마에 빠진 상황이다. 2009년 11월로 끝나는 희망근로를 2010년 3월에 10만 명 규모로 한시적 연장하겠다는 고육책이 나온 배경이다. 청년인턴제도 규모를 줄여 좀 더 연장하겠다고 발표했다.

그러나 문제는 2010년 상반기가 지나도 고용이 예전 상황으로 회복되기 어려울 것이라는 데 있다. 이명박 대통령 자신이 "1~2년 내 일자리 문제가 좋아질 것이라는 말은 사실에 근거하지 않은 정치 구호에 불과하다"고 고백할 정도로 상황은 비관적이다. 결국 '고용 문제의 장기적 성격'과 '정부 고용 대책의 단기성'이 충돌하면서 재정지출은 계속되는 가운데 고용 사정은 나아지지 않는 악순환이 반복될 가능성이 크다.

이명박정부의 위기 대응책 가운데 가장 큰 실패로 평가 받는 정책이 바로 고용 정책이라는 사실을 짚고 넘어가야 하겠다. 4대강 사업 등 토목건설로 96만 개의 일자리를 만들겠다고 공언했지만 첫 해인 2009년에 일자리가 늘기는커녕 전 산업 부문 가운데 토목건설에서 일자리가 가장 크게 줄었다. 연초부터 노동시간 단축이 아닌 임금 삭감을 통한 일자리 나누기를 추진해 임금은 삭감되었지만 실상 일자리는 늘지 않았다. 공기업을 동원해 추가 투자를 지시하고 각종 경기 부양을 위한 자금 집행을 독려했으나 오히려 민간 기업보다 앞서 인턴을 해고하는데 앞장섰을 뿐이다. 1조 원 이상의 혈세를 투입해 겨우 6개월 동안 노인들에게 낙엽 쓸고 등산로 정비하는 일을 마련해주었다. 엄청난 비용의 낭비이자 비효율이다.

| 고용 문제, 더 이상 단순한 '고용 문제'가 아니다 |

전 세계가 이토록 고용 문제 해결의 실마리조차 잡지 못하고 있는 것이 단순히 고용 회복이 경기 회복보다 늦게 나타나기 때문일까. 그렇지 않다. 고용이 회복되지 않는 한 지속성을 지닌 경기 회복도 있을 수 없고 경제 위기도 끝나지 않을 것이기 때문이다.

세계가 경제 위기의 종료를 선언하기 위한 과제는 한두 가지가 아니지만, 그 가운데 가장 중요한 것이 바로 글로벌 소비 회복이다. 지금 소비가 회복되려면 고용 상황이 호전되어 노동소득이 크게 개선되어야 한다. 물론 신자유주의 30여 년 동안에도 노동소득은 개선된 적이 없다. 상위 1퍼센트의 소득은 비약적으로 상승했지만 대다수 국민의 실질 노동소득은 제자리에 머물렀다. 그 동안에는 중국의 값싼 상품이 유입되고 물가가 낮은 수준을 유지했기 때문에 정체된 노동소득으로 버틸 수 있었다. 특히 정체된 노동소득 대신 금융차입을 늘려 소비를 하는 경제 구조가 노동소득의 정체를 은폐해온 것이다.

그러나 이번 경제 위기로 차입을 통한 소비 확대는 고사하고, 각국 국민들은 기존에 차입한 부채를 상환하고 저축을 늘리는 쪽으로 생활 패턴을 급선회하고 있다. 이제는 안정적인 고용 회복을 통한 노동소득 증대가 보장되지 않는 한 소비 위축을 풀 수 있는 길이 막혀 있는 것이다. 고용 문제는 더 이상 단순한 고용 문제, 노동 정책의 문제, 노동자만의 문제가 아닌 경제 성장의 핵심 고리다.

뿐만 아니라 신자유주의 30년 동안 경험하지 못한 실업률의 급팽창은 경제 구조 안에 잠재된 수많은 문제점들을 하나씩 수면 위로 불거지게 하고 있다. 미국의 의료보험체계 문제가 대표적인 사례다. 미국의 시장화된 사적 의료보험체계는 직장을 잃으면 곧바로 무보험자가 될 수밖에 없는 구조다. 최근 실업자가 급팽창하면서 2009년에만 400만 명의 무보험자가 신규로 발생했다. 오바마 정부가 정권의 명운을 걸고 공적 의료보험체계를 세우려는 하나의 이유다. 한국에서도 그 동안 취약했던 고용안전망의 문제가 이번 경제 위기로 전면화되고, 누적된 고용보험기금마저 빠르게 줄어들고 있다. 고용 문제의 장기화가 경제의 울타리를 넘어 사회적 문제로 확산되고 있는 것이다.

한 가지 덧붙이자면 한국에서 주식시장과 부동산시장 같은 자산시장이 성장률 지표 회복 이상으로 빠르게 반등하면서 과열을 걱정할 정도가 되자 고용시장이 얼어붙은 현실을 외면하는 최면효과가 다시금 발생하고 있다. 즉, 자산시장의 거품이 고용시장의 심각성을 은폐하고 있어 당연히 줄어들어야 할 소비지출이 오히려 늘어나고 있다. 2010년 자산시장 거품이 꺼진다면 국민들은 자산 가치 하락과 동시에 고용 문제의 심각성까지 떠안게 된다. 이 문제는 감당하기 어려운 수준으로 커질 가능성도 있다.

| 노동 유연화의 신화, 이제는 깨야 한다 |

경제 위기로 고용 문제가 단순한 노동자의 일자리 문제나 정부의 노동 정책이라는 범주를 넘어 국가 경제의 핵심 과제로 등장했다면 이제 어디서부터 해결의 실마리를 잡아야 할까. 우선 대안 모색의 여지를 줄이고 있는 기존의 관념 틀부터 깨야 한다.

지금까지 한국의 정책 당국자들이 국민들에게 주입한 가장 큰 고정 관념 틀은 두 가지다. 하나는 '노동 유연화가 불가피한 대세'라는 것, 다른 하나는 '고용 없는 성장이 불가피한 추세'라는 것이다. 그러나 이러한 관념 틀은 반드시 깨버려야 할 나쁜 신화에 불과하다.

사실 신자유주의란 '경제의 금융화'와 '노동의 유연화'라는 두 축을 기반으로 더 많은 자본수익을 실현해왔다. 이번 금융 위기로 한편에서는 신자유주의 금융 수익모델이 파산을 맞았지만 다른 한편에서는 노동 유연화로 인한 '고용불안 → 소득 정체→ 차입에 의한 가수요 확대'라는 결코 지속될 수 없는 순환 구조가 파산을 맞았다는 사실을 기억해야 한다.

특히 금융위기 이전까지 낮은 실업률을 유지하면서도 높은 생산성을 냈던 미국식 노동 유연화 시스템은 한국에게 글로벌 스탠더드이자 교과서였다. 하지만 이번 글로벌 금융 위기로 미국식 노동 유연화 시스템은 세계에서 가장 빠른 실업률 증가와 장기 실업자 확대를 방치하며 고용에 극히 취약한 모습을 드러냈다.

현재 글로벌 소비 위축을 해소하고 생산-소비의 순환을 복원시키는 길은 두 가지뿐이다. 하나는 지금처럼 노동 유연화를 지속하면서 정체된 노동소득을 다시금 금융의 공급 확대로 대체함으로써 소비를 늘리는 '차입 경제'를 복원하는 길이다. 또 다른 하나는 신자유주의적 노동 유연화 정책을 폐기하고 고용 보호, 나아가 고용 확대를 통해 소득을 안정시켜 생산과 소비의 선순환을 복원하는 길이다. 물론 전자가 대안이 될 수 없음은 자명하다.

결코 진보적이라고 할 수 없는 폴 크루그먼 교수조차도 "보통 때라면 미국처럼 기업이 노동자들을 자유롭게 해고하고 채용을 할 수 있는 '고용 유연성'이 존재하는 풍부한 노동시장도 일리가 있다"면서 "그러나 지금은 보통 때가 아니다"라고 주장하고 있다. 이어 "결론적으로 지금은 기존의 방식과 다른, 그 이상의 뭔가를 시작할 필요가 있다"는 결론을 내리고 있다는 점을 주목해야 한다. 2009년 5월, "노동 유연성 문제는 금년 연말까지 최우선적으로 해결해야 할 국정 최대 과제"라던 이명박 대통령의 인식과는 어마어마한 격차를 보이고 있는 것이다.

결국 노동 유연화는 고용 악화를 막을 정책이 아니라 오히려 실업대란을 부추길 정책이라는 사실을 명심하면서 노동 유연화 정책을 폐지하는 것에서부터 고용 대안 모색을 시작해야 한다. 노동 유연화의 폐지를 전제하지 않고 획기적인 고용 대책을 말하는 것은 사실상 말장난에 불과하기 때문이다.

기술 발전으로 고용 없는 성장이 불가피할 것이라는 관념 역시 고용 불안을 정당화하는 노동 유연화만큼 서둘러 깨야할 신화다. 만약 노동 유연화가 아니라 기술 혁신과 발전이 고용 없는 성장을 가져왔다면, 크고 작은 자동화와 기술적 혁신이 쉬지 않고 이어진 자본주의 200여 년 동안 고용 상황은 체계적으로 악화되었어야 한다. 그러나 20세기의 엄청난 인구팽창을 흡수할 정도로 그 동안 고용이 확대되어왔다는 것을 현실의 역사는 말해주고 있다. 특별히 신자유주의에서 고용 상황이 악화되었다는 점도 확인해주고 있다.

　문제는 생산력과 기술이 발전하는 만큼 체계적으로 노동 시간을 줄여나가고 고용 창출 효과가 높은 곳에 투자를 하기보다는, 단기적 금융 수익의 창출에 몰두한 결과 고용 없는 성장이 인위적으로 확대된 데 있다. 또한 이런 방식의 수익 창출을 사적기업이 추구하도록 국가가 방조했기 때문이기도 하다.

　고용 없는 성장이 불가피하다면 대체 무엇 때문에 성장을 해야 한단 말인가. 단지 기업을 위해? 아니면 국민을 위해? 고용 없는 성장 이론이 노동 유연화라고 하는 제도와 정책의 문제점을 슬그머니 기술 혁신의 탓으로 돌리고 있다는 점을 분명히 해야만 제대로 된 고용 대안을 찾을 수 있을 것이다.

| 왜 고용을 국가가 책임져야 하는가 |

　신자유주의를 시장지상주의라고 부르기도 한다. '시장은 선이고 국가는 악'이라는 신념에 기초한 시장지상주의는 특히 금융 부문과 사회복지 그리고 고용 부문에서 두드러졌다. 그런 의미에서 노동 유연화란 고용에 대한 일체의 국가적 규제나 법적 보호 장치를 제거하고, 개별 기업이 자유롭게 노동시장에서 인력을 쓰고 방출하도록 보장하는 '노동시장에서의 시장지상주의'라고 할 수 있다.

　고용에서의 시장지상주의는 당연하게도 국민들의 취업 문제를 국가의 임무가 아니라 순전히 '개인의 책임'으로 돌리도록 했다. 실직자가 된 것은 개인들이 무능하거나 자신의 '스펙'을 높이는 데 게을렀거나, 아니면 '눈이 너무 높아'서 생긴 문제로 여기는 것이다..

　그러나 이번 금융 위기에서 반드시 배워야 할 교훈이 있다면 금융시장과 노동시장에서의 시장 실패를 인정하고, 국가가 적극적으로 노동시장을 규제하고 질서를 잡아야 한다는 사실이다. 향후 세계적으로 이슈가 될 '고용 없는 성장' 가능성도 노동시장 유연화, 즉 노동시장에서의 시장지상주의를 방치하는 국가들에서 특히 현실로 다가올 것이다.

고용은 더 이상 '기업이 자율적으로 알아서 할 일'이 아니다. 고용 없는 성장은 어쩔 수 없는 숙명이 아니라 노동시장에서의 시장 실패가 낳은 필연적 결과이기 때문이다.

무분별한 노동시장 유연화에 대한 재규제와 더불어 국가적 고용 전략을 수립해야 할 필요성이 점점 더 커지고 있다. 더 이상 취업과 고용이 개인의 책임이 아니라 시장 실패를 대신해 국가가 나서야 할 '국가의 책임'이 되어 가고 있다.

이명박정부도 뒤늦게야 고용 문제가 단순한 '노동 정책' 차원의 문제가 아니라 '국가적 고용 전략' 수준의 사안으로 격상되어야 한다는 사실을 깨달은 것으로 보인다. 2010년 상반기까지 고용 친화적 정책 설계와 추진 계획을 담은 '중장기 국가 고용 전략'을 수립하겠다고 발표한 것에서 이러한 변화의 조짐이 읽힌다. 임태희 노동부장관은 2009년 11월 6일 "내년부터 노동부의 부처 이름을 고용노동부로 바꾸는 방안을 준비하고 있다"며 "업무의 중점도 고용 문제에 두는 체제를 준비하고 있다"고 밝히기도 했다.

그러나 이명박정부는 여전히 노동시장의 유연성 제고를 정책 기조로 유지하면서 동시에 국가적 고용 전략을 수립하겠다는 모순적 정책을 내걸어 그 진정성을 의심받고 있다. 고용의 수요/공급을 노동시장에 맡기면서 어떤 유형의 국가 고용 전략이 가능하단 말인가.

| '고용 국가 책임제'를 실시하기 위한 10대 정책 과제 |

새사연은 2006년에 펴낸 첫 번째 책에서 '고용 국가 책임제'를 이렇게 정의했다. "고용 국가 책임제는 헌법에 명시된 국민 기본권, 즉 일할수 있는 권리를 국가적 차원에서 실현하는 것"이며 "고용을 국가가 책임진다는 것은 재취업 시기까지 실제적으로 실직자의 생존 문제를 지원하며 취업 교육과 취업 알선까지 국가가 종합적으로 최종적인 책임을 맡자"는 것이다.(새사연, 〈새로운 사회를 여는 상상력〉, 169~170쪽)

특히 이번 금융 위기로 인한 세계적인 실업 확대와 고용 불안의 장기화 가능성이야말로 신자유주의 노동 유연화라고 하는 노동시장의 시장지상주의가 극적으로 실패했음을 보여주고 있다. 이제는 최소한 노동시장의 실패를 대신해서 국가가 적극적으로 고용 문제에 개입함으로써 국가 경제사회 정책의 1순위로 고용 문제의 해결을 놓아야 한다.

아울러 고용 없는 성장은 절대로 지속 가능하지 않다. 오히려 지식기반 경제 시대에 다수 국민이 고용시장에서 이탈하는 것은 필연적으로 성장잠재력을 훼손하는 악순환을 낳게 된다는 사실을 명심해야 한다. 새사연이 같은 책에서 고용 국가책임 정책이 바로 "국민 노동을 육성하여 국제적 경쟁력을 확보하는 정책"이고 "국민경제의 성장 동력 관리 정책"이며 "풍요로운 국민생활 보장 정책"이라고 주장한 이유도 여기에 있다.

이런 차원에서 "시장이 선善이 아니라 고용이 선善"이며, "고용을 배제한 성장이 아니라 고용을 통한 성장 전략"을 국가의 기본 발전 전략으로 삼는 정책 기조의 대전환이 필요하다. 현재 정부가 강행하는 노동유연화 정책 기조를 즉시 폐기하고 '원점에서부터' 다음의 과제들을 '포괄적 고용 개혁'이라는 차원에서 검토해야 한다.

① 전국민 고용보험제 도입

현재 경제활동인구의 절반도 포괄하지 못하는 고용보험 외에는 아무런 고용안전망이 없는 상황을 벗어나기 위해 국민건강보험에 준하는 '전국민 고용보험제' 도입을 골간으로 하는 고용안전망 개혁에 착수해야 한다.

② 고용영향 평가제 실시

일정 금액 이상의 국책사업, 공기업의 신규 투자, 대기업 구조조정, 외자 유치, 대형 M&A 등에 대해서는 환경영향평가나 기술영향평가에 준하는 고용영향평가를 사전적으로 실시하는 법적 장치를 도입해 고용을 모든 경제 정책의 1순위로 두도록 해야 한다.

③ 공공부문의 정규직 고용 확대

사적기업이 고용을 흡수하기를 기대하기 어려운 만큼 국가가 공공부문에서 선도적으로 '정규직 고용 확대 정책'을 선언하고 집행해야 한다. 필요하다면 고용 개혁이 안착될 때까지 매년 공공 부문의 정규직 채용 규모를 체계적으로 늘려야 한다.

④ 고용 기여에 따른 기업 법인세 차별 부과

기업의 가장 중요한 사회적 책임은 고용이다. 사적기업이라고 해서 시장 자율만을 주장하며 사회적 책임을 피할 수 없다. 국민을 대신해서 국가는 기업의 고용 책임 분담을 명시적으로 요구하고, 고용 기여가 있으면 세제 혜택 등을 줄 필요가 있다. 물론 그 반대의 경우에는 '고용 분담세'를 부과해야 한다.

⑤ 소득 감소 없는 노동시간 단축으로 일자리 확대 법제화

기술 혁신과 생산력 발전을 오직 기업의 수익으로 돌아가게 할 것이 아니라 국민의 노동시간 감소로 귀결시키는 방안을 국가가 제도적으로 정착시켜야 한다. 이를 위해 필요하다면 정부가 나서서 시급 기준 통상임금을 월급제로 전환하는 것을 추진하는 등 소득의 감소가 없는 노동시간 단축을 유도해야 한다.

⑥ 동일가치 노동에 대한 임금 차별 원천금지 법제화

비정규직 문제가 첨예한 것은 고용 불안뿐 아니라 임금 격차가 심각하다는 데 그 원인이 있다. 이로 인해 광범한 근로빈곤층이 재생산되고 있기도 하다. 법적으로 동일가치 노동에 대한 임금 차별을 원천적으로 금지하는 고용 개혁을 단행해야 하며, 동시에 비정규직 사유제한을 엄격하게 적용해야 한다.

⑦ 고용 창출형 산업 전략으로의 전환과 공적 사회서비스 산업 육성

녹색산업도 의미가 있지만 당장 중요한 것은 고용 친화형 산업을 국가 산업 전략의 최우선 순위에 두는 것이다. 특히 공적인 사회서비스 산업의 고용 창출 효과가 크다는 사실이 명확한 만큼 이 분야의 산업 육성 방향으로 산업 전략을 전환해야 한다.

⑧ 고용 피해가 가장 큰 자영업 보호 및 발전 대책 실시

최근 수년 동안 가장 큰 폭의 실직 사태가 발생하고 있는 분야는 자영업이다. 경제 위기와 함께 대형 유통자본의 무분별한 SSM 진출로 연간 30~40만 명이 일자리를 잃고 있다. 고용 차원에서 고용안전망으로

의 자영업인 흡수, 대형 유통자본 확장에 대한 허가제, 자영업의 자활
과 발전에 대한 지원책 등을 강구해야 한다.

⑨ 시장 실패가 심각한 청년과 여성 고용에 대한 의무고용제 실시
노동시장 실패 가운데 가장 심각하면서도 도저히 시장 기제를 통해
서는 해결 가능성이 보이지 않는 청년과 여성 고용 문제에 국가가 특별
히 강도 높게 개입해야 한다. 청년에 대한 고용할당제와 같은 의무적
고용 규율을 적용해야 하며, 여성에게도 유사한 방식을 적용해 시장 실
패에 적극 대처해야 한다.

⑩ 고용 관련 일반 예산 대폭 확대
정부의 4대강 사업, 대기업 감세로 인한 투자 및 고용 유도와 같은 정
책들이 비용에 비해 고용 효과가 턱없이 부족하다는 사실이 입증된 지
금, 정부는 직접적으로 고용 예산을 편성하여 투입해야 한다. 고용 예산
가운데 90퍼센트 이상이 노동자와 기업이 적립한 기금인 현실에서 정부
는 일반회계 비중을 대폭 늘려서 고용 중심의 재정 운용을 해야 한다.

워낙 심각한 고용 상황에 비추어 한두 가지만 손을 대서는 풍선효과
로 실효를 거둘 수 없다. 문자 그대로 포괄적인 고용 개혁이 필요하다.
정부는 이와 같은 과제들을 국가 전략 차원에서 준비하고 수행하기 위
해 적어도 노동부는 물론이고 기획재정부, 교육과학기술부, 지식경제
부, 중소기업청 등이 참여하는 국가 고용전략기획단을 구성하고 고용
구조의 틀을 근본적으로 바꾸기 위한 고용 개혁을 시작해야 한다.
엄청난 비용과 국가적 노력이 필요한 것은 물론 경제 구조마저 뒤바

꿀 이 같은 사업이 과연 가능할까. 현재의 상태를 방치했을 때 소요될 수밖에 없는 엄청난 사회적 비용과 성장잠재력의 훼손, 사회적 갈등 등을 떠올린다면 충분히 가능하다. 지난 10여 년 동안 비정규직 문제로 한국 사회가 치른 사회적 비용과 국민들이 감수한 고통의 무게를 감안하면 향후 예상되는 비용은 그것을 훨씬 뛰어넘을 것이다. 한시라도 빨리 국가가 나서서 대책을 마련해야 하는 이유가 여기에 있다.

| 세 가지 '규제'로 얻을 수 있는 세 가지 '자유' |

금융과 글로벌 기업들에 지난 30여 년의 규제 풀린 신자유주의 시대가 '자유의 시대'였다면 금융 위기의 한가운데 놓였던 2009년은 '구제의 시대'였다. 파산 위험에 빠진 금융회사들은 속속 정부의 구제금융을 받아야 했고, 얼어붙은 소비시장에서 기업들의 판로를 열어주기 위한 각종 세제 혜택도 기업들의 실적 악화를 막는 데 한몫을 했다. 물론 대가는 비쌌다. 정부는 대규모 재정적자를 짊어지게 되었으며 가계는 소득 감소와 부채 부담을 감수해야 했다.

정부의 구제로 금융회사와 기업이 회생의 기회를 잡았다면 위기를 어느 정도 넘긴 지금은 마땅히 구제의 시대에서 '규제의 시대'로 넘어가야 할 때다. 그들에게 자율적 조정능력이 없다는 것이 입증된 지금, 같은 상황이 되풀이되는 것을 막기 위해서라도 그들이 규제의 틀에서 움직이도록 해야 한다.

앞서 살펴보았던 것처럼, 금융 위기를 겪으면서 얻는 필수적인 규제 대상은 세 가지 영역이다. 첫째는 금융에 대한 규제이고, 둘째는 고용 유연화에 대한 규제이며, 셋째는 사회서비스 시장화에 대한 규제다. 금융을 규제의 틀 안에 둠으로써 과잉팽창을 막고 실물산업을 지원하는 본연의 역할을 다하도록 해야 한다. 구조적 고용 불안과 소득 정체로 부채에 의한 가수요의 늪에 빠지게 만든 노동시장 유연화 체계를 규제하고 고용의 안정성을 보장하도록 해야 한다. 또한 교육과 보건, 복지를 포함한 사회서비스를 시장, 특히 금융시장에 내맡김으로써 사실상 사회안전망을 무너뜨리는 구조를 개혁하고 공적 사회서비스를 재구축해야 한다.

세 가지 규제를 제대로 실시한다면 우리 국민은 그 대가로 세 가지 '자유'를 얻을 수 있다. 첫째는 부채로부터의 자유다. 700조가 넘는 각종 부채 부담에 억눌린 채 이자 부담에 시달려왔던 가계경제를 부채로부터 해방시킬 수 있다.

둘째는 고용 불안의 공포로부터의 자유다. 청년에서 중장년, 고령자에 이르기까지 취업 걱정과 해고의 속박에서 평생 벗어나지 못하는 국민들에게 '노동의 권리'를 되찾아줘야 한다.

셋째는 기초적인 사회 생활을 위한 공적 서비스, 특히 교육과 의료 서비스를 개인적으로 해결해야 하는 부담으로부터의 자유다. 사회의 구성원으로서 공적 영역 안에서 당연히 누려야 할 사회보장과 의료, 교육에 대한 지나친 부담이 개인과 가계경제를 짓누르는 현실을 근본적으로 바꿔야 한다.

부채로부터 자유롭고 고용 불안으로부터 자유로우며 교육 부담으로부터 자유로운 국민으로 살 수 있는 사회, 그것이 바로 '새로운사회를여는연구원'이 바라는 새로운 사회의 기본 표상이다.